사회복지법인의 회계와 세무

이만우 · 노준화

KT&G 복지재단 후원

한국사회복지사협회 추천도서

탐진

▶▶▶ 저 자 소 개

이 만 우

약 력 고려대학교 경영대학 졸업
미국 조지아대학 경영학 박사(Ph.D.)
한국 및 미국 공인회계사
국세청 국세심사위원 역임
증권관리위원회 회계기준심의위원 역임
정부투자기관 운영위원 역임
현, 고려대학교 경영대학 교수
재정경제부 세제발전심의위원
예금보험공사 예금보험위원
(주)KT&G 사외이사

저서 및 논문 「회계원리」
「세법, 회계감사」
「경영학 원론」
「회계감사의 사회적 기능」
「세금이 없다면」 등 다수

노 준 화

약 력 고려대학교 경영대학 졸업(경영학 학사)
고려대학교 대학원 졸업(경영학 석사 · 박사)
공인회계사 · 세무사
공인회계사 · 세무사 시험위원
Visiting Scholar, Purdue university(2007.7 ~ 2008.12, LG연암재단 해외연구교수)
현, 충남대학교 회계학과 교수

저서 및 논문 이전가격을 통한 소득이전의 조세적 유인에 관한 연구, 1997
The Effect of Retention Requirement on Auditor Independence: An Empirical Investigation of the Korean Audit Market, 2002, Gil S. Bae, Joonhwa Rho
「IFRS 밀레니엄 회계원리」, 2010
「회계감사의 이해」, 2010
「회계감사기준해설」, 2009
「세법개론」, 2010

사회복지법인의 회계와 세무 KT&G 복지재단 후원

지 은 이 이 만 우 · 노 준 화
펴 낸 이 최 재 범
펴 낸 곳 도서출판 탐진
등록 1-996호(倫). 1990. 1. 12.
서울시 마포구 현석동 10-3
Tel. 715-1092 ~ 3 / Fax. 701-6391
E-mail. tamjin90@hanmail.net / Homepage. www.tamjin.co.kr
2005. 11. 16. 초 판 발행
2010. 2. 25. 2판 1쇄 발행

저자와의 협의하에 인지를 생략함

ISBN 978-89-5540-204-9 93320 가격 16,000원

개정판 머리말

2005년 KT&G 복지법인의 후원으로 사회복지법인의 회계와 세무를 출간한 후 약 20개 대학의 사회복지 관련 학과에서 본 서를 교과서로 사용하고, 일부 사회복지단체에서 연수교재로 사용하는 성과가 있었다. 그리고 2009년에는 사회복지법인 재무·회계 규칙이 전면 개정되었으며, 우리나라가 국제회계기준을 채택하기 위한 준비를 하고 있고 또한 사회복지 관련 세법도 다수 개정되었다. 출간 이후 이러한 변화는 저자로 하여금 개정판을 출간할 수 밖에 없는 상황을 만들었다. 개정판은 주로 다음의 내용을 개정하였다.

첫째, 2009년에 개정된 사회복지법인 재무 · 회계 규칙을 반영하였다.
둘째, 한국채택 국제회계기준 중 사회복지법인과 관련된 부분을 반영하였다.
셋째, 개정 세법 중 사회복지관련 세법을 반영하였다.

개정판을 출간하는 데 있어 KT&G 복지법인 김재홍 이사장님의 적극적인 후원이 있었다. 미약하지만 본 서가 사회복지를 실천하는데 도움이 되기를 바라면서 김재홍 이사장님께 깊은 감사를 드린다.

2010년 2월
저자 씀

후원의 글

KT&G 복지재단은 타인을 위한 봉사와 사랑이 소외된 사람들에게 큰 힘이 되어준다는 것을 알고 있습니다. 사회복지법인은 이와 같은 봉사와 사랑을 전달하는 하나의 매개체로서 역할을 합니다. 하지만 정부나 후원자들에 대한 사회복지법인의 재무보고가 적절하지 못하여 그들의 고결한 봉사정신이 의혹을 받는 경우도 종종 관찰되고 있습니다. 이는 이들 종사자들이 회계와 세무지식이 부족할 뿐만 아니라 그들이 적용할 수 있는 사회복지법인의 회계와 세무에 대한 체계적인 안내가 부족하기 때문입니다.

따라서 KT&G 복지재단은 사회복지법인의 회계와 세무에 대한 체계적인 지침을 전달해 줄 수 있고, 곧바로 실무에 적용할 수 있는 「사회복지법인의 회계와 세무」의 출간을 기획 · 후원하게 되었습니다. KT&G 복지재단은 이러한 문제가 봉사 본연의 의미를 퇴색하게 할 수도 있다는 것을 인식하고 이와 같은 어려움을 덜어주는 것 또한 사업활동을 지원하는 것 못지 않게 중요하다고 생각합니다.

이 책은 사회복지법인 종사자들이 그들의 봉사활동 결과에 대한 재무보고를 적절하게 할 수 있는 지침을 제공할 것입니다. 이는 사회복지법인 종사자들의 봉사활동 과정과 결과에 대한 정부 또는 후원자들의 오해를 미연에 방지할 뿐만 아니라 재무보고에 대한 신뢰성을 높일 수 있게 함으로써 좋은 일을 하고도 마음에 상처를 받는 일이 발생하지 않는데 기여할 것입니다. 또한 후원자들에게 자신의 후원금이 의도한 바와 같이 올바르게 사용되고 있는지에 대한 시의 적절한 정보를 제공하게 함으로써 기부동기를 유발하는데 기여할 것으로 기대합니다.

무엇보다 KT&G가 후원하는 이 책이 사회복지법인 종사자들만을 위한 최초의 실무서라는 것에 자부심을 느끼고 있으며, 이 책으로 인하여 사회복지법인의 봉사활동이 제대로 알려지는 계기가 되기를 바랍니다.

2005년 11월

KT&G 복지재단 이사장 김 재 홍

추천의 글

사회 발전과 함께 복지활동에 대한 인식이 높아져 가고 있습니다. 이에 부응하기 위하여 사회복지기관의 질 높은 전문적 서비스가 더욱 요구되고 있으며, 복지서비스의 효율성을 극대화하기 위한 전문적인 관리체계가 필요합니다.

어느 조직이나 가장 기본이 되는 것은 회계와 세무 관리라고 생각합니다. 이는 사회복지기관 운영에 있어서도 마찬가지입니다. 그러나 사회복지 기관에서 일하는 분들을 위한 회계와 세무에 관한 지식 제공의 기회가 적어 아쉬웠던 점이 많았습니다.

이러한 때 사회복지계에서 일하는 분들의 의견을 수렴하여 실무에 기반을 둔 「사회복지법인의 회계와 세무」의 발간은 너무나도 반가운 일이 아닐 수 없습니다. 이 지침서는 실무자들과의 인터뷰를 통해 이들이 겪은 회계와 세무상의 어려움과 의문점을 해결하고자 하였으며, 따라서 철저하게 실무에 기초를 두고 구성하고 있습니다. 무엇보다 이번 책자 발간은 국내 최초의 실무중심 전문서적으로서 사회복지기관의 효율적인 운영을 위해 사회복지사들을 비롯한 관계자 모든 분들께 아주 중요한 자료가 될 것입니다. 또한 실무에서 뿐만 아니라 대학에서도 표준화되고 전문화된 사회복지법인의 회계와 세무 지침서를 제공할 수 있어 예비 사회복지사들에게도 많은 도움이 된다는 것에 더욱 그 의미가 큽니다.

이번 서적을 집필해 주신 고려대학교 이만우 교수님과 충남대학교 노준화 교수님의 노고에 진심으로 감사의 말씀을 드립니다. 그리고 이번 책자 발행에 큰 관심을 가시시고 후원해 주신 KT&G복지재단 김재홍 이사장님의 사회복지 현장을 사랑하는 마음에 깊은 감사의 말씀을 전해드립니다.

이번 기회를 통해 사회복지 기관에서 표준화된 회계·세무 정보를 공유하여, 앞으로 원활하고 체계적인 사회복지 기관운영이 될 수 있기를 바랍니다. 그리고 나아가서는 사회복지사들이 더욱 더 전문적이고 질 높은 서비스를 사회에 제공할 수 있는 원동력이 될 것을 기대합니다. 다시 한 번 「사회복지법인의 회계와 세무」발간을 축하드리며, 우리 사회복지계에 올바른 회계세무지식이 보급되어 신뢰받는 사회복지인들이 되기를 바랍니다.

2005년 11월

한국사회복지사협회장 김 성 이

머 리 말

사회복지법인의 회계와 세무는 영리법인의 그것과는 분명히 구분되는 고유의 특징을 가지고 있다. 그러나 이러한 차이를 제대로 인식하고 회계 및 세무업무를 처리하는 사회복지법인은 많지 않다. 그 이유는 사회복지법인을 위한 체계적인 회계·세무의 실무 지침서가 없기 때문이라고 생각된다. 이에 저자들은 KT&G 복지법인의 후원을 받아 「사회복지법인의 회계와 세무」를 출간하게 되었다. 본 서의 특징은 다음과 같다.

첫째, 사회복지법인의 회계와 세무에 대한 국내 최초의 실무중심 전문서적이다.

둘째, 사회복지법인 종사자들이 회계와 세무의 지식이 많지 않다는 점을 고려하여 매우 쉽게 저술하였다.

셋째, 실무자들과 인터뷰를 통하여 이들이 겪는 회계와 세무상의 어려움과 의문점을 해결하는 데 주력하였다.

넷째, 본서를 읽고 곧바로 실무에 적용할 수 있도록 철저하게 실무에 기초를 두고 있다.

또한 본 서는 체계적인 정립이 이루어져 있는 영리법인의 회계 및 세무의 장점과 사회복지법인의 고유한 특징을 잘 조화하여 사회복지법인의 재무보고와 세무보고의 신뢰성을 향상할 수 있는 방향으로 전개되었다. 본 서는 사회복지법인의 외부 이해관계자들에게는 사회복지법인의 활동을 잘 이해할 수 있는 계기를 제공할 것이며, 내부 이해관계자들 또한 그들의 활동에 대한 결과를 합리적으로 보고할 수 있는 지침을 제공하게 할 것이다.

본 서는 KT&G 복지재단의 후원으로 출간되었다. 특히 본 서의 필요성을 역설하시면서 후원을 아끼지 않으신 김재홍 이사장님의 배려가 없었다면 아마도 본 서는 세상에 태어나지 못하였을 것이다. KT&G 복지재단 김재홍 이사장님께 진심으로 감사드린다. 또한 이 책의 출간을 독려해주신 KT&G 복지재단의 이사님 및 감사님께도 깊은 감사를 드린다.

2005년 11월

저자 씀

차 례

Chapter 1 사회복지법인 회계의 의의

Chapter 2 장부기록의 과정(회계의 순환과정)

Chapter 3 재무제표 일반론 및 재무회계이론

Chapter 4 자산과 관련된 회계처리

Chapter 5 부채 및 자본에 대한 회계처리

Chapter 6 현금흐름표

Chapter 7 수익과 비용

Chapter 8 컴퓨터를 이용한 회계처리

Chapter 9 사회복지법인의 세무처리 및 보고

Chapter 10 사회복지법인 재무·회계 규칙

제 1 장 사회복지법인 회계의 의의

1. 사회복지법인 회계의 특징
2. 회계의 의의
3. 사회복지법인회계의 보고책임 및 재무·회계 규칙
4. 회계등식
5. 거래의 분석 및 기록
6. 재무상태 및 경영성과의 측정 및 보고

사회복지법인 회계의 의의

CHAPTER 01

1. 사회복지법인 회계의 특징

1.1 사회복지법인 회계의 발전과정과 본서의 전개 방향

사회복지법인은 비영리법인의 특수한 어느 하나의 영역에 속한다. 회계는 그 영리성 유무에 따라 영리법인과 비영리법인으로 구분하고 있으며, 영리법인에 비해 비영리법인은 체계적인 회계기준이 존재하지 않는 실정이다. 따라서 사회복지법인만을 위한 특별한 회계기준이나 이론도 존재하지 않는다. 본 서는 비영리법인 중 특별히 사회복지법인의 회계와 세무에 초점을 두고 있다. 따라서 사회복지법인의 회계 실무자들에게는 매우 유용할 것으로 기대한다.

우선 회계와 세무를 논하기 전에 가장 먼저 독자들에게 제시해 주어야 할 사항은 사회복지법인 회계의 특수성이다. 이를 알지 못하고서는 다양한 저서를 보아도 그 개념을 파악하기 어려울 것으로 생각하며, 이를 실무에 적용하는 것 또한 쉽지 않을 것으로 생각한다.

회계는 영리를 목적으로 하는 영리법인의 재무보고 필요성에 따라 개발되고 발전해 왔다. 따라서 회계 전문서적의 주된 수요는 영리법인이며 자연히 그 공급 또한 영리법인에 집중되어 있다. 물론 드물게 비영리법인에 대한 전문서적이 출간되기도 하였지만 그 다양성 측면에서 영리법인의 그것과 비교가 되지 않는다. 이와 같이 일정한 회계기준이 없이 출간된 비영리법인의 회계 전문서적은 그 수요가 제한되어 있기에 그 양적·질적 측면에서 영리법인의 그것에 비하여 경쟁력이 낮을 뿐만 아니라 그 대부분이 이론서에 가깝다. 또한 당해 분야를 연구하는 연구자도 제한되어 있어 비영리법인의 회계는 영리법인의 회계만큼 발전되지 못하였다. 이에 저자는 비영리법인(특히 사회복지법인)의 회계 및 세무처리의 어려움을 덜어주고자 KT&G 복지법인의 후원으로 본서를 집필하게 되었다. 본서는 기존에 출간된 다른 저자들이 지향하는 비영리법인 회계의 이론서를 탈피하여 철저하게 실무적인 관점에서 집필하고 있다.

1.2 영리법인의 재무제표

영리법인은 체계적인 회계기준과 이론을 바탕으로 회계처리를 하고 있다. 또한 영리법인이 그들의 이해관계자들에게 보고하여야 할 재무제표는 재무상태표(구 대차대조표), 포괄손익계산서(구 손익계산서), 자본변동표 및 현금흐름표의 4가지와 이들 재무제표에 대한 주석으로 명확히 정의되어 있다. 우리나라는 국제회계기준(IFRS : International Financial Reporting Standards)을 채택하면서 기존의 회계기준과는 그 체계와 내용이 많이 변경되었다. 예를 들면, 대차대조표는 재무상태표로, 손익계산서는 포괄손익을 포함하는 포괄손익계산서로, 이익잉여금처분계산서(또는 결손금처리계산서)를 포함하지 않고, 자본변동표를 추가하였다. 그러나 상법 등에서 이익잉여금처분계산서(또는 결손금처리계산서)의 작성을 요구하는 경우에는 재무상태표(대차대조표)의 이익잉여금(또는 결손금)에 대한 보충정보로서 이익잉여금처분계산서(또는 결손금처리계산서)를 주석으로 공시하도록 하고 있다.

재무상태표(대차대조표), 포괄손익계산서, 자본변동표 및 현금흐름표의 기본 양식을 제시하면 다음과 같다.

재 무 상 태 표

제×기 20×1년 12월 31일 현재
제×기 20×2년 12월 31일 현재

회사명 (단위 : 원)

과 목	당 기		전 기	
자 산				
유동자산		×××		×××
현금및현금성자산	×××		×××	
단기금융자산	×××		×××	
매출채권	×××		×××	
재고자산	×××		×××	
기타채권	×××		×××	
…	×××		×××	
비유동자산		×××		×××
유형자산	×××		×××	
무형자산	×××		×××	
지분법적용투자주식	×××		×××	
이연법인세자산	×××		×××	
…	×××		×××	
자 산 총 계		×××		×××
부 채				
유동부채		×××		×××
단기금융부채	×××		×××	
매입채무	×××		×××	
기타채무	×××		×××	
…	×××		×××	
비유동부채		×××		×××
장기금융부채	×××		×××	
OO충당부채	×××		×××	
이연법인세부채	×××		×××	
…	×××		×××	
부 채 총 계		×××		×××
자 본				
자본금	×××		×××	
기타적립금	×××		×××	
이익잉여금	×××		×××	
비지배지분	×××		×××	
자 본 총 계		×××		×××
부채 및 자본 총계		×××		×××

포괄손익계산서

제×기 20×1년 1월 1일부터 20×1년 12월 31일까지

제×기 20×2년 1월 1일부터 20×2년 12월 31일까지

회사명 (단위 : 원)

과목	당기		전기	
매출액		×××		×××
매출원가		×××		×××
매출총이익(또는 매출총손실)		×××		×××
지분법손익		×××		×××
기타수익		×××		×××
물류원가		×××		×××
관리비		×××		×××
금융비용		×××		×××
기타비용		×××		×××
…		×××		×××
법인세비용차감전계속영업손익		×××		×××
법인세비용		×××		×××
계속영업 당기순손익		×××		×××
중단영업 당기순손익		×××		×××
당기순손익		×××		×××
기타포괄손익		×××		×××
매도가능금융상품평가손익	×××		×××	
유형자산재평가잉여금	×××		×××	
…	×××		×××	
총포괄손익		×××		×××
지배기업소유주 귀속 당기순손익		×××		×××
비지배지분 귀속 당기순손익		×××		×××
지배기업소유주 귀속 총포괄손익		×××		×××
비지배지분 귀속 총포괄손익		×××		×××

자 본 변 동 표

제×기 20×1년 1월 1일부터 20×1년 12월 31일까지
제×기 20×2년 1월 1일부터 20×2년 12월 31일까지

회사명 (단위 : 원)

구 분	자본금	자 본 잉여금	기타의 잉여금	이 익 잉여금	지배기업 주주지분	비지배 지 분	총 계
20×1. 1. 1.	×××	×××	×××	×××	×××	×××	×××
회계변경누적효과				×××	×××	×××	×××
배 당 금 지 급				(×××)	(×××)		(×××)
유 상 증 자	×××	×××			×××	×××	×××
유형자산재평가			×××		×××	×××	×××
해외사업장외환차이			×××		×××	×××	×××
…							
당 기 순 이 익				×××	×××	×××	×××
20×1. 12. 31.	×××	×××	×××	×××	×××	×××	×××
20×2. 1. 1.	×××	×××	×××	×××	×××	×××	×××
회계변경누적효과				×××	×××	×××	×××
배 당 금 지 급				(×××)	(×××)		(×××)
유 상 증 자	×××	×××			×××	×××	×××
유형자산재평가			×××		×××	×××	×××
해외사업장외환차이			×××		×××	×××	×××
…							
당 기 순 이 익				×××	×××	×××	×××
20×2. 12. 31.	×××	×××	×××	×××	×××	×××	×××

현금흐름표

제×기 20×1년 1월 1일부터 20×1년 12월 31일까지
제×기 20×2년 1월 1일부터 20×2년 12월 31일까지

회사명 (단위 : 원)

과 목	제×(당)기		제×(전)기	
Ⅰ. 영업활동으로 인한 현금흐름		×××		×××
1. 법인세비용차감전순이익	×××		×××	
2. 조정항목				
감가상각비	×××		×××	
유형자산처분손실	×××		×××	
이자비용	×××		×××	
매출채권의 증가(순액)	(×××)		(×××)	
재고자산의 증가	(×××)		(×××)	
매입채무의 증가	×××		×××	
미지급판매비의 감소	(×××)		(×××)	
3. 영업활동 조정후 현금흐름	×××		×××	
4. 이자비용 현금유출액	(×××)		(×××)	
법인세비용 현금유출액	(×××)		(×××)	
Ⅱ. 투자활동으로 인한 현금흐름		×××		×××
1. 투자활동으로 인한 현금유입액				
비품의 처분	×××		×××	
2. 투자활동으로 인한 현금유출액				
비품의 취득	(×××)		(×××)	
Ⅲ. 재무활동으로 인한 현금흐름		×××		×××
1. 재무활동으로 인한 현금유입액				
단기차입금의 차입	×××		×××	
2. 재무활동으로 인한 현금유출액				
단기차입금의 상환	(×××)		(×××)	
배당금의 지급	(×××)		(×××)	
Ⅳ. 현금의 증가(감소)(Ⅰ+Ⅱ+Ⅲ)		×××		×××
Ⅴ.기초의 현금		×××		×××
Ⅵ.기말의 현금		×××		×××

1.3 사회복지법인의 재무제표

영리법인의 경우 그들의 이해관계자들에게 보고하여야 할 재무제표의 종류는 기업회계기준서 등에 의해 명확히 정해진 반면 사회복지법인의 경우 그들의 이해관계자들과 관계기관에 보고하여야 할 재무제표의 종류에 대한 명확한 근거를 찾기 어렵다. 다만 「사회복지법인 재무・회계 규칙」 제 20조(결산보고서에 첨부하여야 할 서류)에 따르면 단식부기를 사용하는 경우 대차대조표, 복식부기를 사용하는 경우 대차대조표와 수지계산서가 최소한의 요건으로 보인다. 물론 그 이외에도 여기서 요구하는 다양한 명세서나 서류들이 존재하지만 이들은 재무제표라기보다는 재무제표를 보조하는 정도로 이해할 수 있다. 여기서, 대차대조표는 영리법인의 재무상태표와 근본적으로 동일하기 때문에 이론(異論)의 여지가 없지만 한 가지 의문이 제기되는 것은 영리법인의 재무제표에는 존재하지 않는 수지계산서의 정체이다.

사회복지법인의 회계를 이해하는 출발은 바로 수지계산서를 이해하는 것에서부터 시작된다. 수지계산서를 이해하기 위하여 수지계산서의 양식을 제시하면 다음과 같으며, 이는 사회복지인 재무・회계규칙에서 예시하고 있는 것으로 개별 사회복지법인의 상황에 따라 당해 계정과목이나 형식을 변형할 수 있다.

수지계산서

과 목	금 액		
Ⅰ. 수 입			
1. 재산수입		×××	
가. 기본재산수입	×××		
나. 재산매각대	×××		
2. 사업수입		×××	
3. 과년도수입		×××	
4. 보조금수입		×××	

가. 정부보조금	×××		
나. 후원금	×××		
5. 차입금		×××	
6. 전입금		×××	
7. 이월금		×××	
8. 잡수입		×××	
가. 물품매각대	×××		
나. 예금이자	×××		
다. 잡수입	×××		
수 입 합 계			×××
Ⅱ. 지 출			
1. 사무비		×××	
가. 인건비	×××		
나. 물건비	×××		
다. 수용비 및 수수료	×××		
라. 업무추진비	×××		
마. 공공요금	×××		
바. 제세공과금	×××		
사. 차량비	×××		
2. 재산조성비		×××	
가. 시설비	×××		
나. 재산관리비	×××		
3. 수익사업비		×××	
4. 전출금		×××	
가. ○○시설 전출금	×××		
나. ○○시설 전출금	×××		
5. 과년도 지출		×××	
6. 상환금		×××	
7. 사업비		×××	
8. 잡지출		×××	
9. 예비비		×××	
지 출 합 계			×××
Ⅲ. 당기잉여금			×××

1.4 영리법인과 사회복지법인 재무제표의 차이

상기에서 제시한 바와 같이 영리법인과 비영리법인의 재무제표를 비교·요약하면 다음과 같다.

<표 1> 영리법인과 사회복지법인의 재무제표 비교

영리법인	사회복지법인	차 이
재 무 상 태 표	대 차 대 조 표	영리법인은 IFRS를 도입함으로써 기존의 대차대조표를 재무상태표라고 변경하여 명명함. 그러나 사회복지법인의 경우 IFRS를 따르지 않기 때문에 여전히 대차대조표라는 명칭을 사용함. 복식부기를 도입하는 경우에만 결산보고서에 첨부하여 제출함.
포괄손익계산서	수 지 계 산 서	영리법인의 포괄손익계산서와 동일한 정보를 제공하고 그 양식도 유사하며 복식부기를 도입하는 경우에만 결산보고서에 첨부하여 제출함. 영리법인과 달리 포괄손익을 포함하지 않음.
자 본 변 동 표		제출하지 않음.
현 금 흐 름 표	자금수지계산서	영리법인의 현금흐름표와 동일한 정보를 제공하며 그 양식도 유사하지만 사회복지법인 재무·회계규칙에 의하여 필수적으로 제출하여야 할 재무제표는 아님

핵 심

공인회계사의 외부감사를 받는 대부분의 비영리법인은 영리법인과 동일하게 재무상태표(대차대조표·포괄손익계산서·자본변동표 및 현금흐름표를 작성하여 이해관계자들에게 보고한다. 이 경우 사회복지법인 재무·회계규칙에 따른 최소한의 요건인 대차대조표와 수지계산서(포괄손익계산서)를 작성·보고하고 있기 때문에 문제될 것은 없으며, 나머지 자본변동표 및 현금흐름표는 이해관계자들에게 유용한 정보를 제공하기 위하여 임의적으로 작성·보고하는 것이다.

<표 1>에서 제시한 바와 같이 영리법인 재무제표와 사회복지법인 재무

제표의 가장 큰 차이는 사회복지법인의 경우 자본변동표와 현금흐름표를 요구하지 않는다는 것이며, 복식부기를 사용하는 경우에 한하여 재무상태표(대차대조표) 및 포괄손익계산서와 유사한 수지계산서를 요구한다는 것이다. 여기서 수지계산서의 특징을 인지하는 것은 매우 중요한 것이기 때문에 이를 자세히 설명하면 다음과 같다.

① 포괄손익계산서는 수익과 비용에 대한 정보를 제공한다. 반면에 수지계산서는 수입과 지출에 대한 정보를 제공한다. 여기서 수익은 발생주의에 의하여 현금의 수령과 관계없이 주요 경영활동으로 인하여 자산이 증가하거나 부채가 감소하면 인식하는 것이며, 수입은 현금수령을 의미한다. 비용은 발생주의에 의하여 현금의 지출과 관계없이 주요 경영활동으로 인하여 자산이 감소하거나 부채가 증가하면 인식하는 것이며, 지출은 현금지출을 의미한다. 따라서 사회복지법인 재무·회계규칙에서 예시하고 있는 수지계산서는 현금주의에 의하여 현금의 수령과 지출이 있을 경우에만 거래를 인식한다는 차이가 있다.

② 포괄손익계산서의 경우 유형자산을 구입할 경우 이를 재무상태표(대차대조표)의 자산으로 계상하여 내용연수 동안 장부에 기록하여 감가상각하며 지속적으로 관리하는 반면, 수지계산서에는 시설을 구입하는 등의 경우에도 재산조성비라는 항목으로 지출 처리한다는 것이다. 이 경우 대차대조표의 자산계정에는 현금이나 예금 이외에 어떤 계정도 남지 않아 현금과 예금 이외의 유형자산 등을 관리하는데 문제점이 있다는 것을 알 수 있다.

이와 같이 사회복지법인 재무·회계규칙에서 예시하고 있는 대차대조표(재무상태표)와 수지계산서는 복식부기에 의할 경우에만 요구하는 재무제표이다. 또한 복식부기에 의한다고 하여도 발생주의가 아닌 현금주의에 기초하고 있으며, 현금의 지출은 설령 그것이 미래의 경제적 효익을 가져다주는 등 자산의 요건을 갖추고 있어도 지출로 처리한다는 것이다. 따라서 사회복지법인의 재무·회계규칙이 사회복지법인이 준거하여야 할 회계기준으로서의 지위가 매우 빈약하다는 것을 알 수 있으며, 그 구체적인 근거는 다음과 같다.

첫째, 사회복지법인이라 할지라도 자산을 관리할 필요가 있으며, 둘째, 사회복지법인 재무·회계규칙이 영리법인의 회계기준과 같이 전문가에 의하여 오랜 기간에 걸쳐 잘 다듬어진 것이라고 보기에는 한계가 있다. 셋째, 복식부기를 사용하는 경우에 한하여 대차대조표(재무상태표)와 수지계산서를 제출하여야 한다는 점 등이 사회복지법인의 회계도 체계적인 정비를 하여야 할 당위성을 제공한다.

그러나 정비가 잘 된 영리법인의 회계기준과는 달리 사회복지법인이 준거하여야 할 인정된 회계기준은 존재하지 않는 것으로 보는 것이 일반적이다. 다만, 사회복지법인 재무·회계규칙은 회계처리할 때 참조할 수 있는 사항으로 이해하면 된다. 따라서 회계전문가들은 사회복지법인이 준거하여야 할 회계기준을 영리법인의 회계기준을 기초로 하고 사회복지법인의 특수한 거래에 대해서는 회계이론과 관습을 따르는 것으로 판단하고 있다.

1.5 재무제표의 계정과목은 정해진 규칙이 있는가?

다수의 회계실무자들이 겪는 가장 흔한 어려움 중의 하나가 계정과목의 선택일 것이다. 과연 예시된 계정과목만 사용하여야 하는지? 아니면 새로운 계정과목을 만들어 사용하여도 되는지? 자신의 사업활동을 제대로 할 수 있는 것으로 계정과목의 명칭을 변경하여도 되는지? 하는 의문들은 회계실무자라면 누구나 가지게 된다. 해답부터 제시하면 재무제표를 통하여 제시하고 있는 계정과목이 자신의 사업활동을 잘 대변하고 있다면 가급적 이를 사용하는 것이 원칙이며, 변형이 필요하거나 새로운 것을 신설할 필요가 있다면 이를 적극적으로 변형 또는 신설하여 사용할 수 있다.

1.6 IFRS의 도입과 사회복지법인의 재무보고

우리나라는 국제회계기준을 채택하였다. IFRS의 채택은 사회복지법인의 회계처리에도 영향을 미칠 것이다.

우선, 한국이 채택한 IFRS는 재무제표의 명칭과 양식이 기존의 그것과 다르다. 예를 들면 대차대조표는 재무상태표로, 손익계산서는 당기순이익에 기타포괄손익을 추가하여 포괄손익계산서로, 자본변동표의 추가 등이 그것이다.

그러나 사회복지법인 재무・회계 규칙은 이러한 변화를 반영하지 않고 있다. 따라서 시간이 지날수록 사회복지법인 재무・회계 규칙은 규범으로서의 영향력을 점점 잃을 수 밖에 없다.

또한 기존의 기업회계기준에서는 표준재무제표의 양식과 계정과목을 구체적으로 예시하고, 예시하지 않은 계정과목은 예외적으로 신설하여 보고할 수 있었다. 그러나 한국채택 IFRS는 초보적인 수준의 재무제표를 일부분 예시하고 이를 응용하여 자유롭게 재무제표를 작성할 수 있을 뿐만 아니라 계정과목도 극소수만 예시하고 나머지는 자유의사에 따라 계정을 사용할 수 있도록 하였다. 한마디로 한국채택 IFRS는 재무제표 작성자의 자유의사를 매우 존중하고 있다.

이러한 IFRS의 방향은 실무자들로 하여금 매우 당황하게 만든다. 그러면 사회복지법인의 실무자들은 어떤 기준을 따라야 할까? 사회복지법인 재무・회계 규칙에서는 필수적인 재무제표로서 복식부기로 회계처리하는 경우 대차대조표와 수지계산서(영리법인의 손익계산서와 유사)를 보고하도록 하고 있다. 그 외 나머지 명세서는 재무제표라고 명명하지는 않는다. 따라서 명칭의 경우 영리법인의 한국채택 IFRS와 동일하게 대차대조표를 재무상태표라 하고 손익계산서의 경우도 포괄손익계산서라고 따라는 것이 바람직할 것으로 본다. 또한 이하 본 서에서는 이렇게 변경하여 명명하고 있다.

또한 회계처리의 경우 사회복지법인 재무·회계 규칙에서 규정하고 있는 것이 거의 없기 때문에 결국 한국채택 IFRS에 따를 수 밖에 없을 것으로 보이며 이하 본 서에서도 한국채택 IFRS에 기초하여 서술하며 사회복지법인의 특성상 해당사항이 없을 것으로 기대되는 항목은 제외하고 있다.

1.7 수익사업과 고유목적사업을 겸영하고 있는 경우 재무보고

사회복지법인이 수익사업과 고유목적사업을 경영하고 있는 경우 재무보고는 어떻게 하여야 할까? 세법에서는 수익사업회계와 고유목적사업회계를 구분하도록 하고 있다. 따라서 이 경우 사회복지법인은 다음과 같이 세 가지 재무제표를 작성하는 것이 바람직하다.

① 수익사업의 재무제표 → 영리법인의 회계기준에 따라 작성

② 고유목적사업의 재무제표 → 비영리법인의 회계기준에 따라 작성

③ 통합재무제표 → 상기의 수익사업재무제표와 고유목적사업재무제표를 통합하여 작성

2. 회계의 의의

KT&G(주)의 주식을 살 것인가, 아니면 팔 것인가? 영진약품(주)에게 돈을 빌려줄 것인가, 아니면 빌려준 돈을 회수할 것인가? 이와 같은 물음은 기업이든 개인이든 경제활동을 하는 가운데 흔히 제기할 수 있는 물음이다. 이런 물음에 답을 하기 위해서는 여러 가지 정보를 수집하여 분석

하고 평가하는 과정이 필요한데, 여러 가지 정보 중 가장 핵심이 되는 정보는 KT&G(주)나 영진약품(주)가 얼마나 건실한 기업인지?, 그리고 얼마나 경영성과가 양호한 기업인지? 에 대한 정보라고 할 수 있다. 우리는 어떤 회사를 부실기업이라고 부르기도 하는데, 그런 기업들은 부채가 과다하거나 경영성과가 좋지 않은(즉, 순이익이 낮거나 순손실이 발생한) 회사임에 틀림없다.

특정 기업에 대한 재무상태나 경영성과에 대한 정보를 회계정보라고 하는데, 회계(accounting)는 특정 기업에 대해서 관심을 갖고 있는 이해관계자(회계정보이용자)들이 의사결정을 하는데 유용한 회계정보를 제공하는 것을 기본적인 목적으로 한다. 따라서 회계를 일반적으로 다음과 같이 정의할 수 있다.

> 회계란 특정 기업과 관련하여 발생한 경제적 사건을 식별(identifying), 기록(recording)하여 특정 기업의 이해관계자들에게 보고(communicating)하는 과정이다.

경제적 사건(economic events)이란 특정 기업의 재무상태에 영향을 가져오는 모든 사건을 말하며, 회계에서는 이를 거래(transactions)라고 한다. 예를 들어 현대자동차(주)가 제작한 승용차를 고객에게 판매한다든가, SK텔레콤(주)이 가입자에게 이동통신 서비스를 제공한다든가, LG전자(주)가 임직원에게 급여를 지급한다든가, 롯데제과(주)가 광고대행사에 광고선전비를 지급한다든가 하는 사건은 모두 특정 기업의 재무상태에 영향을 주는 경제적 사건이다. 회계는 경제적 사건인지 아닌지를 식별하고, 이를 일정한 규칙에 따라 화폐금액으로 장부에 기록하고, 재무제표(financial statements)라고 하는 일정한 보고형식을 통해서 여러 회계정보이용자에게 보고하는 역할을 한다. 회계정보이용자는 재무제표를 통해서 특정 시점 현재 현대자동차(주)의 부채가 얼마나 되며, 특정 기간 동안 SK텔레콤(주)가 얼마의 매출실적을 올렸는지, 그리고 LG전자(주)와 롯데제과(주)의 순이익은 얼마나 되는지 등을 분석하여 의사결정을 내리기 때문에 재무제표는 회계정보이용자의 의사결정에 많은 도움을 줄 수 있다.

이와 같은 점에서 회계는 부기(簿記, book-keeping)와 구별된다. 부기란 발생한 거래들을 일정한 규칙에 따라 장부에 기록하는 단순한 과정일 뿐 그 이상의 의미는 없다. 그러나 회계는 거래를 장부에 기록하는데 그치는 것이 아니라 회계정보이용자들이 의사결정을 하는데 있어서 좀 더 많은 도움을 받을 수 있도록 유용한 정보를 생산하여 그들에게 제공하는 역할을 한다는 점에서 부기와 차이가 있다.

이상의 내용은 주로 영리활동을 하는 기업을 대상으로 한 회계의 기본개념이다. 이를 바탕으로 본서는 비영리활동을 하는 사회복지법인의 보고책임과 그에 따른 사회복지법인회계를 논하고자 한다.

3. 사회복지법인회계의 보고책임 및 재무·회계 규칙

3.1 비영리조직의 재무보고와 사회복지법인의 보고책임

(1) 비영리조직의 재무보고

미국회계학회(American Accounting Association : AAA)가 1966년 발표한 “A Statement of Basic Accounting Theory"는 조직의 형태와 성격에 무관하게 회계의 목적을 설명하고 있다. 즉, 회계의 목적을 (1) 희소한 자원을 어떻게 사용할 것인지를 결정하고, (2) 조직의 인적 및 물적 자원을 효율적으로 감독·통제하고, (3) 수탁받은 자원에 대해 어떻게 관리가 이루어지는지를 파악하고, 그리고 (4) 조직의 사회적 기능과 통제를 촉진하기 위한 정보를 제공하는 것으로 정의하고 있다. 이와 같이 미국회계학회는 영리조직과 비영리조직의 재무보고 목적에 차이가 없음을 강조하고 있다.

상기의 미국회계학회의 재무보고 목적은 FASB(Financial Accounting

Standard Board)에 의해 영리조직과 비영리조직의 재무보고의 목적으로 보다 구체화되었다. FASB는 1980년 SFAC4(Statement of Financial Accounting Concept)에서 비영리조직의 재무보고목적은 외부의 일반 정보이용자가 필요로 하는 조직에 대한 정보를 제공하는 것으로 정의하고 있다. 비영리조직의 정보이용자는 자원제공자(기부자, 납세자, 조직의 회원, 채권자, 납품업자, 종업원 등), 수혜자(constituents), 감독 및 규제기관, 비영리조직의 경영자 등을 들 수 있다. 이러한 비영리조직의 정보이용자는 현재 및 미래의 투자자, 채권자 및 기타정보이용자로 분류되는 영리조직의 정보이용자와 크게 다르지 않다. 이러한 관점에서 FASB는 영리조직의 재무보고나 비영리조직의 재무보고가 이들의 경제적 의사결정에 유용한 정보를 제공하는 것을 정의한 것이다.

SFAC의 비영리조직 재무보고 목적

① 현재와 미래의 자원제공자 및 기타 이해관계자가 비영리조직의 자원 배분에 대한 합리적인 의사결정을 하는데 유용한 정보를 제공하여야 한다.
② 현재와 미래의 자원제공자 및 기타 이해관계자가 비영리조직의 서비스 및 미래의 서비스제공 능력에 평가에 유용한 정보를 제공하여야 한다.
③ 현재와 미래의 자원제공자 및 기타 이해관계자에 대해 조직의 관리자들이 관리의무를 제대로 수행했는지의 여부와 관리자들의 기타 성과에 대한 정보를 제공해야 한다.
④ 조직의 경제적인 자원, 채무, 순자원 및 이들의 변화에 대한 정보를 제공하며, 이들에 대해 영향을 미치는 거래, 사건 및 환경의 효과에 대한 정보를 제공하여야 한다.
⑤ 일정기간동안 달성된 조직의 성과에 대한 정보를 제공하여야 한다.
⑥ 일정기간동안 발생한 자원의 유입 및 유출되는 금액과 성격에 대한 정보를 제공하여야 한다.
⑦ 일정기간동안 발생한 자원의 유입과 유출사이의 관계에 대한 정보를 제공하여야 한다.
⑧ 비영리조직이 서비스 제공을 위해 사용한 자원에 대한 정보를 제공해야 한다.
⑨ 조직이 어떻게 현금과 기타 유동자산을 조달하고 사용하는지, 이들이 차입하고 상환하는 활동 및 기타 조직의 유동성과 관련된 정보를 제공하여야 한다.

이상에서 살펴본 바와 같이 영리조직과 동일한 비영리조직의 재무보고 목적을 바탕으로 1972년 미국회계학회(AAA)는 비영리조직에 관한 위원회 보고서에서 정부의 구체적인 보고책임으로서 ① 재무자원에 대한 보고책임, ② 법적 요구사항과 행정지침의 준수에 관한 보고책임, ③ 운영의 능률성과 경제성에 관한 보고책임, ④ 성과, 효익 및 효과로 표시된 정부사업과 활동의 결과에 대한 보고책임 등을 규정하였다.[1]

(2) 사회복지법인의 보고책임

사회복지법인이란 사회복지사업법 제2조에서 정한 사회복지사업을 행할 목적으로 동법 제16조에 의거 설립된 법인으로서 사단법인이면서, 비영리 공익재단법인이다. 즉, 사회복지법인 또한 비영리조직의 하나로써 법인의 정보이용자에게 재무보고를 할 책임이 있는 것이다. 따라서 사회복지법인은 재무정보를 작성할 수 있는 일정한 규칙을 필요로 하게 된다.

3.2 비영리조직의 재무보고기준

영리조직의 재무보고기준은 오랫동안 사회적으로 큰 관심을 받으면서 재무정보를 더 잘 반영할 수 있도록 지속적으로 개정되어 오고 있지만, 비영리조직의 재무보고에 대한 관심은 그 역사가 일천하다. 즉, 영리조직의 재무보고 기준은 1952년에 최초 제정되어 그간 계속된 개정으로 국제적인 수준으로 발전하였지만 비영리조직은 일관된 기준이나 지침이 없는 실정이다.

물론 사회복지사업법 제23조에 의해 사회복지법인 재무·회계규칙이라는 것이 제정되어 있지만, 이 역시 회계전문가에 의하여 제정된 체계적인 규정이라고 보기에는 한계가 있어 이에 따라 회계처리하고 재무보고를 하는 데에는 많은 어려움이 있다. 예를 들면, 사회복지법인의 재무·회계규칙은 구체적인 회계 및 재무보고기준을 각 조직의 재량에 위임하고 있어 회계에 관한 지식이 부족한 실무자들은 물론이고 심지어 회계전문가들 마

1) 한국회계연구원, 2000, 비영리법인의 재무보고 작성기준, 연구보고서 제4호.

저도 어떻게 회계처리하고 보고하는 것이 바람직한 것인지 혼돈스러워 한다. 따라서 전문가 또는 실무자 마다 주장하는 바가 달라 동일한 사회복지법인이라 할지라도 실무담당자나 외부조력자가 바뀔 때마다 사회복지법인의 회계시스템이 바뀌는 문제도 관찰된다.

이처럼 사회복지법인의 회계는 정비가 잘된 영리기업의 회계기준과는 달리 잘 정비되고 인정된 회계기준이 존재하지 않는 것으로 보는 것이 일반적이다. 물론 사회복지법인 재무 · 회계규칙이 존재하기는 하지만 이는 사회복지법인이 참조할 수 있는 정도로만 이해하면 될 것이다. 그러면 사회복지법인은 무엇에 따라 회계처리 하여야 하는가? 회계전문가들은 사회복지법인의 회계처리에 대하여 영리법인의 회계기준을 기초로 하고 사회복지법인만의 특수한 거래에 대해서는 관계법령(사회복지법인 재무 · 회계규칙 포함)에서 회계처리를 명확히 하고 있는 경우 이에 따라 회계처리하고 그렇지 않은 경우 회계이론이나 관습을 따르는 것으로 판단하고 있다.

특정 기업의 재무상태의 변화를 가져오는 회계상의 거래를 기록하는 방식에는 단식부기와 복식부기가 있다. 단식부기는 거래를 일면적으로 파악하거나 이면적으로 파악하더라도 유기적인 관련성이 없는 것이며, 복식부기는 거래를 이면적으로 파악하고 각 거래요소를 유기적으로 관련지어 처리하는 것을 말한다. 복식부기는 1494년 루카 파치올리(Luca Pacioli)라는 이탈리아의 수도승이 출간한 "복식장부 기록에 대한 보고서(treatise on double-entry bookkeeping)"에서 최초로 체계화되었다. 이러한 복식부기의 실질적 의의는 경제활동을 그 원인과 결과라는 관점에서 양면적으로 파악하여, 자산 · 부채 · 자본 · 수익 · 비용 · 지출 등 기초개념의 증감[2)]과 결부시켜서 유기적으로 기록 · 계산하는 점에 있다. 즉, 경제주체의 활동영역이 확대되고 복잡해짐에 따라 오늘날의 영리조직은 부정이나 오류를 체크하

---

2) 이에 대한 개념은 제2장 회계의 순환과정에서 자세히 다룰 것이다.

는 자기검증기능을 가진 복식부기를 채택하여 사용하고 있다.

사회복지법인 재무·회계 규칙은 단식부기를 원칙으로 하면서 필요한 경우 복식부기를 허용하고 있다. 그러면 과연 사회복지법인이 단식부기를 도입하는 것이 좋은가? 아니면 복식부기를 도입하는 것이 좋은가? 이는 회계실무자라면 공통적으로 고민하는 사항 중 하나일 것이다. 하지만 다음과 같은 환경은 사회복지법인이 복식부기를 도입하지 않으면 안 되게 한다.

첫째, 주무관청에서 요구하는 보고서에는 예외 없이 대차대조표와 포괄손익계산서(수지계산서)가 포함되어 있는데, 대차대조표나 수지계산서(포괄손익계산서)와 같은 재무제표는 단식부기의 산물이 아니라 복식부기의 산물이다. 따라서 사회복지법인이 단식부기에 의할 경우 결국은 매 결산기마다 복식부기 전문가에 의존하여 재무제표를 작성하여야 하는 이중의 부담이 발생하게 된다. 즉, 사회복지법인이 단식부기를 사용할 경우 기중에는 단식부기에 의하고 기말에는 지난 1년 동안의 기록에 의하여 다시 복식부기에 의한 재무제표를 작성하는 복잡하고도 이중적인 업무를 반복할 수밖에 없다.

둘째, 2005년부터 정부뿐만 아니라 지방자치단체도 복식부기를 도입·운영하고 있다. 따라서 정부 및 지방자치단체의 지원 및 관리를 받고 있는 사회복지법인도 복식부기 도입의 당위성을 거스를 수 없다.

셋째, 규제기관과 전문가들이 현대화된 비영리법인에 대한 회계기준을 제정·정비하고 있으며 그 근본적인 틀은 복식부기에 의하고 있다.

넷째, 단식부기는 수작업에 의존하거나 일부 스프레드시트(예를 들면 excel 등)에 의존하여 업무를 처리하고 있다. 따라서 체계적인 회계시스템이 구축되고 있지 않아 전적으로 개인의 역량에 의존하고 있다. 반면에 복식부기에 의한 회계프로그램은 많은 진전이 있었고 현재 시판되고 있는 프로그램도 다수 존재한다. 이들 프로그램은 사용자가 기초적인 회계지식(예를 들면 분개)만 보유하고 있으면 프로그램에 의하여 장부와 재무제표를 필요할 때 언제든지 실시간으로 출력하여 사용할 수 있다. 즉, 일반적으로 단식부기가 쉽고 용이하며 복식부기가 어렵다는 실무자들의 인식은 장부체계를 수작업에 의할 경우에 해당되는 것이며, 이는 복식부기를 도입하여야 하는 상기 세 가지의 어떤 이유보다 더 높은 설득력을 제공해 준다.

그러면 구체적으로 복식부기를 어떤 방식으로 도입하고 적용할 것인가? 복식부기를 도입하기 위해 사회복지법인이 준비해야 할 사항은 무엇인가? 이는 의외로 간단하고도 비용이 저렴하다. 대부분의 비영리법인이 제한된 비전문인력으로 수작업에 의한 복식부기 장부조직을 구비하려고 하니 복식부기를 매우 어렵게 생각한다. 그러나 전산 회계프로그램을 이용한다면 기초적인 회계지식만으로도 복식부기 장부조직을 구비할 수 있다. 무엇보다 전산 회계프로그램을 이용하면 회계의 순환 과정 중 회계전표를 작성하는 "분개" 정도의 회계지식으로 회계장부를 구비하고 재무제표를 작성할 수 있다는 것이다. 또한 예금잔액이나 현금잔액 등 내부통제의 기능도 강화할 수 있다.

따라서 이하 본서에서는 복식부기에 기초한 사회복지법인의 거래기록 시스템을 제시하고 있다. 본서에서 중점을 두는 것은 회계의 전문가를 양성하기 위한 것이 아니라 사회복지법인의 회계실무자에 초점을 맞추어 내용을 전개하고 있다는 것이다. 따라서 회계의 기초적인 내용과 전반적인 과정을 제시하고 있지만 이것은 기초를 다지는 것에 불과하고 실무적으로는 "제8장 컴퓨터를 이용한 회계처리"에서 제시하고 있는 바와 같이 회계전표를 작성하고 분개하는 것만 실무자가 인지한다면, 나머지 모든 과정은 회계프로그램이 대신해 주고 있다.

4. 회계등식(Accounting Equation)

4.1 회계등식의 의의

기업에서 발생하는 경제적 사건을 거래(transactions)라고 하는데, 여러 가지 거래로 인하여 기업의 재무상태는 변동되며, 특정 기간 동안 순이익이 발생하거나 순손실이 발생하기도 한다. 그러면 발생된 거래들을 어떻게 장부에 기록해야 적절하게 재무상태와 경영성과를 나타내는 회계정보를 만들 수 있을까?

장부기장의 원리는 의외로 단순하다. 기업에서 어떤 거래가 발생할 때 기업의 입장에서 보면 기업의 자산이 변동되는 동시에 기업의 부채 또는 자본도 동시에 변동된다는 점으로부터 장부기장의 원리가 도출된다. 자산이나 부채에 대한 정의는 나중에 내릴 것이고, 일단 지금은 자산을 기업이 가지고 있는 가치있는 자원으로, 부채를 기업이 부담하고 있는 빚으로 생각하면 된다. 회사의 자산에서 부채를 빼고 남은 순자산을 회계에서는 자본(사회복지법인 재무 · 회계규칙에서는 이를 "기금"이라고도 함)이라고 부른다. 따라서 이러한 관계를 식으로 표시하면 다음과 같다.

자 산	−	부 채	=	자본(기금)

그런데 위의 식에서 좌변의 부채를 우변으로 옮기면 다음과 같이 표시할 수 있는데, 이를 회계등식이라고 한다.

자 산	=	부 채	+	자 본

몇 가지 예를 들어 회계등식의 원리를 설명하기로 한다. 사회복지법인이 금융기관으로부터 1억원을 차입하였다면 이를 사회복지법인의 입장에서 현금 1억원의 자산이 증가하는 동시에 부채 1억원이 증가한다. 만일

사회복지법인이 현금 5천만원으로 건물을 취득했다면 현금 5천만원의 자산이 감소하는 동시에 건물 5천만원의 자산이 증가한다.

이와 같이 어떤 거래가 발생할 때 반드시 위의 회계등식에서 좌변과 우변이 동시에 같은 금액만큼 증가 · 감소하거나, 좌변만 또는 우변만 동시에 같은 금액만큼 증가 · 감소함으로써 회계등식에서의 등호는 계속 유지됨을 알 수 있다.

사회복지법인은 설립되어 고유의 사업활동을 수행하는 과정에서 수익이나 비용(이를 사회복지법 재무 · 회계 규칙에서는 "수입과 지출"이라고 함)도 발생하게 될 것이다. 즉, 정부로부터 기부금을 1억원 받았다면 이는 사회복지법인의 수익(수입)을 창출하는 것이며, 사업활동을 수행하는 과정에서 종업원 인건비, 임차료 등을 지불하였다면 이는 비용(지출)이 되는 것이다. 만일 당해연도 사회복지법인의 수익(수입)이 6천만원 발생하고 비용(지출)이 4천만원 발생하였다면 이 사회복지법인은 당해연도 당기순이익(이를 사회복지법 재무 · 회계 규칙에서는 "당기잉여금"이라고 함) 2천만원이 발생한 사회복지법인이라고 부른다. 그런데 사회복지법인에서 당기순이익(당기잉여금) 2천만원이 발생했다는 것은 사회복지법인의 자산이 2천만원 증가했다는 것을 의미하며, 동시에 사회복지법인의 잉여금도 2천만원 증가했다는 것을 의미한다.

자 산	=	부 채	+	자 본+잉여금[3]	+	수 익 (수 입)	−	비 용 (지 출)

파치올리가 정립했다는 장부기장의 원리는 위의 회계등식의 개념을 장부기록의 규칙으로 전환한 것이다. 즉, 기업에서 어떤 거래가 발생할 경우 회계등식의 등호는 그대로 유지된 채 좌변 또는 우변의 어떤 항목들이 증가 ·

3) 일반적인 영리법인 회계는 자본이 잉여금을 포함한 개념인데 사회복지법인 재무 · 회계규칙은 자본과 잉여금을 구분하여 표시하고 있다.

감소되는데, 이러한 현상을 일정한 장부양식에 기록하는 것이 장부기장(부기)의 원리이다. 이와 같이 좌변과 우변의 증가·감소를 장부에 동시에 기록한다고 해서 복식부기(複式簿記)라고 부른다. 좌변과 우변의 항목을 동시에 기록하지 않고 어느 한 쪽의 항목만 기록하는 것을 단식부기(單式簿記)라고 하는데, 일반적으로 부기라고 하면 복식부기를 의미한다.

4.2 회계등식의 구성요소

앞에서 회계등식을 설명할 때 자산, 부채, 자본(잉여금포함), 수익(수입) 및 비용(지출)에 대해서 별도의 정의를 내리지 않고 일반상식의 수준에서 이들을 설명하였다. 그러나 회계에서 말하는 자산, 부채, 자본(잉여금포함), 수익(수입) 및 비용(지출)은 일반인들이 알고 있는 것과 약간 의미가 다르기 때문에 아래에서는 이들에 대해서 회계학 관점의 정의를 내리기로 한다.

(1) 자산(Assets)

기업의 자산이라고 하면 그 기업이 보유하고 있는 현금이나 부동산 정도가 언뜻 머리에 떠오르는데, 회계에서는 자산을 기업이 소유하는 자원(resources)으로 정의한다. 이들 자원은 생산, 소비, 교환 등의 활동을 통해서 기업에게 미래의 경제적 효익(future economic benefits)을 가져다 줄 것으로 기대할 수 있다.

여기에서 경제적 효익이라는 낯선 용어가 등장하는데, 이는 궁극적으로 기업에게 미래에 현금유입을 가져올 수 있는 잠재력을 의미한다. 예를 들어 사회복지법인이 보유하고 있는 유가증권은 미래에 배당금과 처분을 통한 현금유입을 가져다 줄 수 있으므로 자산인 것이다.

(2) 부채(Liabilities)

부채는 기업이 부담하고 있는 빚이다. 이를 회계에서는 기업의 자산에 대한 청구권(claims against assets)이라고 한다. 사회복지법인이 은행으로부터 1억원을 차입했다면 현금 1억원의 자산이 증가하는 동시에 은행에 대한 1억원의 부채(이를 차입금이라 함)가 증가한다.

(3) 자본

사회복지법인의 자산에서 부채를 차감한 잔여분이며, 이는 기금과 잉여금으로 구성된다.

(4) 수익(수입)

수익이란 사업활동을 통해 창출된 것으로서 이는 사회복지법인의 순자산 증가를 말한다. 예를 들면 특정단체로부터 후원금 1억원을 받았다면 사회복지법인의 수익 1억원을 증가하는 동시에 현금이라는 자산 1억원을 증가하는 것이다.

자료 1

> 여기서, 수익과 수입은 어떤 차이가 있을까? 수익은 발생주의에 따른 것이고 수입은 현금주의에 따른 것이다. 예를 들어, 20×0년 12월 31일 정부보조금 100만원을 통보받았고 이를 실제로 수령한 날은 20×1년 1월 20일이라고 하자. 이 경우 20×0년 12월 31일에는 회계적으로 사건은 발생하였기에 발생주의에 따르면 이를 수익으로 처리한다. 그러나 현금주의에 따르면 20×0년에는 아무런 회계처리를 하지 않고 20×1년 1월 20일에 이를 수입으로 처리한다.

(5) 비용(지출)

비용이란 사업활동을 통해 창출된 것으로서 이는 사회복지법인의 순자산 감소를 말한다. 예를 들면 사회복지법인이 종업원 인건비 1백만원을 현금으로 지급하였다면 사회복지법인의 비용을 증가하는 동시에 현금 1백만원의 자산을 감소하는 것이다.

자료 2

> 여기서, 비용과 지출은 어떤 차이가 있을까? 비용은 발생주의에 따른 것이고 지출은 현금주의에 따른 것이다. 예를 들어, 20×0년 12월 31일 사무실에 필요한 소모품 20만원을 외상으로 구입하고 20×1년 1월 20일에 이를 지급하였다고 하자. 이 경우 20×0년 12월 31일에는 회계적으로 사건은 발생하였기에 발생주의에 따르면 이를 비용으로 처리한다. 그러나 현금주의에 따르면 20×0년에는 아무런 회계처리를 하지 않고 20×1년 1월 20일에 이를 지출로 처리한다.

(6) 포괄손익계산서와 수지계산서

포괄손익계산서는 수익과 비용 그리고 이익(수익 – 비용)을 체계적으로 정리한 재무제표이다. 여기서 수익과 비용은 발생주의에 따른 것이기 때문에 포괄손익계산서는 발생주의에 따른 재무제표이다.

수지계산서는 수입과 지출 그리고 잉여금(수입 – 지출)을 체계적으로 정리한 표이다. 여기서 수입과 지출은 현금주의에 따른 것이기 때문에 수지계산서는 현금주의에 따른 것이다. 따라서 수지계산서는 영리법인의 회계에서 현금흐름표(Statement of Cash Flows)와 거의 동일하다. 현금흐름표는 다음과 같은 당기 중의 현금유입과 현금유출에 대한 정보를 제공한다.

현금유입 - 현금유출 = 현금증가액

사회복지법인의 재무・회계 규칙은 현금주의에 기초하고 있기 때문에 이후 배우게 될 발생주의에 따른 회계처리는 유익하지 않을 것으로 생각할 수 있다. 그러나 실제로 다수의 명성있는 사회복지법인은 발생주의에 따라 재무제표를 작성하여 공인회계사로부터 감사받고 다수의 이해관계자들에게 이를 공시한다. 또한 사회복지법인의 재무·회계 규칙에 따라 재무보고를 별도로 한다. 발생주의에 따라 재무제표를 작성하면 관계 기관에 보고할 현금주의에 따른 보고서들은 다소의 조정만으로 쉽게 보고할 서류들을 작성할 수 있다. 따라서 이후에는 복식부기 그리고 발생주의에 따라

회계처리하는 것을 제시한다.

만약 사회복지법인의 재무 · 회계 규칙에서 요구하는 바와 같이 포괄손익계산서를 대신하여 수지계산서를 작성하여야 한다면 이후 학습할 회계처리 중 "제2장의 4. 결산수정분개"를 하지 않으면 된다. 즉, 포괄손익계산서와 수지계산서의 차이는 주로 결산수정분개에 있다. 물론 감가상각비와 같은 발생항목도 있지만 이는 발생주의를 채택하면서도 사회복지법인의 재무·회계 규칙을 충족하는 회계처리가 존재하고 본서에서도 이를 설명하고 있기 때문에 본서대로 따르면 된다.

5. 거래의 분석 및 기록

5.1 거래의 분석

거래(transactions)는 법인이 장부에 기록해야 할 경제적 사건을 의미한다. 거래는 외부거래(external transactions)와 내부거래(internal transactions)로 구분할 수 있다. 외부거래란 사회복지법인과 사회복지법인 외부의 상대방 간에 발생한 거래를 말한다. 외부에서 건물, 비품을 취득하거나, 사무실 임차료를 지급하는 거래 등이 외부거래의 예이다. 반면에 내부거래란 사회복지법인 내부에서 발생한 거래를 말한다. 종업원이 근무하는 과정에서 사회복지법인의 자산인 사무용 소모품을 소비하는 거래, 법인이 직원에게 급여를 지급하는 거래 등이 내부거래의 예이다.

외부거래뿐만 아니라 내부거래도 장부에 기록해야 하는 거래이지만, 모든 거래가 장부에 기록해야 하는 거래는 아니다. 예를 들어 토지를 매각하기 위해서 계약서에 서명을 하거나, 직원 채용 등의 경제적 사건은 장부에 기록해야 하는 거래가 아니다.

일단 법인에서 거래가 발생하였을 때 이를 회계장부에 기록해야 할 거래인지 아닌지를 구분하려면 다음의 두 가지 조건을 충족하는지 살펴보아야 한다. 다음의 두 가지 조건을 모두 충족한다면 장부에 기록해야 하며, 그렇지 않다면 장부에 기록하지 않는다.

> ① 그 거래로 인하여 법인의 재무상태에 변화를 가져와야 한다.
> ② 화폐단위로 객관적 측정이 가능해야 한다.

장부에 기록해야 할 거래를 회계적 거래라고 하며, 앞으로 거래라고 하면 장부기록의 대상인 회계적 거래를 의미한다고 보면 된다. 즉, 회계적 거래가 되기 위해서는 특정 거래의 발생으로 인하여 법인의 자산, 부채 및 자본이 증가 또는 감소되어야 하며, 이를 장부에 화폐금액으로 기록해야 하기 때문에 객관적으로 측정할 수 있어야 한다. 분명히 재무상태에 영향을 주었음에도 불구하고 이것이 얼마인지 화폐금액을 결정할 수 없다면 장부에 기록할 수 없음은 당연하다.

그러나 객관적 측정 자체가 정확한 측정을 의미하는 것은 아니다. 정확하지는 않더라도 합리적으로 추정(estimation)이 가능하다면 장부에 기록할 수 있다. 예를 들어 법인이 손해배상 소송에 피소되어 배상을 하게 될 처지에 있을 때 아직 법원에서 확정판결이 내려지지 않은 상태이더라도 합리적으로 배상금액을 추정할 수 있다면 그 만큼 비용을 발생시키고 부채를 증가시키는 회계기록을 해야 한다.

한편 회계적 거래는 일반적인 의미에서의 거래와 다소 차이가 있다. 양자의 차이를 요약하면 다음과 같다.

구 분	사 례
일반적인 의미의 거래는 아니나 회계적 거래인 경우(장부에 기록해야 함)	• 종업원 임금의 지급 • 도난손실 • 정부로부터 보조금을 현금으로 수령
일반적인 의미의 거래이나 회계적 거래는 아닌 경우(장부에 기록하지 않음)	• 사무실의 임차계약 체결 • 차입금에 대한 지급보증 또는 담보 제공

5.2 거래의 기록

(1) 복식부기의 원리

앞에서 복식부기의 원리와 장점을 설명하면서 사회복지법인과 같은 비영리조직도 모두 복식부기를 적용할 필요가 있다고 하였다. 본 절에서는 구체적인 사례를 들어서 복식부기의 원리를 살펴본다.

▮ 거래 1 ▮

1월 5일 사무실로 사용할 건물을 ₩700,000에 현금을 지급하고 취득하였다. 이 거래로 인하여 현금이라는 자산이 ₩700,000 감소하면서 동시에 건물이라는 자산이 ₩700,000 증가한다. 이 거래의 영향을 회계등식을 통해서 설명하면 다음과 같다.

자 산		부 채		자 본		수 익		비 용
	=		+		+		−	
−700,000								
+700,000								
증감 ₩0	=							

▮ 거래 2 ▮

1월 7일 사무실에서 사용할 책상과 의자 및 컴퓨터를 외상으로 ₩80,000에 취득하였다. 이 거래로 인하여 비품이라는 자산이 ₩80,000 증가하면서 동시에 미지급금이라는 부채가 ₩80,000 증가한다. 이 거래의 영향을 회계등식을 통해서 설명하면 다음과 같다.

자 산		부 채		자 본		수 익		비 용
	=		+		+		−	
+80,000		+80,000						
증감 ₩80,000	=	₩80,000						

거래 3

1월 26일 직원 급여 ₩30,000과 전기료 ₩10,000을 현금으로 지급하였다. 이 거래로 인하여 현금이라는 자산 ₩40,000이 감소하면서 동시에 비용 ₩40,000이 발생한다. 이 거래의 영향을 회계등식을 통해서 설명하면 다음과 같다.

자 산	=	부 채	+	자 본	+	수 익	−	비 용
−40,000								+40,000
증감 ₩(40,000)	=							₩40,000

거래 4

2월 3일 지방자치단체로부터 보조금 ₩1,000,000을 현금으로 수령하였다. 이 거래로 인하여 현금이라는 자산 ₩1,000,000이 증가하면서 동시에 수익 ₩1,000,000이 발생한다. 이 거래의 영향을 회계등식을 통해서 설명하면 다음과 같다.

자 산	=	부 채	+	자 본	+	수 익	−	비 용
+1,000,000						+1,000,000		
증감 ₩1,000,000	=					₩1,000,000		

위에서 예시한 발생한 4개의 거래가 어떻게 장부에 기록되는지는 아직 설명하지 않았다. 그러나 발생거래가 회계등식에 어떤 영향을 미치는지는 분석할 수 있었다. 4개의 거래가 발생할 때마다 자산, 부채, 자본, 수익 및 비용에 영향을 미치는데(즉, 재무상태에 변화를 가져오는데) 어떤 거래가 발생하든지 회계등식의 등호는 항상 유지되고 있음을 알 수 있다.

(2) 계정의 의의

위에서 자산, 부채, 자본, 수익 및 비용이라는 용어(이를 재무제표 기본요소라고 함)만을 사용하여 거래를 분석하였기 때문에 자산이나 부채 등의 세부적인 구성내용은 파악할 수 없었다. 예를 들어 만약에 1월 31일 현재 ○○복지법인의 자산 총액이 ₩1,280,000이라고 하면, 이 금액은 어떤 항목들이 얼마의 금액으로 구성되어 있는지 알 수가 없었다. 이는 자산뿐만 아니라 다른 재무제표 기본요소들도 마찬가지이다. 따라서 자산이나 부채 등의 재무제표 기본요소를 사용하지 않고 현금, 차입금 등의 세부적인 항목을 사용하여 재무제표를 작성할 필요성이 제기된다.

회계에서는 세부적으로 구분된 거래기록의 개별단위를 계정(計定, account)이라고 부른다. 즉, 현금 계정, 차입금 계정 등 다양한 계정이 있을 수 있으며, 기업은 각 계정별로 하나 씩 별도의 장부를 만든다고 생각하면 된다.

(3) 거래의 분개

기업에서 거래가 발생하면 재무상태표(대차대조표)나 포괄손익계산서상의 각 계정의 금액을 직접 변동시키는 것이 아니라 일단 각 계정별로 마련된 장부에 이들을 기록해야 한다. 각 계정별로 마련된 장부에 발생 거래들을 계속 기록해 두었다가 특정 시점의 모든 계정별 장부잔액을 하나의 표에 옮겨 놓은 것이 시산표이며, 시산표에 있는 여러 계정들 중에서 자산・부채・자본의 계정들만을 일정한 양식에 옮겨 놓은 것이 대차대조표이고, 수익・비용의 계정들만을 일정한 양식에 옮겨 놓은 것이 손익계산서이다. 이에 대해서는 제2장에서 상세히 설명할 것이다.

특정 거래가 발생할 때 가장 먼저 해야 할 것은 어떤 계정의 금액을 얼마나 증가 또는 감소시킬 것인지를 결정해야 하는데, 회계에서는 이를 분개(分介, journalizing)라고 한다. 즉, 분개라는 것은 이미 설명했던 회계등식의 기본원리를 좀 더 세부적인 항목(계정)으로 구분하는 절차이며, 분개를 통해서 기록해야 할 계정과 금액이 결정되면 이를 각 계정별로 마련된 장부에 기록한다. 따라서 분개는 회계기록의 출발점이며, 분개를 제대로 해야 이후 장부기록 및 재무제표 작성이 제대로 될 수 있다.

분개과정을 이해하기 위해서는 특정 거래가 발생할 때 재무제표의 기본요소[4]들이 어떻게 변동되는지를 먼저 이해하여야 한다. 기업에서 특정 거래가 발생하면 다음과 같이 재무제표의 기본요소들이 변동된다.

자산의 증가	자산의 감소
부채의 증가	부채의 감소
자본의 증가	자본의 감소
수익의 발생	수익의 감소
비용의 발생	비용의 감소

자산, 부채 및 자본의 재무상태표(대차대조표) 기본요소들은 증가 및 감소거래가 존재한다. 예를 들어 현금 ₩100을 차입하면 자산과 부채가 각각 ₩100씩 증가하고, 차입금을 상환하면 자산과 부채가 각각 ₩100씩 감소한다.

그러나 수익 및 비용의 포괄손익계산서 기본요소들은 발생만 할 뿐 감소거래는 존재하지 않는다. 다만, 수익이나 비용의 취소거래는 있을 수 있다. 즉, 수익이나 비용을 기록하였는데 그 금액이 잘못되었다면 이를 취소시키는 기록을 해야 한다. 따라서 위의 표에서 언급하고 있는 수익과 비용의 감소는 엄밀한 의미의 감소거래가 아니라 취소거래로 이해하면 된다.

앞에서 설명한 회계등식을 다시 한번 상기해보자. 등호를 사이에 두고 좌변에는 자산과 비용을, 우변에는 부채, 자본 및 수익을 놓았다. 그런데 회계에서는 회계등식의 좌변을 차변(debtor)이라고 부르고, 우변을 대변(creditor)이라고 부른다. 이제부터 이루어지는 설명에서는 차변 또는 대변이라는 용어만을 사용할 것이다.

---

4) 자산, 부채, 자본, 수익 및 비용 등을 재무제표 기본요소(elements)라고 하고, 자산에 포함되는 현금이나 부채에 포함되는 차입금 등을 항목(items)이라고 한다. 일반적으로 계정이라고 하면 세부적인 항목에 대한 구분단위라고 보면 된다. 한편 계정뿐만 아니라 계정과목 또는 과목이라고 표현해도 무방하다. 즉, 현금 계정, 현금 계정과목, 현금 과목이라고 불러도 되며, 구분의 실익은 없다.

> 차변과 대변이라는 용어는 좌변과 우변 그 이상의 의미를 갖지 않는다. 그렇다면 좌변과 우변이라는 용어를 사용할 것이지, 왜 헷갈리게 차변과 대변이라는 용어를 사용하는 것일까? 사실 이 용어를 왜 사용하고, 언제부터 사용하였는지에 대한 기록은 없다. 회계를 하는 사람 모두 차변과 대변이라는 용어를 사용하기 때문에 독자 여러분들도 그냥 이 용어를 숙달시키도록 하자.

특정 거래가 발생할 경우 위의 표에서 언급한 것처럼 거래를 분석하면 언제든지 차변과 대변이 동시에 증가 또는 감소하기 때문에 회계등식의 등호는 그대로 유지된다. 즉, 특정 거래가 발생할 경우 차변의 증가·감소의 경우와 대변의 증가·감소의 경우가 서로 맞물려서 변동되므로 차변의 변동액과 대변의 변동액은 항상 일치하는 것이다. 바로 분개라는 것이 특정 거래가 발생할 때마다 차변과 대변의 계정을 동시에 증가 또는 감소시키는 방식으로 계정명칭 및 금액을 결정짓는 과정이며, 이렇게 결정된 계정과 금액을 각 계정별 장부에 옮겨 적으면 그것이 바로 거래의 기록이 되는 것이다.

이제 이러한 설명을 바탕으로 사회복지법인에서 발생하는 거래의 예를 들어 분개를 살펴보자. 거래를 분개하기 위해서는 우선 특정 거래가 재무제표 기본요소 중 어떤 요소의 증가·감소에 영향을 주는지 분석한 후 이를 적절한 계정을 사용하여 차변과 대변으로 구분하는 분개를 해야 한다. 아래에서는 거래의 분석 및 분개의 순서로 설명을 하기로 한다.

▮ 거래 1 ▮

1월 2일 ○○ 복지법인은 현금 ₩10,000,000을 출연받아 설립되었다.

분 석	복지법인의 현 금 증가	→	자산의 증가	→	차변 현 금
	복지법인의 자본금 증가	→	자본의 증가	→	대변 자본금

분 개 (차) 현 금 10,000,000 (대) 기 본 재 산 10,000,000

▮ 거래 2 ▮

1월 10일 현금 ₩1,000,000을 거래은행에 예입하였다.

분 석	복지법인의 예 금 증가	→	자산의 증가	→	차변 예 금
	복지법인의 현 금 감소	→	자산의 감소	→	대변 현 금

분 개 (차) 예 금 1,000,000 (대) 현 금 1,000,000

▮ 거래 3 ▮

1월 25일 현금 ₩300,000을 지급하고 주식을 취득하였다.

분 석	복지법인의 유가증권 증가	→	자산의 증가	→	차변 주 식
	복지법인의 현 금 감소	→	자산의 감소	→	대변 현 금

분 개 (차) 주 식 300,000 (대) 현 금 300,000

▮ 거래 4 ▮

2월 5일 현금 ₩700,000을 지급하고 건물을 취득하였다.

분 석	복지법인의 건 물 증가	→	자산의 증가	→	차변 건 물
	복지법인의 현 금 감소	→	자산의 감소	→	대변 현 금

분 개 (차) 건 물 700,000 (대) 현 금 700,000

▮ 거래 5 ▮

2월 25일 금융기관으로부터 ₩500,000을 차입하였다.

분 석	복지법인의 현 금 증가	→	자산의 증가	→	차변 현 금
	복지법인의 차입금 증가	→	부채의 증가	→	대변 차입금

분 개 (차) 현 금 500,000 (대) 금융기관차입금 500,000

▮ 거래 6 ▮

3월 10일 정부로부터 기부금 ₩3,000,000을 현금으로 수령하였다.

분 석	복지법인의 현 금 증가 → 자산의 증가 → 차변 현 금
	복지법인의 보조금 증가 → 수익의 발생 → 대변 정부보조금

분 개 (차) 현 금 3,000,000 (대) 정 부 보 조 금 3,000,000

거래 7

4월 30일 급여 ₩30,000과 전기료 ₩10,000을 현금으로 지급하였다.

분 석	복지법인의 급여 및 전기료 발생 → 비용의 발생 → 차변 급여, 전기료
	복지법인의 현 금 감소 → 자산의 감소 → 대변 현 금

분 개 (차) 급 여 30,000 (대) 현 금 40,000
전 기 료 10,000

거래 8

5월 7일 사무용품 ₩50,000에 구입하고 대금은 미지불하였다.

분 석	복지법인의 소모품비 증가 → 비용의 발생 → 차변 소모품비(물건비)
	복지법인의 물품대 미불금 증가 → 부채의 증가 → 대변 물품대미불금

분 개 (차) 소모품비(물건비) 3,000,000 (대) 물품대미불금 3,000,000

거래 9

6월 30일 예금이자 ₩10,000을 현금으로 수령하였다.

분 석	복지법인의 현 금 증가 → 자산의 증가 → 차변 현 금
	복지법인의 이자수익(예금이자) 증가 → 수익의 발생 → 대변 예금이자

분 개 (차) 현 금 10,000 (대) 이 자 수 익 10,000

6. 재무상태 및 경영성과의 측정 및 보고

재무상태란 특정시점에서 사회복지법인의 자산, 부채 및 자본의 수준(이를 잔액(殘額)이라고 한다)을 말한다. 우리는 흔히 자본보다 부채가 상당히 많은 기업을 보고 재무구조가 건전하지 못하다고 말한다. 즉, 재무상태라는 것은 특정 시점에서 사회복지법인의 재무구조가 어떤 상태인지를 보여주는 것이라고 하겠다. 한편 경영성과란 일정기간 동안 회사가 얼마나 수익을 창출하였고 비용이 발생하여 순이익을 가득했는지를 의미하는 것이다. 경영성과라는 것은 일정기간 동안의 사회복지법인의 수익성을 보여주는 것이라고 하겠다.

회계에서는 자산, 부채 및 자본의 잔액 즉, 특정시점의 재무상태를 보여주는 재무제표를 재무상태표(구 대차대조표, A statement of financial position, S/F)라고 하고, 수익 및 비용의 총액 즉, 특정기간의 경영성과를 보여주는 재무제표를 포괄손익계산서(A statement of recognized income and expense)[5]라고 한다.

회계정보는 다양한데, 그 중에서 가장 중요한 회계정보가 바로 기업의 재무상태와 경영성과에 대한 내용을 담고 있는 정보이다. 다음 예를 들어 이제까지 설명한 회계등식을 바탕으로 재무상태표(대차대조표)와 포괄손익계산서가 어떻게 도출되는지를 살펴보자.

> 『○○복지법인』의 20×4년 1월 2일 설립당시 재무상태는 자산 ₩1,000,000과 자본 ₩1,000,000으로 구성되어 있다. 1월 한 달 동안의 경영성과는 수익 ₩320,000과 비용 ₩100,000이 발생하여 당기순이익 ₩220,000이 발생하였다. 1월 31일 현재 자산총계는 ₩1,390,000인데 이는 1월 2일에 비해 ₩390,000 증가한 것이다. 증가한 이유는 1월 2일에 비해 부채가 ₩170,000 증가하였고, 잉여금 ₩220,000의 발생으로 인하여 자본이 ₩220,000 증가하였기 때문이다. 따라서 『○○복지법인』의 1월 31일 현재 재무상태는 자산 ₩1,390,000, 부채 ₩170,000, 자본 ₩1,220,000이며, 1월 한 달 동안의 사업활동과 관련한 당기순이익은 ₩220,000으로 다음과 같이 과정을 나타낼 수 있다.

5) 사회복지법인의 재무·회계 규칙에서는 이를 수지계산서라고 규정하고 있다. 하지만 사회복지법인의 재무·회계 규칙은 복식부기의 원리를 제대로 반영하지 못하고 있으므로 본서에서는 포괄손익계산서라고 하고 복식부기원리에 의해 이를 작성한다.

1월 31일 현재『○○복지법인』의 회계등식은 다음과 같다.

자 산	=	부 채	+	자 본	+	수 익	−	비 용
잔액 ₩1,390,000	=	₩170,000	+	₩1,000,000	+	₩320,000	−	₩100,000

위의 회계등식에서 우변의 비용을 좌변으로 이항하면 아래와 같은 회계등식이 된다.

자 산	+	비 용	=	부 채	+	자 본	+	수 익
잔액 ₩1,390,000		₩100,000		₩170,000		₩1,000,000		₩320,000
₩1,490,000				₩1,490,000				

즉, 위의 회계등식은 좌변과 우변의 합계가 각각 ₩1,490,000이 됨을 알 수 있다. 이를 다음과 같은 회계양식으로 재구성할 수 있다.

자	산	₩1,390,000	부	채	₩170,000
비	용	100,000	자	본	1,000,000
			수	익	320,000
		₩1,490,000			₩1,490,000

위의 양식을 보면 좌우 합계가 각각 ₩1,490,000으로 대칭이 되도록 작성되었는데, 좌변에는 자산과 비용을, 우변에는 부채, 자본 및 수익을 기재하였다. 이러한 양식을 회계에서는 시산표(Trial Balance, T/B)라고 부른다. 즉, 시산표란 특정 시점에서의 자산, 부채 및 자본의 잔액과 그 시점까지 발생한 수익과 비용의 총액을 좌우 대비하는 식으로 작성된 양식이다.

위의 시산표를 자산, 부채 및 자본을 한 묶음으로 하고, 수익 및 비용을 다른 한 묶음으로 하여 위와 아래로 나누면 다음과 같이 될 것이다. 즉, 자산, 부채 및 자본의 묶음이 재무상태표(대차대조표)이고, 수익과 비용의 묶음이 포괄손익계산서이다.

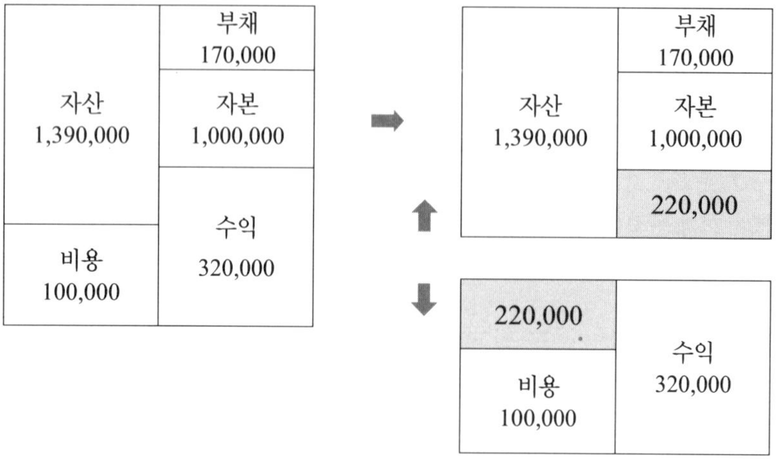

자산 1,390,000	부채 170,000
	자본 1,000,000
비용 100,000	수익 320,000

➡

자산 1,390,000	부채 170,000
	자본 1,000,000
	220,000

220,000	수익 320,000
비용 100,000	

위에서 보는 바와 같이 자산, 부채 및 자본의 묶음에서 좌변이 우변보다 ₩220,000 더 많으며, 수익 및 비용의 묶음에서 우변이 좌변보다 ₩220,000 더 많다. 바로 ₩220,000이 당기순이익, 이 금액만큼 『○○복지법인』의 남은 잉여금이기 때문에 『○○복지법인』의 자본을 구성한다. 이제 시산표로부터 『○○복지법인』의 1월 한 달 동안의 포괄손익계산서와 1월 31일 현재 재무상태표(대차대조표)를 도출할 수 있으며, 이를 간략한 양식으로 표시하면 아래와 같다.

포괄손익계산서

과 목	금 액
수 익	320,000
비 용	100,000
당 기 순 이 익	220,000

재무상태표(대차대조표)

자 산		부 채	₩170,000
자 산	₩1,390,000	부 채	₩170,000
		자 본	1,220,000
	₩1,390,000		₩1,390,000

위의 재무상태표(대차대조표)와 포괄손익계산서는 그 내용을 매우 간단한 형식으로 요약한 것이다. 왜냐하면, 1월 31일 현재 자산이 ₩1,390,000이라고 하는데 『○○복지법인』이 1월 31일 현재 보유하고 있는 자산의 세부적인 내용(즉, 자산 중 현금이 얼마이고 건물이나 비품은 얼마인지 등에 대한 내용)은 보여주지 못하고 있다. 또한 1월 한 달 동안 발생한 비용이 ₩100,000인데 비용의 세부적인 내용(즉, 급여가 얼마나 발생하였고 광고선전비는 얼마나 발생하였는지 등에 대한 내용)이 무엇인지도 보여주지 못하고 있다. 이는 부채, 자본 및 수익에 있어서도 마찬가지이다.

제2장에서 작성하게 될 재무상태표(대차대조표)와 포괄손익계산서에는 자산, 부채, 자본, 수익 및 비용이라고 기재하는 것이 아니라 좀 더 세부적인 항목들로 기재할 것이다. 이렇게 세부적인 항목들을 사용함으로써 회계정보이용자에게 특정 법인의 재무상태와 사업활동의 내용을 좀 더 자세하게 보여줄 수 있는 것이다.

사회복지법인의 재무 · 회계 규칙에서 예시하고 있는 대차대조표와 수지계산서의 양식이다. 이는 하나의 예시에 불과하며 각 조직은 재량에 의해서 작성할 수 있다.

(추정)대 차 대 조 표

(년 월 일 현재)

과 목	금 액		
Ⅰ. 자 산			
1. 유동자산			×××
가. 현금과 예금		×××	
(1) 현 금	×××		
(2) 예 금	×××		
나. 받을어음		×××	
다. 유가증권		×××	
(1) 국 · 공 채	×××		
(2) 주 식	×××		
(3) 사 채(채권)	×××		
라. 미수금		×××	
마. 재고자산		×××	
바. 기타유동자산		×××	
(1) 직원급료 선불금	×××		
2. 고정자산			×××
가. 유형고정자산		×××	
(1) 토 지	×××		
(2) 건 물	×××		
(3) 기계기구류	×××		
나. 무형고정자산		×××	
(1) 지상권	×××		

(2) 전세권	×××		
(3) 특허권	×××		
자 산 총 계			×××
Ⅱ. 부채와 자본			
1. 유동부채			×××
가. 지불어음		×××	
(1) 직원급료 미불금	×××		
(2) 물품대 미불금	×××		
나. 일시차입금	×××	×××	
다. 가수금		×××	
2. 고정부채			×××
가. 정기차입금		×××	
(1) 금융기관차입금	×××		
(2) 개인차입금	×××		
3. 자 본(기금)			×××
4. 잉여금			×××
가. 적립금		×××	
(1) 직원퇴직 적립금	×××		
(2) 재평가 적립금	×××		
나. 전기이월금		×××	
다. 당기이월금		×××	
(1) 기말불용액	×××		
부채와 자본총계			×××

※ 기재시 주의사항

1. 과목은 실정에 맞도록 증감할 수 있다.
2. 중요한 것은 각각 명세표를 첨부한다.
3. 기금에 대하여는 설립당초의 원조금 또는 부채인수액을 기입한다.

(추정)수 지 계 산 서

{년 월 일부터 / 년 월 일까지}

과 목	금 액		
Ⅰ. 수입			
1. 재산수입		×××	
가. 기본재산수입	×××		
가. 재산매각대	×××		
2. 사업수입		×××	
3. 과년도수입		×××	
4. 보조금수입		×××	
가. 정부보조금	×××		
나. 후원금	×××		
5. 차입금		×××	
6. 전입금		×××	
7. 이월금		×××	
8. 잡수익		×××	
가. 물품매각대	×××		
나. 예금이자	×××		
다. 잡수입	×××		
수 입 합 계			×××
Ⅱ. 지 출			
1. 사무비		×××	
가. 인건비	×××		
나. 물건비	×××		
다. 수용비 및 수수료	×××		
라. 업무추진비	×××		
마. 공공요금	×××		
바. 제세공과금	×××		
사. 차량비	×××		
2. 재산조성비		×××	
가. 시설비	×××		
나. 재산관리비	×××		

3. 수익사업비		×××	
4. 전출금		×××	
가. ○○시설 전출금	×××		
나. ○○시설 전출금	×××		
5. 과년도 지출		×××	
6. 상환금		×××	
7. 사업비		×××	
8. 잡지출		×××	
9. 예비비		×××	
지 출 합 계			×××
Ⅲ. 당기잉여금			×××

※ 기재시 주의사항

과목은 세입 · 세출예산의 과목과 동일하여야 한다.

제 2 장 장부기록의 과정

1. 거래의 분개
2. 거래의 전기
3. 시산표 및 재무상태표와 포괄손익계산서 작성
4. 결산수정분개
5. 수정후 시산표의 작성
6. 장부의 마감

장부기록의 과정(회계의 순환과정)

CHAPTER 02

사회복지법인이 경제활동을 수행하면서 발생하는 사건을 기록하고 이를 체계적으로 분류·요약하여 회계정보이용자에게 전달하는 과정을 회계시스템이라고 한다. 회계시스템은 매 회계기간마다 법인활동에 영향을 미치는 거래의 인식에서부터 재무보고의 과정에 이르기까지 반복해서 수행되는데 이를 회계의 순환과정이라고 한다. 이러한 회계의 순환과정을 그림으로 표시하면 다음과 같다. 제1장에서는 거래의 분개까지 자세히 살펴보았다. 본장에서는 분개이후의 과정과 재무제표 작성까지를 설명한다.

거래의 분석 및 분개	회계적 거래인지 여부를 판단하고 재무제표 구성요소 중 어느 항목에 변동을 가져오는지 분석하여 이를 특정 계정의 증가·감소로 구분
⬇	
전　기	각 계정별 총계정원장에 분개의 내역을 기록
⬇	
수정전시산표 작성	총계정원장상 자산·부채·자본 계정의 잔액 및 수익·비용 계정의 총액을 집합
⬇	
결산수정분개	기중에 현금주의에 따라 기록한 금액을 발생주의 금액으로 전환하고 총계정원장에 전기
⬇	
수정후시산표	결산수정분개를 반영한 총계정원장상의 모든 계정의 잔액 및 총액을 집합
⬇	
재무제표 작성	수정후시산표로부터 재무상태표(대차대조표)와 포괄손익계산서 작성
⬇	
장부의 마감	손익계산서 계정들의 총액을 0으로 만들어 이익잉여금에 대체시키고 재무상태표(대차대조표) 계정들을 차기로 이월

1. 거래의 분개

분개란 복식부기원리에 따라 거래를 분석하고 기록하는 것을 말하며, 회계거래가 발생하면 분개하는 것으로부터 회계처리가 시작된다. 거래의 분석에 있어서 계정의 사용은 매우 유용한 수단이지만 수많은 거래를 계정에 기록하는 것은 번잡스럽고 오류가 발생할 가능성이 높다. 이러한 결점은 분개장이라는 것을 사용함으로써 해결된다. 분개에 대한 상세한 예시는 제1장에서 살펴보았으므로 여기서는 생략하지만 설명의 편의를 위해 「○○복지법인」의 분개만 간략히 제시한다.

날짜		차변 계정	금액		대변 계정	금액
1 / 2 분개	(차)	현 금	10,000,000	(대)	기 본 재 산	10,000,000
1 /10 분개	(차)	예 금	1,000,000	(대)	현 금	1,000,000
1 /15 분개	(차)	주 식	300,000	(대)	현 금	300,000
1 /25 분개	(차)	주 식	300,000	(대)	현 금	300,000
2 / 5 분개	(차)	건 물	700,000	(대)	현 금	700,000
2 /25 분개	(차)	현 금	500,000	(대)	금융기관차입금	500,000
3 /10 분개	(차)	현 금	3,000,000	(대)	정 부 보 조 금	3,000,000
4 /30 분개	(차)	급 여	30,000	(대)	현 금	40,000
		전 기 료	10,000			
5 / 7 분개	(차)	소모품비(물건비)	50,000	(대)	물품대미불금	50,000
6 /30 분개	(차)	현 금	10,000	(대)	이 자 수 익	10,000

2. 거래의 전기

각 계정별로 마련된 장부의 양식은 사회복지법인마다 다소 다를 수 있으나 대체로 다음과 같은 형식을 갖는다.

월	일	적 요	차 변	대 변	잔 액

월과 일은 거래발생 월과 일을 기록하는 란이며, 적요는 거래의 내용을 알기 쉽게 일목요연하게 기록하는 란이다. 한편 금액은 차변, 대변 및 잔액에 기재한다. 발생거래를 분개하였으면 차변과 대변의 금액을 각 계정별로 마련된 장부에 기록을 해야 하는데 회계에서는 이를 전기(轉記)라고 한다. 현금 계정의 장부를 예로 들면 위의 9개의 거래 분개 중 현금 계정이 차변 또는 대변에 포함된 분개를 다음과 같이 장부에 기록(전기)한다.

현 금

월	일	적 요	차 변	대 변	잔 액
1	2	기본재산 출연	₩10,000,000		₩10,000,000
	10	현금 예금		1,000,000	9,000,000
	25	주식취득		300,000	8,700,000
2	5	건물취득		700,000	8,000,000
	25	금융기관으로부터 차입	500,000		8,500,000
3	10	정부보조금	3,000,000		11,500,000
4	30	급여 및 전기료 납부		40,000	11,460,000
6	30	이자수익	10,000		11,470,000

즉, 현금 계정의 장부에 현금의 증가는 차변란에, 감소는 대변란에 기재하고 현금잔액의 변동이 있을 때마다 잔액을 다시 기재한다. 이렇게 기록을 하다보면 6월말 현금 잔액은 ₩11,470,000이 된다. 이 금액은 7월초 금액이 되며, 7월 1일자에 월초잔액으로 이월(移越)하여 계속 장부기장을 하면 된다. 현금 이외의 다른 계정에 대해서도 이와 같은 방식으로 장부에 기록을 한다. 다만 부채 및 자본 계정은 증가를 대변에, 감소를 차변에 기재하며, 비용 계정은 발생을 차변에, 수익 계정은 발생을 대변에 기록한다.

그런데 발생한 거래를 분개한 후 각 계정별 장부에 이를 기록하는 것을 설명하고자 할 때 위의 현금 계정 장부처럼 세부적인 장부양식을 일일이 그려서 설명하는 것이 매우 번거롭다. 따라서 회계학 책에서는 일반적으로 장부의 양식을 영어 대문자 중 "T" 자를 이용하여 간단하게 장부양식을 그려서 발생 거래를 기록하는 방식으로 설명한다. 이를 회계에서는 "T계정"이라고 부르며, 위에서 예시한 현금 계정의 장부를 T계정으로 표시하면 다음과 같다.

현 금

1/ 2	기 본 재 산	₩10,0000,000	1/10	예 금	₩1,000,000
2/25	차 입	500,000	1/25	주 식 취 득	300,000
3/10	정 부 보 조 금	3,000,000	2/5	건 물 취 득	700,000
6/30	이 자 수 익	10,000	4/30	급여, 전기료	40,000
		₩13,510,000			₩2,040,000

즉, 현금 계정을 "T"의 모습으로 표시한 후 T계정의 좌측 즉, 차변에는 현금의 증가를 기록하고, T계정의 우측 즉, 대변에는 현금의 감소를 기록한다. 다만, 거래 월일 다음에 상대 계정을 표시함으로써 거래의 내용을 쉽게 파악하도록 한다. 예를 들어 1월 2일에 현금 계정 차변에 ₩10,000,000을 기록하면서 상대 계정으로 자본금을 기재하면 이 거래의 분개가 어떤 분

개였는지를 쉽게 알 수 있게 된다.

위의 현금 T계정을 보면 T계정 차변의 총계가 ₩13,510,000이 되고 대변의 총계가 ₩2,040,000이 되어 차변이 대변보다 ₩11,470,000 더 많은데, 이 금액이 바로 6월말 현재 현금 잔액이며 이를 아래와 같이 표시함으로써 현금 T계정을 완성할 수 있다.

현 금

1/ 2	기 본 재 산	₩10,0000,000	1/10	예 금	₩1,000,000
2/25	차 입	500,000	1/25	주 식 취 득	300,000
3/10	정 부 보 조 금	3,000,000	2/5	건 물 취 득	700,000
6/30	이 자 수 익	10,000	4/30	급여, 전기료	40,000
				잔 액	11,470,000
		₩13,510,000			₩13,510,000

현금 계정 이외의 모든 계정들도 발생 거래를 장부에 기록해야 하며, 이를 T계정을 이용하여 전기하면 다음과 같다.

예 금

1/10	현 금	₩1,000,000	잔 액	₩1,000,000
		₩1,000,000		₩1,000,000

건 물

1/ 7	현 금	₩700,000	잔 액	₩700,000
		₩700,000		₩700,000

주 식

1/25	현 금	₩300,000	잔 액	₩300,000
		₩300,000		₩300,000

금융기관차입금

잔 액	₩500,000	2/25 현 금	₩500,000
	₩500,000		₩500,000

물품대미불금

잔 액	₩50,000	5/ 7 소모품비	₩50,000
	₩50,000		₩50,000

기본재산

잔 액	₩10,000,000	1/ 2 현 금	₩10,000,000
	₩10,000,000		₩10,000,000

정부보조금

총 액	₩3,000,000	3/10 현 금	₩3,000,000
	₩3,000,000		₩3,000,000

이자수익

총 액	₩10,000	6/30 현 금	₩10,000
	₩10,000		₩10,000

소모품비

5/ 7 물품대미불비	₩50,000	잔 액	₩50,000
	₩50,000		₩50,000

급 여

4/30 현 금	₩30,000	잔 액	₩30,000
	₩30,000		₩30,000

전기료

4/30 현 금	₩10,000	잔 액	₩10,000
	₩10,000		₩10,000

즉, 자산의 T계정에서 증가거래는 차변, 감소거래는 대변에 기록하고, 부채 및 자본의 T계정에서 증가거래는 대변, 감소거래는 차변에 기록한다. 한편 수익의 T계정에서 발생거래는 대변에, 비용의 T계정에서 발생거래는 차변에 기록한다. 이러한 T계정에의 기록은 이미 분개과정에서 발생거래에 대하여 차변과 대변의 계정 및 금액을 결정한 것을 그대로 옮겨 적는 것에 불과하다.

자산·비용 계정

(차변)	(대변)
+	−

부채·자본·수익 계정

(차변)	(대변)
−	+

3. 시산표 및 재무상태표(대차대조표)와 포괄손익계산서 작성

위의 「○○복지법인」의 사례에서 발생한 거래들을 각 계정별로 마련된 장부에 기록한 후 6월 30일 현재 자산, 부채 및 자본의 각 계정별 장부상 잔액과 수익 및 비용의 각 계정별 장부상 총액을 다음과 같은 양식으로 집합시킬 수 있다.

현 금	₩11,470,000	물품대미불금	₩50,000
예 금	1,000,000	금융기관차입금	500,000
주 식	300,000	기 본 재 산	10,000,000
건 물	700,000	정 부 보 조 금	3,000,000
소 모 품 비	50,000	이 자 수 익	10,000
급 여	30,000		
전 기 료	10,000		
	₩13,560,000		₩13,560,000

위와 같이 재무상태표(대차대조표) 계정과 포괄손익계산서 계정을 모두 집합시킨 양식을 시산표라 함은 이미 제1장에서 설명하였다.

자 산	+	비 용	=	부 채	+	자 본	+	수 익
잔액 ₩13,470,000		₩90,000		₩550,000		₩10,000,000		₩3,010,000
₩13,560,000				₩13,560,000				

이렇게 하여 시산표를 작성하였으면 이제 시산표를 위와 아래 두 부분으로 나누어서 재무상태표(대차대조표)와 포괄손익계산서를 만들 수 있다. 즉, 시산표상 자산, 부채 및 자본을 한 묶음으로 하여 대차대조표를 만들 수 있으며, 수익 및 비용을 한 묶음으로 하여 포괄손익계산서를 만들 수 있다. 「○○복지법인」의 6월 30일 현재 재무상태표(대차대조표)와 6개월 동안의 포괄손익계산서를 작성하면 다음과 같다.

재무상태표(대차대조표)

현 금	₩11,470,000	물품대미불금	₩50,000
예 금	1,000,000	금융기관차입금	500,000
주 식	300,000	기 본 재 산	10,000,000
건 물	700,000	당 기 순 이 익	2,920,000
	₩13,470,000		₩13,470,000

포괄손익계산서

소 보 품 비	₩50,000	정 부 후 원 금	W3,000,000
급 여	30,000	이 자 수 익	10,000
전 기 료	10,000		
당 기 순 이 익	2,920,000		
	₩3,010,000		₩3,010,000

독자들은 지금 제1장으로 돌아가서 제1장에서 제시했던 「○○복지법인」의 재무상태표(대차대조표) 및 포괄손익계산서의 내용과 위에서 제시한 재무상태표(대차대조표) 및 포괄손익계산서의 내용을 비교해보기 바란다. 위에서 작성한 재무상태표(대차대조표) 및 포괄손익계산서는 제1장에서 작성했던 재무상태표(대차대조표) 및 포괄손익계산서에 비해서 좀 더 세

부적인 계정들로 표시되어 있다는 것을 제외하고는 기본적으로 형태의 차이가 없다. 즉, 제1장에서는 차변과 대변의 장부기장 원리를 설명하지 않은 채 단지 회계등식의 틀 내에서 사회복지법인의 재무상태 변동을 분석하고 재무상태표(대차대조표)와 포괄손익계산서를 직접 만들었다. 본장에서는 분개의 원리와 이를 장부에 기록하고 시산표를 작성하여 최종적으로 재무상태표(대차대조표)와 포괄손익계산서를 작성하는 전반적인 절차를 모두 설명하였으며, 실무에서도 이와 같은 과정을 거쳐서 장부를 기록하고 재무제표를 작성한다.

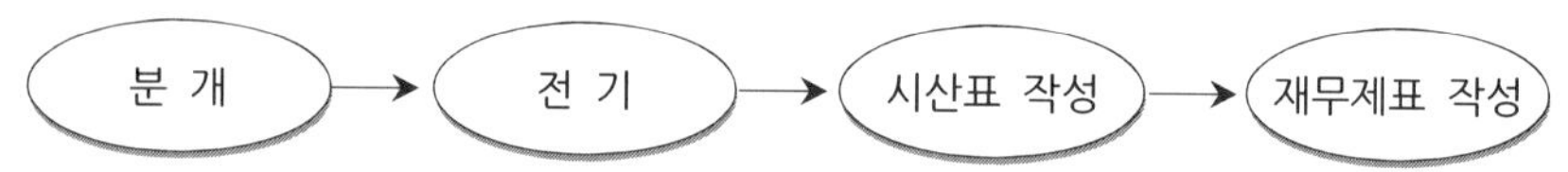

> 시산표 및 재무상태표(대차대조표), 포괄손익계산서 등을 작성할 때 총계정원장의 계정을 나열하는 순서가 있는가? 그렇다. 여러 가지 계정들을 재무제표에 열거할 때 일반적으로 자산 및 부채는 소위 유동성배열법을 사용한다. 유동성배열법이란 유동성이 높은 계정부터 나열하는 것을 말한다. 또한, 수익 및 비용 항목도 성격에 따라 각각 구분하여 순서대로 나열하도록 규정하고 있는데, 아직 여기에 대한 설명은 이르다. 뒤에서 자세한 설명을 할 것이다. 일단, 순서에 얽매이지 말고 시산표를 작성하면 될 것이다.

이상의 내용은 결산수정분개가 없을 때 거래의 발생에서부터 재무제표 작성까지 과정을 설명한 것이다. 하지만 사회복지법인에 결산수정분개사항이 존재한다면 결산수정분개를 반영한 수정후시산표를 작성하고 그 다음으로 재무제표를 작성한다. 이에 대해서는 다음절에서 설명한다.

4. 결산수정분개

4.1 현금주의와 발생주의

전술한 「○○복지법인」(이 복지법인의 결산월을 6월 30일로 가정한다)의 시산표를 보면 수익은 정부후원금 ₩3,000,000과 이자수익 ₩10,000이 발생하였고, 비용은 총 ₩90,000(소모품비 ₩20,000, 임차료 ₩30,000, 급여 ₩40,000)이 발생하여 당기순이익이 ₩2,920,000이 되는 것처럼 보이지만, 반드시 당기순이익이 ₩2,920,000이라고 할 수는 없다. 「○○복지법인」이 6월분 급여와 임차료를 6월 31일 현재 지급하지 않았기 때문에 위의 발생거래에서 언급하지 않았다고 할 때, 그럼에도 불구하고 ₩2,920,000이 「○○복지법인」의 당기순이익이라고 할 수 있는가?

복지법인에서 거래가 발생할 때 현금이 유입되거나 유출되는 경우가 많기 때문에 당기 중에 현금이 유입되고 유출되는 시점에서 수익과 비용에 대한 장부기장을 할 수도 있다. 회계에서는 이를 현금주의(cash basis)라고 한다. 즉, 현금주의란 현금을 수령하는 시점에서 수익을 인식하고, 현금을 지급하는 시점에서 비용을 인식하여 이를 장부에 기록하는 것을 말한다.

그러나 현금주의에 의해서 재무제표를 작성하면 적정하게 재무상태 및 경영성과를 보고할 수 없다. 왜냐하면 결산일 현재 비용이 발생하였지만 현금을 지급하지 않은 상태일 수 있으며, 결산일 현재 수익이 발생하였지만 현금을 수령하지 않은 상태일 수 있기 때문이다. 예를 들어 20×5년 12월 31일이 결산일이라고 할 때 12월분 급여 ₩40,000을 지급해야 하는데 이를 20×5년 12월에 지급하지 않고 20×6년초에 지급했을 경우, 이를 현금주의에 따라서 장부에 기록하면 분명히 ₩40,000은 20×5년도 비용임에도 불구하고 20×6년도 비용으로 잘못 기록되는 결과를 초래한다. 또한 20×5년말 현재 지급해야 할 급여를 부채(미지급비용 계정)로 기록하지 않았기 때문에 부채가 ₩40,000만큼 과소계상되는 문제도 발생한다.

또 다른 예를 들어보자. 20×5년 중에 은행에 예치해 두었던 정기예금에 대하여 ₩20,000의 이자수익이 발생하였으나 이를 20×6년초에 수령할 경우, 현금주의에 따라서 장부에 기록하면 분명히 ₩20,000은 20×5년도 이자수익임에도 불구하고 20×6년도 이자수익으로 잘못 기록되는 결과를 초래한다. 또한 20×5년말 현재 향후 수령할 미회수 이자수익을 자산(미수수익 계정)으로 기록하지 않았기 때문에 자산이 ₩20,000만큼 과소계상되는 문제도 발생한다.

이와 같이 현금주의에 따라 장부기록을 하면 당기 중에 현금의 입금 및 출금의 내역은 확실하게 보고할 수 있으나, 당기의 적정한 경영성과 및 당기말 현재 적정한 재무상태를 보고하지 못하는 한계가 있다.

회계에서는 현금의 입출금과 관계없이 수익 및 비용의 발생사실에 기초하여 수익과 비용을 장부에 기록하는 방법을 택하는데, 이를 발생주의(accrual basis)라고 한다. 결산을 한다는 것은 당기 중에 발생한 거래기록들을 정리하고 경영성과 및 재무상태를 확정짓는 것을 의미하는데, 이 과정에서 현금주의로 기록된 금액을 발생주의 금액으로 조정하는 과정이 필요하다. 이러한 조정분개를 결산수정분개(adjusting entries, 결산조정분개 또는 기말수정분개)라고 한다.

앞서 설명한 바와 같이 포괄손익계산서는 발생주의를 수지계산서는 현금주의를 채택하고 있기 때문에 수지계산서를 작성하는 데에는 발생주의로 전환하는데 필요한 결산수정분개가 필요하지 않다. 그러나 대부분의 대행 사회복지법인은 관계기관보고용인 수지계산서 이외에 외부정보이용자에게 포괄손익계산서를 공시하고 있기 때문에 결산수정분개에 대한 이해가 필요하다.

4.2 결산수정분개의 형태

전술한 「○○복지법인」의 시산표상 금액은 발생주의에 따른 결산수정분개가 포함되지 않은 상태의 금액이다. 이러한 시산표를 수정전시산표라고 하며, 결산수정분개를 반영한 시산표를 수정후시산표라고 한다. 결산수정분개는 크게 발생(accruals)과 이연(deferrals)에 대한 수정분개로 구분할 수 있으며, 수정전시산표에 발생 및 이연과 관련된 결산수정분개를 반영한 시산표가 수정후시산표이다. 따라서 특정 회계연도의 재무상태표(대차대조표)와 포괄손익계산서는 수정후시산표로부터 도출된다.

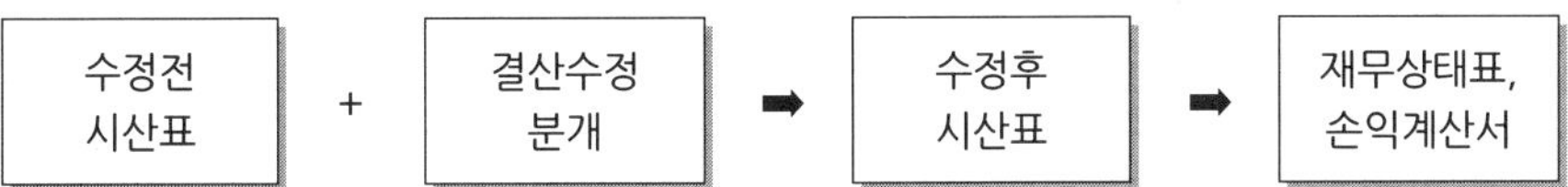

아래에서는 발생 및 이연과 관련된 결산수정분개에 대해서 설명하기로 한다.

4.2.1 발생에 대한 결산수정분개

수익 및 비용은 발생하였으나 아직 현금의 유입 및 유출이 없는 상태일 때 여기에 대한 적절한 수정분개가 필요하다. 즉, 당기 중에는 현금의 유입 및 유출이 없었기 때문에 아무런 회계처리도 하지 않았으나, 현금흐름과 관계없이 수익 및 비용 거래가 발생하였다면 결산시점에서 여기에 대한 수정분개를 해야 한다.

(1) 미수수익(accrued revenues)

수익은 발생하였으나 결산일 현재 현금을 수령하지 않았다면 발생된 수익을 인식[1]해야 하며, 이때 상대계정으로 미수수익(자산 계정임)을 인식한다. 결산수정분개는 다음과 같으며, 대변의 수익 계정은 수익의 내용에 따라 적합한 계정(예를 들어 이자수익, 임대수익, 수수료수익 등)을 사용한다.

(차) 미수수익	×××	(대) 수 익	×××

1) 회계에서 인식(recognition)이라는 용어가 자주 사용된다. 인식이란 특정 거래에 대해서 화폐단위로 측정하여 재무제표에 계상하는 과정을 말한다. 한편 계상(計上)이라는 표현도 자주 사용되는데, 계상은 특정 금액을 장부나 재무제표상에 올리는 것을 말한다.

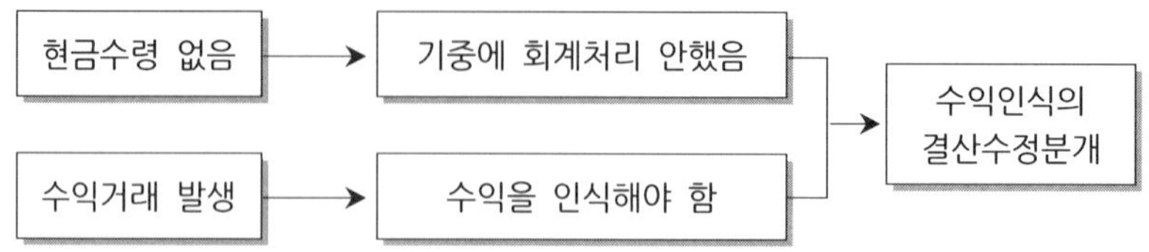

(2) 미지급비용(accrued expenses)

비용은 발생하였으나 결산일 현재 현금을 지급하지 않았다면 발생된 비용을 인식해야 하며, 이때 상대계정으로 미지급비용(부채 계정임)을 인식한다. 결산수정분개는 다음과 같으며, 차변의 비용 계정은 비용의 내용에 따라 적합한 계정(예를 들어 이자비용, 보험료, 임차료 등)을 사용한다.

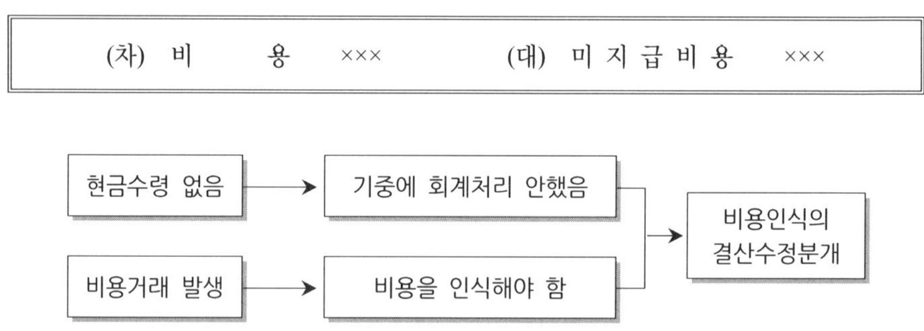

4.2.2 이연에 대한 결산수정분개

기중에 현금은 유입 또는 유출되었으나 수익 및 비용이 결산일 현재 발생하지 않은 상태일 때 여기에 대한 적절한 수정분개가 필요하다. 즉, 현금의 유입 및 유출이 발생한 시점에서 장부기록을 하였으나, 아직 수익 및 비용이 발생하지 않았다면 결산시점에서 수익 및 비용의 이연(이연이란 차기 이후 미래기간으로 넘긴다는 의미이다)에 대한 수정분개를 해야 한다.

(1) 선급비용(prepaid expenses)

현금은 유출되었으나 결산일 현재 비용이 발생하지 않았다면 비용을 인식할 수 없으며, 지급한 현금은 자산(선급비용 계정)으로 처리해야 한다. 즉, 당기 중에 지출한 금액 중 기간이 경과된 부분은 포괄손익계산서상 비용으로 인식하고, 기간이 경과하지 않은 부분은 재무상태표(대차대조표)상 자산으로 표시되어야 한다.

<당기 재무제표에 계상되어야 할 결과>

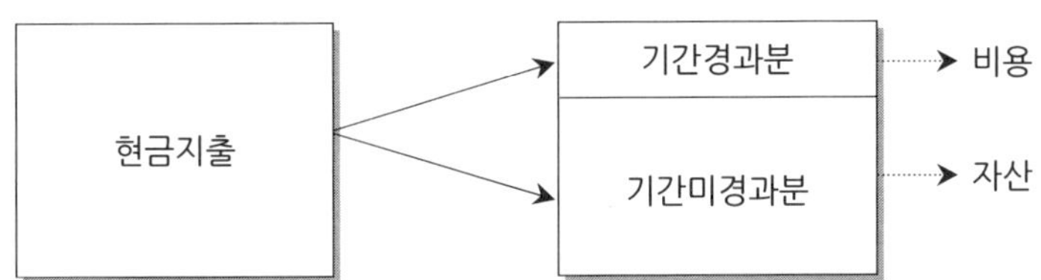

결산수정분개를 어떻게 해야 하는가는 기중에 현금을 지급할 때 어떤 분개를 했는가에 따라 다음과 같이 달라진다.

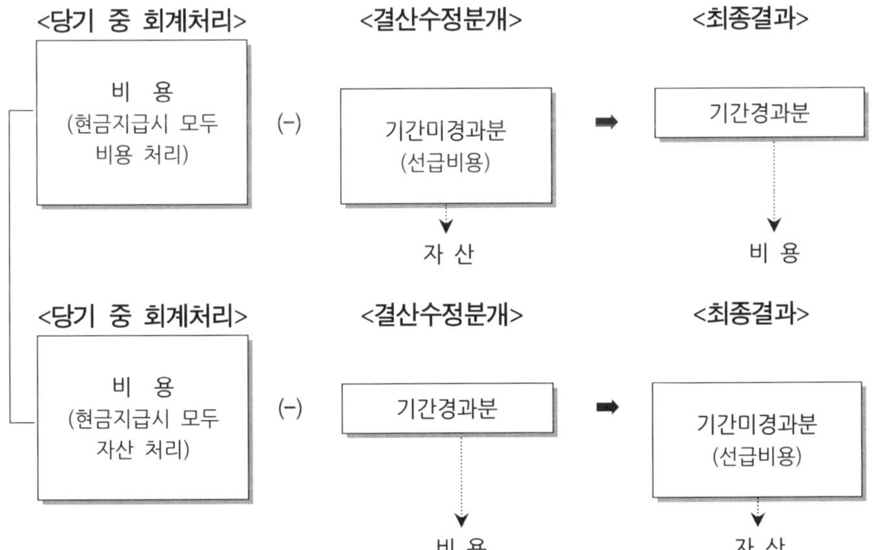

위의 그림에서 결산수정절차를 분개로 표시하면 다음과 같다.

	현금지급시	결산시
현금지급시 모두 비용처리 방법	(차) 비 용 ××× (대) 현 금 ×××	(차) 선급비용 ×××[1] (대) 비 용 ×××[1]
현금지급시 모두 자산처리 방법	(차) 선급비용 ××× (대) 현 금 ×××	(차) 비 용 ×××[2] (대) 선급비용 ×××[2]

1) 이미 인식한 비용 중 기간미경과분만큼 비용을 감소시키면서 선급비용을 인식
2) 이미 인식한 선급비용 중 기간경과분만큼 선급비용을 감소시키면서 비용을 인식

참고로 실무에서는 현금 지급시 모두 비용으로 처리하는 방법을 많이 사용한다.

(2) 선수수익(unearned revenues)

현금은 유입되었으나 결산일 현재 수익이 발생하지 않았다면 수익을 인식할 수 없으며, 수령한 현금은 부채(선수수익 계정)로 처리해야 한다. 즉, 당기 중에 수령한 금액 중 기간이 경과된 부분은 손익계산서상 수익으로 인식하고, 기간이 경과하지 않은 부분은 재무상태표(대차대조표)상 부채로 표시되어야 한다.

<당기 재무제표에 계상되어야 할 결과>

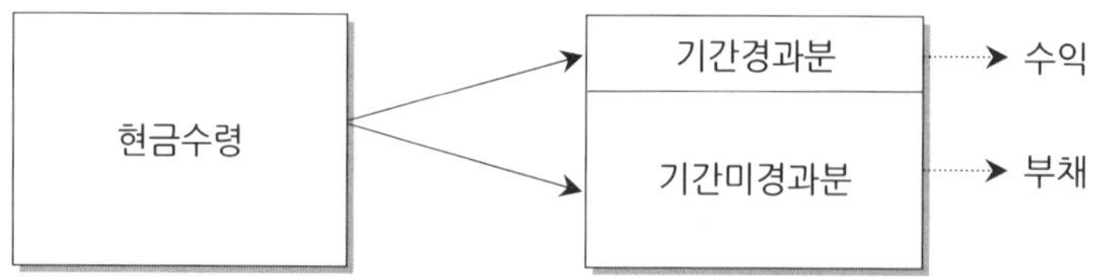

결산수정분개를 어떻게 해야 하는가는 기중에 현금을 수령할 때 어떤 분개를 했는가에 따라 다음과 같이 달라진다.

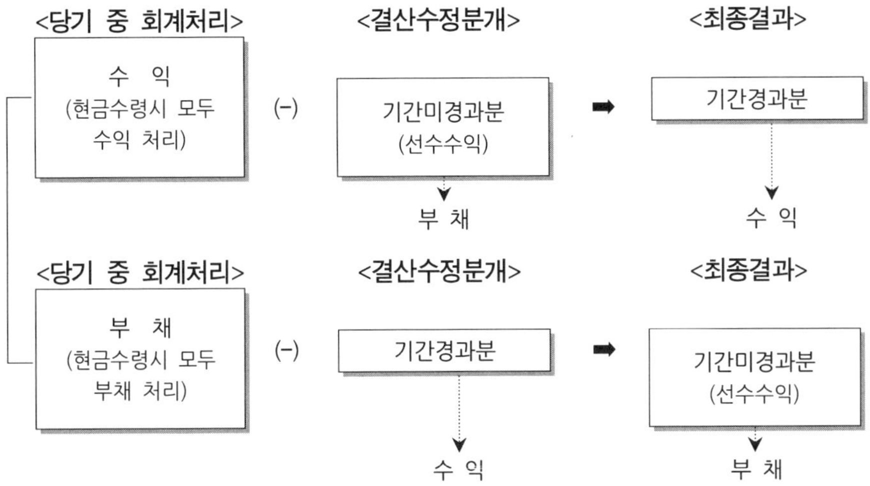

위의 그림에서 결산수정절차를 분개로 표시하면 다음과 같다.

	현금수령시	결산시
현금수령시 모두 수익처리 방법	(차) 현 금 ××× (대) 수 익 ×××	(차) 수 익 ×××[1] (대) 선수수익 ×××[1]
현금수령시 모두 부채처리 방법	(차) 현 금 ××× (대) 선수수익 ×××	(차) 선수수익 ×××[2] (대) 수 익 ×××[2]

1) 이미 인식한 수익 중 기간미경과분만큼 수익을 감소시키면서 선수수익을 인식
2) 이미 인식한 선수수익 중 기간경과분만큼 선수수익을 감소시키면서 수익을 인식

참고로 실무에서는 현금 수령시 모두 수익으로 처리하는 방법을 많이 사용한다.

(3) 감가상각[2]

자산의 취득원가를 일정기간 동안 비용으로 배분하는 과정을 감가상각(depreciation)이라고 한다. 비품의 취득 및 감가상각의 분개는 다음과 같다.

---

2) 이는 일반적인 감가상각비에 대한 처리지침이며, 이에 대한 처리방법은 해당 사회복지법인의 회계처리지침에 따라 상이한 방법을 적용하기도 한다. 이에 대해서는 유형자산 부분에서 설명하기로 한다.

〈비품 취득시〉			
(차) 비 품	×××	(대) 현 금	×××
〈결 산 시〉			
(차) 감가상각비	×××	(대) 감가상각누계액	×××

당기말 결산시 장부에 기록해야 할 감가상각비는 얼마이어야 하는지, 왜 감가상각비의 상대과목이 비품 계정이 아니라 감가상각누계액 계정인지 등에 대한 세부적인 설명은 차후 유형자산 부분에서 설명하기로 한다.

5. 수정후 시산표의 작성

본장에서 전술한 「○○복지법인」의 시산표는 발생주의로 수정하는 결산수정분개가 반영되지 않은 상태였다. 「○○복지법인」의 6월 30일 현재 결산수정사항이 다음과 같을 때 결산수정분개를 설명하기로 한다.

<결산수정사항 및 결산수정분개>

- 결산수정사항

1. 5월과 6월분 급여 ₩15,000과 전기료 ₩5,000이 결산일 현재 지급되지 않은 상태이다.
2. 금융기관차입금에 대해서 발생한 이자비용은 ₩13,000이나 결산일 현재 지급되지 않은 상태이다.
3. 건물에 대한 감가상각비는 ₩150,000이다.

- 결산수정분개

① 미지급급여 및 미지급전기료의 계상

(차)	급 여	15,000	(대) 미지급비용	20,000
	전 기 료	5,000		

② 미지급이자의 계상

(차) 이 자 비 용 13,000 (대) 미지급비용 13,000

③ 감가상각비의 계상

(차) 감가상각비 150,000 (대) 감가상각누계액 15,000

위의 결산수정사항을 반영하여 수정후시산표를 작성하면 다음과 같다. 물론 결산수정사항을 반영하여 총계정원장을 다시 작성한 후 수정후시산표를 작성하여도 무방하지만 총계정원장에 대한 전기하는 방법은 앞에서 자세히 설명하였으므로 여기서는 생략하기로 한다.

수정후시산표

현 금	₩11,470,000	물품대미불금	₩50,000
예 금	1,000,000	금융기관차입금	500,000
주 식	300,000	미 지 급 비 용	33,000
건 물	700,000	감가상각누계액	150,000
소 모 품 비	50,000	기 본 재 산	10,000,000
급 여	45,000	정 부 보 조 금	3,000,000
전 기 료	15,000	이 자 수 익	10,000
감 가 상 각 비	150,000		
이 자 비 용	13,000		
	₩13,743,000		₩13,743,000

이를 바탕으로 재무상태표(대차대조표)와 손익계산서를 작성하면 다음과 같다.

재무상태표(대차대조표)

현 금	₩11,470,000	물품대미불금	₩50,000
예 금	1,000,000	금융기관차입금	500,000
주 식	300,000	미 지 급 비 용	33,000
건 물	700,000	기 본 재 산	10,000,000
감가상각누계액	(150,000)	당 기 순 이 익	2,737,000
	₩13,320,000		₩13,320,000

손익계산서

소 모 품 비	₩50,000	정 부 후 원 금	₩3,000,000
급 여	45,000	이 자 수 익	10,000
전 기 료	15,000		
감 가 상 각 비	150,000		
이 자 비 용	13,000		
당 기 순 이 익	2,737,000		
	₩3,010,000		₩3,010,000

6. 장부의 마감

재무제표가 작성되면 마감분개를 한다. 마감분개는 손익계정(명목계정, nominal account)의 기말현재 총액을 0으로 만드는 절차를 말한다. 손익계정은 특정 회계기간 동안의 회사의 활동결과를 측정하는 계정으로서 회계연도말에는 수익과 비용이 재무상태표(대차대조표)의 이익잉여금으로 대체되면서 사라지는 임시계정의 성격을 갖는다. 따라서 기말에 수익과 비용을 집합손익(income summary) 계정으로 대체시킴으로써 계정잔액을 0으로 만들고, 집합손익의 순액을 이익잉여금으로 대체시키는 분개가 필요하며 이를 마감분개라고 한다. 재무상태표(대차대조표) 계정은 다음연도로 이월시켜서 계속 증감을 반영하기 때문에 마감분개가 필요하지 않다. 수익과 비용계정의 마감분개는 다음과 같다.

(차) 수 익	×××	(대) 집 합 손 익	×××
(차) 집 합 손 익	×××	(대) 비 용	×××
(차) 집 합 손 익	×××	(대) 이 익 잉 여 금	×××

또는 간략하게 다음과 같이 집합손익 계정으로 대체되는 분개를 생략할 수도 있다.

(차) 수 익	×××	(대) 비 용	×××
		이 익 잉 여 금	×××

제 3 장 재무제표 일반론 및 재무회계이론

1. 재무제표 일반론
2. 재무회계이론

재무제표 일반론 및 재무회계이론 CHAPTER 03

1. 재무제표 일반론

1.1 재무상태표의 양식과 작성원칙

우리는 특정 회계연도 중에 발생한 거래를 분개하여 총계정원장에 전기하고, 수정전시산표에 결산수정분개를 반영하여 수정후시산표를 작성한 후, 이를 두 개로 분할하여 재무상태표와 포괄손익계산서를 도출하는 과정을 배웠다. 이러한 재무상태표의 양식은 다음과 같이 계정식과 보고식 모두 인정되며 둘 중 선택하여 작성하면 된다. 즉, 보고식 재무상태표는 좌우 대비로 표시한 계정식 재무상태표의 내용을 일렬로 표시한 재무상태표이며, 그 안에 들어가는 내용은 계정식과 동일하다.

재무상태표(계정식)

<table>
<tr><td rowspan="2">자 산</td><td>부 채</td></tr>
<tr><td>자 본</td></tr>
</table>

재무상태표(보고식)

자 산
부 채
자 본

즉, 재무상태표라는 좌우 대칭으로 하여 좌변(즉, 차변)에는 자산 계정들을 나열하고, 우변(즉, 대변)에는 부채 계정과 자본 계정을 나열한 양식이다. 그런데 앞에서 예시한 재무상태표는 매우 간단한 사례를 제시한 것이며, 계정의 수는 거래의 종류가 복잡할수록 더 많아지게 된다. 재무상태표를 작성할 때 여러 가지 자산·부채·자본 계정들을 아무런 규칙 없이 나열한다면 특정한 규칙에 의해 나열한 경우에 비해 회계정보이용자들은 재무상태표 분석에 많은 불편을 느낄 것이다. 독자들은 어떤 불편을 느낄 것인지 아직 모르겠지만 본장을 공부한 후에는 그 의미를 알게 될 것이다.

영리법인의 회계기준에서는 일정한 방법에 따라 재무상태표를 작성하도록 규정하고 있다. 하지만 사회복지법인의 재무·회계 규칙에서는 재무제표 작성에 대한 원칙을 제시하지 않아 통일된 규정이 없다. 아래에서는 사회복지법인의 한 사례를 제시한다.

영리법인의 재무상태표

재 무 상 태 표

제×기 20×1년 12월 31일 현재

제×기 20×2년 12월 31일 현재

회사명 (단위 : 원)

과 목	당 기		전 기	
자 산				
유동자산		×××		×××
현금및현금성자산	×××		×××	
단기금융자산	×××		×××	
매출채권	×××		×××	
재고자산	×××		×××	
기타채권	×××		×××	
…	×××		×××	
비유동자산		×××		×××
유형자산	×××		×××	
무형자산	×××		×××	

지분법적용투자주식	×××		×××	
이연법인세자산	×××		×××	
…	×××		×××	
자 산 총 계		×××		×××
부 채				
유동부채		×××		×××
단기금융부채	×××		×××	
매 입 채 무	×××		×××	
기 타 채 무	×××		×××	
…	×××		×××	
비유동부채		×××		×××
장기금융부채	×××		×××	
OO충당부채	×××		×××	
이연법인세부채	×××		×××	
…	×××		×××	
부 채 총 계		×××		×××
자 본				
자 본 금	×××		×××	
기 타 적 립 금*	×××		×××	
이 익 잉 여 금	×××		×××	
비 지 배 지 분	×××		×××	
자 본 총 계		×××		×××
부채 및 자본 총계		×××		×××

사회복지법인의 재무상태표 예시

재 무 상 태 표

제 6(당) 기 : 20×8년 12월 31일 현재
제 5(전) 기 : 20×7년 12월 31일 현재

사회복지법인 케이티엔지복지재단 (단위 : 원)

과 목	제 6(당) 기		제 5(전) 기	
	금 액		금 액	
자 산				
Ⅰ. 유동자산		1,181,797,390		1,913,102,066
1. 현금 및 현금성자산	916,400,100		1,652,360,356	
2. 단기투자자산	235,000,000		235,000,000	
3. 선급법인세	30,397,290		25,741,710	
Ⅱ. 비유동자산		237,777,327,647		237,231,049,622
(1) 투자자산		237,070,679,335		236,674,759,063
1. 매도가능증권	236,610,880,800		236,340,228,100	
2. 퇴직예치금	459,798,535		334,530,963	
(2) 유형자산		100,871,112		95,264,959
1. 설비자산	314,774,850		264,134,140	
감가상각누계액	(213,903,738)		(168,869,181)	
(3) 기타비유동자산		605,777,200		461,025,600
1. 임차보증금	605,777,200		461,025,600	
자 산 총 계		**238,959,125,037**		**239,144,151,688**
부 채				
Ⅰ. 유동부채		34,210,051		1,053,687,988
1. 미지급금	3,945,614		1,030,616,791	
2. 예수금	30,264,437		23,071,197	
Ⅱ. 비 유 동 부 채		466,720,375		334,530,963
1. 퇴직급여충당부채	446,720,375		334,530,963	
부 채 총 계		**480,930,426**		**1,388,218,951**

재무상태표 - 계속

제 6(당) 기 : 20×8년 12월 31일 현재
제 5(전) 기 : 20×7년 12월 31일 현재

사회복지법인 케이티엔지복지재단 (단위: 원)

과 목	제 6(당) 기		제 5(전) 기	
	금 액		금 액	
자 본				
Ⅰ. 자 본 금		102,710,750,000		100,410,750,000
1. 기본재산	102,710,750,000		100,410,750,000	
Ⅱ. 자 본 잉 여 금		100,871,112		95,264,959
1. 운영재산	100,871,112		95,264,959	
Ⅲ. 기 타 포 괄 손 익 누 계 액		134,200,156,610		136,229,552,560
1. 매도가능증권평가이익	134,200,156,610		136,229,552,560	
Ⅳ. 이 익 잉 여 금		1,466,416,889		1,020,365,218
1. 미처분이익잉여금	1,466,416,889		1,020,365,218	
자 본 총 계		**238,478,194,611**		**237,755,932,737**
부채와 자본 총계		**238,959,125,037**		**239,144,151,688**

아래에서는 영리법인의 회계기준에 의해 작성된 위의 재무상태표 양식의 일정한 규칙에 대해서 설명한다. 상기에서 보는 것과 같이 사회복지법인의 재무상태표도 회계기준의 재무상태표 양식과 유사하다는 것을 알 수 있다. 본서에서 사례로 제시한 사회복지법인은 복식부기를 적용하고 있는 사회복지법인이며, 따라서 영리법인의 회계기준에 의한 재무제표와 유사한 형식을 갖추고 있다. 하지만 대부분의 사회복지법인이 이러한 양식을 갖추지 못하고 있는 실정이며, 이는 사회복지법인을 위한 정립된 규정이 없어 작성자의 재량이 포함되기 때문이다. 그러므로 정보이용자들에게 보다 더 정확하고 신뢰성 있는 회계정보를 제공하기 위해서는 복식부기에 의한 재무제표 제공이 필수적이고 이를 위해 본서에서는 사회복지법인의 발생주의 복식부기의 적용을 위한 지침을 제공한다.

(1) 구분표시원칙

자산 계정을 유동자산에 속하는 계정과 비유동자산에 속하는 계정으로 구분하여 재무상태표에 표시한다. 부채 계정도 자산 계정과 마찬가지로 유동부채에 속하는 계정과 비유동부채에 속하는 계정으로 구분하여 재무상태표에 표시하도록 규정하고 있다. 한편 자본 계정은 자본금, 자본잉여금, 이익잉여금 및 자본조정에 속하는 계정으로 구분표시하도록 규정하고 있다.

이와 같은 구분표시원칙은 회계의 본질적인 인식이나 측정기준은 아니며, 재무상태표의 기재형식에 대한 기준으로서 회계정보이용자가 쉽게 정보를 파악할 수 있게 하는 표시기준으로 이해하면 된다.

(2) 유동 · 비유동의 구분기준

자산과 부채는 재무상태표일로부터 1년을 기준으로 하여 유동자산과 비유동자산, 유동부채와 비유동부채로 구분하는 것을 원칙으로 한다. 이 기준은 유동자산을 유동부채와 대비하여 기업의 유동성 판단의 기준으로 삼고자 하는 것이다. 유동부채라 함은 단기간 내에 갚아야 할 부채이며 이는 토지 등 비유동자산을 팔아서 갚기보다는 유동자산으로부터 현금화된 자금을 이용하여 갚을 것이므로 유동자산이 유동부채보다 많은 경우에는 유동부채를 지급하는데 큰 문제는 없다고 판단할 수 있다.

(3) 유동성배열법

자산과 부채는 유동성이 높은 항목부터 낮은 항목의 순으로 배열하는 기준이다. 유동성이란 현금화 되는 속도를 의미한다. 위에서 예시한 재무상태표상 유동자산을 보면 현금 및 현금성자산이 가장 위에 표시되고 그 다음에 현금화 속도가 빠른 순서대로 매출채권, 재고자산, 비유동자산 등의 순서로 표시하는 것이다. 이는 부채도 마찬가지이다. 이와 같은 방법으로 계정들을 배열하는 이유는 자산과 부채를 유동성 분석에 적합하도록 하기 위해서이다.

(4) 총액표시원칙

자산과 부채를 상계하여 순액으로 표시하거나, 자산과 자본을 상계하여 순액으로 표시하지 않고 총액으로 표시하라는 원칙이다. 예를 들어 특정 거래처에 매출채권과 매입채무가 동시에 있는 경우 이를 상계하여 매출채권만 표시한다든가 매입채무만 표시하는 것은 허용되지 않는다. 이 원칙은 기업의 재무규모, 자금규모 또는 경영규모 등을 명료하게 보고하기 위한 표시기준이다.

1.2 포괄손익계산서의 양식과 작성원칙

시산표로부터 도출된 포괄손익계산서(계정식)의 양식은 다음과 같았다.

포괄손익계산서(계정식)

비　용	수　익
당기순이익	

위의 포괄손익계산서 양식은 설명의 편의를 위한 것이었으며, 회계기준에서 규정하고 있는 포괄손익계산서 양식은 좌우 대비식으로 작성하지 않고 다음과 같이 일렬로 배열하는 방식(보고식)이다.

포괄손익계산서(보고식)

수　익
비　용
당 기 순 이 익
기 타 포 괄 손 익
총 포 괄 손 익

재무상태표와 마찬가지로 한국채택 IFRS에서는 일정한 방법에 따라 포괄손익계산서를 작성하도록 규정하고 있다. 아래에서는 한국채택 IFRS에서 제시하는 포괄손익계산서의 사례를 제시한다. 우리나라가 채택하고 있는 IFRS는 기존의 회계기준과는 달리 재무제표의 양식을 표준화하고 있지 않고 계정과목 또한 일부만을 예시하고 있어 재무제표의 양식과 사용하는 계정과목은 기업별로 통일성이 결여될 수 밖에 없다. 또한 한국 채택 IFRS의 경우 기존의 손익계산서에 포괄손익을 포함하고 계속영업이익과 중단영업이익을 구분하고 있지만 사회복지법인을 포함한 비영리법인의 경우 수익사업의 손익계산서는 영리법인과 동일하게 포괄손익계산서를 작성하지만 목적사업의 손익계산서는 포괄손익을 포함하지 않고 있으며, 계속영업이익과 중단영업이익을 구분하지 않는다.

영리법인의 포괄손익계산서

포 괄 손 익 계 산 서

제×기 20×1년 1월 1일부터 20×1년 12월 31일까지

제×기 20×2년 1월 1일부터 20×2년 12월 31일까지

회사명 (단위 : 원)

과 목	당 기	전 기
매 출 액	×××	×××
매 출 원 가	×××	×××
매출총이익(또는 매출총손실)	×××	×××
지 분 법 손 익	×××	×××
기 타 수 익	×××	×××
물 류 원 가	×××	×××
관 리 비	×××	×××
금 융 비 용	×××	×××
기 타 비 용	×××	×××
…	×××	×××
법인세비용차감전계속영업손익	×××	×××

법 인 세 비 용		×××		×××
계 속 영 업 당 기 순 손 익		×××		×××
중 단 영 업 당 기 순 손 익		×××		×××
당 기 순 손 익		×××		×××
기타포괄손익		×××		×××
매도가능금융상품평가손익	×××		×××	
유 형 자 산 재 평 가 잉 여 금	×××		×××	
…	×××		×××	
총 포 괄 손 익		×××		×××
지배기업소유주 귀속 당기순손익		×××		×××
비지배지분 귀속 당기순손익		×××		×××
지배기업소유주 귀속 총포괄손익		×××		×××
비지배지분 귀속 총포괄손익		×××		×××

한국채택 IFRS와 마찬가지로 사회복지법인의 재무·회계규칙에서도 재무제표 작성에 대한 원칙을 제시하지 않아 통일된 규정이 없다. 아래에서는 사회복지법인의 포괄손익계산서 사례를 제시한다.

사회복지법인의 포괄손익계산서 예시

포 괄 손 익 계 산 서

제 6(당) 기 : 20×8년 1월 1일부터 20×8년 12월 31일 까지
제 5(전) 기 : 20×7년 1월 1일부터 20×7년 12월 31일 까지

사회복지법인 케이티앤지 복지재단 (단위: 원)

과 목	제 6(당) 기		제 5(전) 기	
	금 액		금 액	
Ⅰ. 사 업 수 익		12,507,503,680		11,005,071,089
1. 보조금수입	4,580,374,007		3,894,848,073	
KT&G후원금	4,500,000,000		3,637,000,000	
1004KT&G	39,174,007		63,906,493	
일반후원금	41,200,000		193,941,580	

2. 기타수익	7,927,129,673		7,110,223,016	
이자수익	217,159,873		183,892,616	
배당금수익	7,709,969,800		6,926,330,400	
Ⅱ. 사 업 비		11,170,623,904		10,452,846,239
1. 소외계층지원사업	4,621,782,102		4,314,678,728	
2. 복지시설건립운영	5,549,603,627		5,259,068,795	
3. 치료비지원사업	171,411,768		180,000,000	
4. 교육홍보사업	788,716,390		635,187,510	
5. 1004KT&G사업	39,080,017		63,911,206	
Ⅲ. 사 업 관 리 비		890,828,105		784,740,005
1. 급 여	234,412,000		183,996,000	
2. 상 여 금	75,146,230		68,076,000	
3. 제 수 당	11,842,590		15,754,360	
4. 퇴직급여	125,267,572		109,160,213	
5. 사회보험부담금	24,804,630		9,871,120	
6. 복리후생비	9,683,000		7,550,000	
7. 기관운영비	67,282,474		62,718,774	
8. 직책보조비	18,700,000		19,200,000	
9. 회 의 비	16,919,138		14,076,888	
10. 여비교통비	9,468,760		6,342,600	
11. 지급수수료	54,096,731		61,049,535	
12. 제세공과금	167,190,325		156,634,818	
13. 차량유지비	25,373,945		20,357,787	
14. 자산취득비	50,640,710		49,951,910	
Ⅳ. 사 업 이 익 (손 실)		446,051,671		(232,515,155)
Ⅴ. 사 업 외 수 익		-		-
Ⅵ. 사 업 외 비 용		-		-
Ⅶ. 법인세차감전순이익(손실)		446,051,671		(232,515,155)
Ⅷ. 법 인 세 비 용		-		-
Ⅸ. 당기순이익(손실)		446,051,671		(232,515,155)

상기에서 보는 것과 같이 사회복지법인의 포괄손익계산서는 한국채택 IFRS의 포괄손익계산서와 유사하며, 단지 사회복지법인의 특성상 계정과목의 이름, 포괄손익의 채택여부 및 계속영업이익과 중단영업이익의 구분 여부만 상이하다. 본서에서 사례로 제시한 사회복지법인은 복식부기를 적

용하고 있는 복지법인이며, 따라서 한국채택 IFRS에 의한 재무제표와 유사한 형식을 갖추고 있다. 하지만 대부분의 사회복지법인이 이러한 양식을 갖추지 못하고 있는 실정이며, 이는 사회복지법인을 위한 정립된 규정이 없어 작성자의 재량이 포함되기 때문이다. 그러므로 정보이용자들에게 보다 더 정확하고 신뢰성 있는 회계정보를 제공하기 위해서는 복식부기에 의한 재무제표 제공이 필수적이고 이를 위해 본서에서는 사회복지법인의 발생주의 복식부기의 적용을 위한 지침을 제공한다.

1.3 자본변동표

자본변동표(a statement of changes in equity)란 당해 기간 동안 변동된 자본의 증가 및 감소의 내용을 보고하는 재무제표로서 다음의 항목을 표시한다.

① 지배기업의 소유주와 비지배지분에 각각 귀속되는 금액으로 구분하여 표시한 해당 기간의 총포괄손익
② 자본의 각 구성요소별로 소급적용이나 소급재작성의 영향(회계정책, 회계추정의 변경 및 오류)
③ 자본의 각 구성요소별로 장부금액의 각 변동액을 공시한, 기초시점과 기말시점의 장부금액 조정내역
- 당기순손익
- 기타포괄손익의 각 항목
- 소유주의 출자와 소유주에 대한 배분을 구분하여 보여주는, 소유주로서의 자격을 행사하는 소유주와의 거래와 지배력을 상실하지 않는 종속기업에 대한 소유지분의 변동

자본변동표의 양식을 예시하면 다음과 같다.

자 본 변 동 표

제×기 20×1년 1월 1일부터 20×1년 12월 31일까지
제×기 20×2년 1월 1일부터 20×2년 12월 31일까지

회사명 (단위 : 원)

구 분	자본금	자 본 잉여금	기타의 잉여금	이 익 잉여금	지배기업 주주지분	비지배 지 분	총 계
20×1. 1. 1.	×××	×××	×××	×××	×××	×××	×××
회계변경누적효과				×××	×××	×××	×××
배 당 금 지 급				(×××)	(×××)		(×××)
유 상 증 자	×××	×××			×××	×××	×××
유형자산재평가			×××		×××	×××	×××
해외사업장외환차이			×××		×××	×××	×××
.. ..							
당 기 순 이 익				×××	×××	×××	×××
20×1. 12. 31.	×××	×××	×××	×××	×××	×××	×××
20×2. 1. 1.	×××	×××	×××	×××	×××	×××	×××
회계변경누적효과				×××	×××	×××	×××
배 당 금 지 급				(×××)	(×××)		(×××)
유 상 증 자	×××	×××			×××	×××	×××
유형자산재평가			×××		×××	×××	×××
해외사업장외환차이			×××		×××	×××	×××
.. ..							
당 기 순 이 익				×××	×××	×××	×××
20×2. 12. 31.	×××	×××	×××	×××	×××	×××	×××

사회복지법인의 자본변동표 예시

자 본 변 동 표

제 6(당) 기 : 20×8년 1월 1일부터 20×8년 12월 31일 까지
제 5(전) 기 : 20×7년 1월 1일부터 20×7년 12월 31일 까지

사회복지법인 케이티앤지 복지재단 (단위 : 원)

구 분	자본금 (기본재산)	자본잉여금 (운영재산)	자본조정	기타포괄 손익누계액	이익잉여금	총 계
20×7.1.1(보고금액)	96,010,750,000	114,186,057	-	67,346,687,065	1,252,880,373	164,724,503,495
기본재산의 증가	4,400,000,000					4,400,000,000
운영재산의 증가		49,951,910				49,951,910
운영재산의 감소		(68,873,008)				(68,873,008)
당기순이익(손실)					(232,515,155)	(232,515,155)
매도가능증권평가이익		-		68,882,865,495		68,882,865,495
20×7.12.31	100,410,750,000	95,264,959	-	136,229,552,560	1,020,365,218	237,755,932,737
20×8.1.1(보고금액)	100,410,750,000	95,264,959	-	136,229,552,560	1,020,365,218	237,755,932,737
기본재산의 증가	2,300,000,000					2,300,000,000
운영재산의 증가		50,640,710				50,640,710
운영재산의 감소		(45,034,557)				(45,034,557)
당기순이익(손실)					446,051,671	446,051,671
매도가능증권평가손실				(2,029,395,950)		(2,029,395,950)
20×8.12.31	102,710,750,000	100,871,112	-	134,200,156,610	1,466,416,889	238,478,194,611

1.4 현금흐름표

(1) 현금흐름표의 의의

영리법인에서 재무상태표와 포괄손익계산서는 발생주의에 따라 이익을 측정한다. 그러나 어떤 실체의 재무상태나 경영성과를 분석할 때 발생주의에 따른 재무제표가 제공할 수 있는 정보는 그 한계가 있다. 예를 들면 대부분의 매출이 외상판매이고 당기순이익의 대부분이 이것에 기인한다면 발생주의에 따르면 이익이 보고되지만 현금흐름은 좋지 않을 것이다. 이 경우 금융위기와 같은 경제위기에 흑자도산이 될 가능성이 있으며 이는 현금흐름의 부족에서 그 원인을 찾을 수 있을 것이다. 그러나 이러한 흑

자도산은 발생주의에 따른 재무상태표와 포괄손익계산서에서는 그 정보를 얻을 수 없다. 이와 같이 발생주의 회계가 제공할 수 없는 현금흐름의 정보를 제공하기 위하여 현금흐름표가 작성된다.

따라서 현금흐름표(a statement of cash flow)란 한 회계기간 동안 현금유입액과 현금유출액에 대한 정보를 제공한다. 즉, 특정 거래가 발생하였을 때 차변 또는 대변으로 현금이 기록되는 모든 거래를 집합시킨 재무제표라고 이해하면 된다.

(2) 현금흐름표의 형식

현금흐름표는 당기 중에 발생한 여러 거래들 중에서 현금을 수령하거나 지급한 거래들만 모아서 일정한 양식으로 표현한 재무제표이다. 현금흐름표는 당기의 현금거래를 영업활동, 투자활동 및 재무활동의 3가지 유형으로 구분하여 다음과 같이 작성한다.

사회복지법인의 현금흐름표 예시

현 금 흐 름 표

제 6(당) 기 : 20×8년 1월 1일부터 20×8년 12월 31일 까지
제 5(전) 기 : 20×7년 1월 1일부터 20×7년 12월 31일 까지

사회복지법인 케이티앤지 복지재단 (단위: 원)

과 목	제 6(당) 기		제 5(전) 기	
	금 액		금 액	
Ⅰ. 영업활동으로인한 현금흐름 (주석12)		(415,251,724)		442,344,605
1. 사업수익활동으로부터의 유입액	12,502,848,100		10,988,776,879	
가. KT&G후원금	4,500,000,000		3,637,000,000	
나. 1004KT&G	39,174,007		63,906,493	
다. 일반후원금	41,200,000		193,941,580	
라. 이자수익	217,159,873		183,892,616	
마. 배당금수익	7,709,969,800		6,926,330,400	
바. 선급 법인세의 증가	(4,655,580)		(16,294,210)	
2. 사업비에 대한 유출액	(12,158,362,904)		(9,965,107,239)	
가. 소외계층지원사업비	4,621,782,102		4,314,678,728	
나. 사회복지시설건립운영	5,549,603,627		5,259,068,795	

다. 치료비지원사업	171,441,768		180,000,000	
라. 교육홍보사업	788,716,390		635,187,510	
마. 1004KT&G 사업비	39,080,017		63,911,206	
바. 미지급금의 감소(증가)	987,739,000		(487,739,000)	
3. 사업관리비에 대한 유출액	(759,736,920)		(581,325,035)	
가. 인건비	(361,773,370)		(278,162,193)	
(1) 급 여	234,412,000		183,996,000	
(2) 상여금	75,146,230		68,076,000	
(3) 제수당	11,842,590		15,754,360	
(4) 퇴직급여	13,078,160		-	
(5) 사회보험부담금	24,804,630		9,871,120	
(6) 복리후생비	9,683,000		7,550,000	
(7) 예수금의 증가	(7,193,240)		(7,085,287)	
나. 업무추진비	(141,833,789)		(58,778,702)	
(1) 기관운영비	67,282,474		62,718,774	
(2) 직책보조비	18,700,000		19,200,000	
(3) 회의비	16,919,138		14,076,888	
(4) 미지급금의 감소(증가)	38,932,177		(37,216,960)	
다. 운영비	(256,129,761)		(244,384,140)	
(1) 여비교통비	9,468,760		6,342,000	
(2) 지급수수료	54,096,731		61,049,535	
(3) 제세공과금	167,190,325		156,634,818	
(4) 차량유지비	25,373,945		20,357,787	
Ⅱ. 투자활동으로 인한 현금흐름		(2,620,708,532)		(4,578,780,198)
1. 투자활동으로 인한 현금유입액	60,000,000		-	
가. 임차보증금의 감소	60,000,000		-	
2. 투자활동으로 인한 현금유출액	(2,680,708,532)		(4,578,780,198)	
가. 매도가능증권의 증가	2,300,048,650		4,400,001,105	
나. 퇴직예치금의 증가	125,267,572		109,075,583	
다. 설비자산의 취득	50,640,710		49,951,910	
라. 임차보증금의 증가	204,751,600		19,751,600	
Ⅲ. 재무활동으로 인한 현금흐름		2,300,000,000		4,400,000,000
1. 재무활동으로인한 현금유입액	2,300,000,000		4,400,000,000	
가. 기본재산의 증가	2,300,000,000		4,400,000,000	
2. 재무활동으로 인한 현금유출액	-		-	
Ⅳ. 현금의 증가 (감소)		(735,960,256)		263,564,407
Ⅴ. 기초의 현금 (주석12)		1,652,360,956		1,388,796,549
Ⅵ. 기말의 현금 (주석12)		916,400,700		1,652,360,956

사회복지법인의 경우 현금흐름표는 필수적인 재무제표는 아니지만 통상적으로 정보이용자에게 유용한 정보를 제공한다는 차원에서 필수 재무제표 이외에 추가적으로 작성하여 제공하기도 한다. 아래는 사회복지법인의 현금흐름표 사례를 제시하고 있다. 아래 사례에서 보는 바와 같이 사회복지법인의 현금흐름표는 사회복지법인 재무·회계 규칙에서 정하고 있는 수지계산서와 유사하다. 이는 수지계산서와 현금흐름표가 모두 현금주의에 의하여 작성되기 때문이다.

2. 재무회계이론

회계는 단순한 장부기장을 의미하는 부기와는 다른 개념이며, 기업과 관련된 정보를 다듬어서 정보이용자에게 전달함으로써 그들이 당해 기업과 관련된 의사결정을 하는데 도움을 주는 것을 목적으로 한다. 이를 좀 더 세련되게 표현한다면 회계는 회계정보이용자에게 유용한 정보를 제공하는 것을 목적으로 한다.

모든 학문이 그렇듯이 회계도 일관된 이론을 가지고 있으며, 회계이론을 정립함으로써 현재 발생되는 현상들을 설명하고, 미래에 발생될 현상들을 예측할 수 있다. 아래에서 제시하는 이론들은 일반영리법인이 재무제표를 작성하기 위해서 준수하여야 할 규정이지만 앞에서도 언급했듯이 본서의 목적은 사회복지법인도 일반영리법인과 동일하게 발생주의복식부기를 적용하는 지침을 제공하는 것이므로 이를 제시하는 것이다.

2.1 기본가정

재무제표 작성에 있어서 당연히 받아들이는 명제 또는 전제가 기본가정이며, 발생기준과 계속기업이 이에 해당한다.

(1) 발생기준

재무제표는 그 목적에 부합하기 위하여 발생기준을 적용하여 작성한다. 발생기준에서는 거래나 그 밖의 사건의 영향을 (현금이나 현금성자산의 수취나 지급 시점이 아니라) 발생한 기간에 인식하며 해당기간의 장부에 기록하고 재무제표에 표시한다. 발생기준을 적용하여 작성한 재무제표는 현금의 수지를 수반한 과거의 거래뿐만 아니라 미래에 현금을 지급해야 하는 의무와 현금의 수취가 기대되는 자원에 대한 정보를 이용자에게 제공한다. 따라서 재무제표는 과거의 거래와 그 밖의 사건에 대해 이용자의 경제적 의사결정에 가장 유용한 형태의 정보를 제공한다.

(2) 계속기업

재무제표는 일반적으로 기업이 계속기업이며 예상가능한 기간 동안 영업을 계속할 것이라는 가정 하에 작성된다. 따라서 기업은 그 경영활동을 청산하거나 중요하게 축소할 의도나 필요성을 갖고 있지 않다는 가정을 적용하며, 만약 이러한 의도나 필요성이 있다면 재무제표는 계속기업을 가정한 기준과는 다른 기준을 적용하여 작성하는 것이 타당할 수 있으며 이때 적용한 기준은 별도로 공시하여야 한다.

2.2 재무제표의 질적특성

질적 특성이란 재무제표를 통해 제공되는 정보가 이용자에게 유용하기 위해 갖추어야 할 속성을 말한다. 네 가지의 주요한 질적 특성은 이해가능성, 목적적합성, 신뢰성 및 비교가능성이다.

(1) 이해가능성(understandability)

재무제표 정보가 갖추어야 할 필수적인 특성의 하나는 이용자가 그 정보를 쉽게 이해할 수 있어야 한다는 것이다. 이때 이용자는 경영 및 경제활동과 회계에 대한 합리적인 지식을 가지고 있으며 관련 정보를 분석하기 위하여 합리적인 노력을 기울일 의지가 있는 것으로 가정한다. 그러나 복잡한 내용의 정보이지만 다수 이용자의 경제적 의사결정 목적에 적합하여 재무제표에 포함될 필요가 있는 경우 단지 그 정보가 일부 이용자에게는 너무 어려워서 이해하기 어려울 것이라는 이유만으로 제외하여서는 아니 된다.

(2) 목적적합성(relevance)

정보가 유용하기 위해서는 이용자의 의사결정에 목적적합해야 한다. 목적적합한 정보란 이용자가 과거, 현재 또는 미래의 사건을 평가하거나 과거의 평가를 확인 또는 수정하도록 도와주어 경제적 의사결정에 영향을 미치는 정보를 말한다.

정보의 예측 역할과 확인 역할은 상호 관련이 있다. 예를 들어, 기업이 현재 보유하고 있는 자산규모와 그 구성에 관한 정보는 이용자가 기업의 기회활용능력과 위기대응능력을 예측하는 데 유용한 정보이다. 당해 정보는, 예를 들어, 기업의 예상 조직구조나 계획한 영업의 성과에 대한 이용자의 과거 예측이 적절하였는지를 확인하는 역할을 하기도 한다.

재무상태 및 과거 성과에 대한 정보는 통상적으로 미래의 재무상태와 성과, 그리고 급여 지급능력, 사회복지법인의 의무이행능력과 같이 이용자와 직접적 이해관계가 있는 사안을 예측하는 기초 자료로 이용된다. 정보 자체가 명백한 예측의 형태를 갖추어야만 예측가치가 있는 것은 아니다. 그러나 과거 거래나 사건이 표시되는 방법에 따라 재무제표의 예측능력이 제고될 수 있다. 예를 들어, 수익이나 비용의 비경상적, 비정상적 그리고 비반복적인 항목이 구분 표시되는 경우 포괄손익계산서의 예측가치는 제고된다.

(3) 신뢰성(reliability)

정보가 유용하기 위해서는 또한 신뢰할 수 있어야 한다. 신뢰성 있는 정보란 그 정보에 중요한 오류나 편의가 없고, 그 정보가 나타내고자 하거나 나타낼 것이 합리적으로 기대되는 대상을 충실하게 표현하고 있다고 이용자가 믿을 수 있는 정보를 의미한다.

목적적합한 정보일지라도 성격상 또는 표현상 신뢰성 부족으로 인하여 해당 정보를 인식하는 경우 잠재적으로 오해를 유발할 수 있다. 예를 들어 소송이 진행 중인 손해배상요구액의 타당성과 그 금액에 대한 논란이 있다면, 해당 사회복지법인이 배상요구액과 진행상황을 공시하는 것은 적절할 수 있으나 배상요구액을 전액 재무상태표에 인식하는 것은 부적절할 수 있다.

<u>충실한 표현(faithful representation)</u>

정보가 신뢰성을 갖기 위해서는 그 정보가 나타내고자 하거나 나타낼 것이 합리적으로 기대되는 거래나 그 밖의 사건을 충실하게 표현하여야 한다. 따라서 예를 들어, 재무상태표는 보고기간말 현재 인식기준을 충족하여 기업의 자산, 부채 및 자본으로 귀결되는 거래나 그 밖의 사건을 충실하게 표현해야 한다.

대부분의 재무정보는 나타내고자 하는 대상을 충실하게 표현하지 못할 위험이 있다. 이는 측정에 따른 편의가 있기 때문이 아니라 측정하고자 하는 거래나 그 밖의 사건을 식별하는 데 어려움이 있거나, 그 거래나 그 밖의 사건에 부합되는 정보를 전달하기 위한 측정방법과 표시방법을 고안하고 적용하는 데 본질적인 어려움이 있기 때문이다. 경우에 따라서는 특정 항목의 재무적 영향에 대한 측정이 매우 불확실하기 때문에 기업이 일반적으로 그 항목을 재무제표에 인식하지 않을 수 있다. 그러나 어떤 경우에는 항목을 재무제표에 인식하고 관련된 인식과 측정에 따른 오류의 위험에 대해 공시하는 것이 더 목적적합할 수도 있다.

형식보다 실질의 우선(substance over form)

재무정보가 특정 거래나 그 밖의 사건에 대해 나타내고자 하는 바를 충실하게 표현하기 위해서는 거래나 그 밖의 사건을 단지 법률적 형식만이 아니라 그 실질과 경제적 현실에 따라 회계처리하고 표시하여야 한다. 거래나 그 밖의 사건의 실질은 법률적 형식이나 외관상의 형식과 항상 일치하지는 아니한다. 예를 들어, 특정 사회복지법인이 자산을 다른 기업이나 개인에게 처분하여 서류상으로는 자산의 법률적 소유권을 이전하지만 자산을 처분한 기업이 그 자산이 갖는 미래경제적효익을 계속 향유하기로 합의할 수 있다. 이 경우 해당 거래를 자산의 매각으로 회계처리 한다면 (거래가 실제로 있었더라도) 표현의 충실성을 충족한 것으로 볼 수 없다.

중립성(neutrality)

정보가 신뢰성을 갖기 위해서는 중립적이어야 한다. 즉, 편의가 없어야 한다. 미리 의도된 결과를 달성할 목적으로 특정 정보를 선택하거나 표시하여 이용자의 의사결정이나 판단에 영향을 미친다면 그 재무제표는 중립적이지 않다.

신중성(prudence)

재무제표 작성자는 수취채권의 회수가능성, 공장시설과 설비의 경제적 내용연수와 같이 수많은 사건과 상황에 필연적으로 수반되는 불확실성에 직면한다. 이러한 불확실성은 불확실성의 성격과 범위를 공시하고 재무제표의 작성에 신중을 기함으로써 인식된다. 신중성은 불확실한 상황에서 요구되는 추정에 필요한 판단을 하는 경우, 자산이나 수익이 과대평가되지 않고 부채나 비용이 과소평가되지 않도록 상당한 정도의 주의를 기울이는 것을 말한다. 그러나 신중을 기하더라도 비밀적립금의 창출, 과도한 충당부채의 계상, 고의적인 자산 또는 수익의 과소평가, 부채 또는 비용의 과대평가는 재무제표의 중립성이 상실되어 신뢰성이 없을 수 있으므로 허용되지 아니한다.

완전성(completeness)

재무제표 정보가 신뢰성을 갖기 위해서는 중요성과 원가를 고려한 범위 내에서 완전성을 갖추어야 한다. 정보가 누락되면 그릇되거나 오해를 유발하여 신뢰성이 상실되고 목적적합성을 충족하지 못하는 정보가 제공될 수 있다.

(4) 비교가능성(comparability)

이용자는 한 기업의 재무상태와 성과의 추세를 식별하기 위해 재무제표를 기간별로 비교할 수 있어야 한다. 이용자는 또한 다른 사회복지법인의 상대적인 재무상태와 성과 및 재무상태변동을 평가하기 위해 기업 간 재무제표를 비교할 수 있어야 한다. 따라서 유사한 거래나 그 밖의 사건의 재무적 영향을 측정하고 표시할 때 한 사회복지법인 내에서 그리고 당해 사회복지법인의 기간별로 일관된 방법이 적용되어야 하며, 기업 간에도 일관된 방법이 적용되어야 한다.

비교가능성의 질적 특성이 가지는 중요한 의미는 이용자가 재무제표의 작성에 사용된 회계정책 및 회계정책의 변경과 그 영향에 대해 알 수 있다는 것이다. 이용자는 유사한 거래나 그 밖의 사건에 대해 한 사회복지법인이 기간별로 적용한 회계정책이나 사회복지법인 간에 적용한 회계정책의 차이점을 파악할 수 있어야 한다. 사회복지법인이 한국채택 IFRS를 준수하여 재무제표를 작성(사용한 회계정책의 공시 포함)한다면 비교가능성을 달성하는 데 도움이 될 수 있다.

비교가능성은 단순한 통일성과 혼동되지 않아야 하며, 개선된 회계기준의 도입에 장애가 되지 않아야 한다. 기업이 채택한 회계정책이 목적적합성과 신뢰성의 질적 특성이 확보되지 않았는데도 특정 거래나 그 밖의 사건에 대해 동일한 방법으로 계속 회계처리하는 것은 적절하지 않다. 또한 목적적합성과 신뢰성을 제고할 수 있는 대체적 방법이 있음에도 기존의 회계정책을 유지하는 것도 적절하지 않다.

이용자는 특정 사회복지법인의 재무상태, 성과 및 재무상태변동에 대한 기간별 비교를 원하기 때문에 재무제표는 당해기간과 과거기간의 정보를 비교 표시하는 것이 중요하다.

(5) 목적적합하고 신뢰성 있는 정보에 대한 제약요인(constraints)

적시성(timeliness)

만일 정당한 사유 없이 정보의 보고가 지체된다면 그 정보는 목적적합성을 상실할 수 있다. 경영진은 적시성 있는 보고와 신뢰성 있는 정보 제공의 장점에 대한 상대적 균형을 고려할 필요가 있다. 적시에 정보를 제공하기 위해서는 특정 거래나 그 밖의 사건의 모든 내용이 확인되기 전에 보고할 필요가 흔히 있을 수 있으며, 이로 인해 신뢰성이 훼손될 수 있다. 반면, 모든 내용이 확인될 때까지 보고를 지연할 경우 정보의 신뢰성은 매우 높아질 수 있으나 그 보고시점 이전에 의사결정을 해야 하는 이용자에게는 거의 유용하지 않은 정보가 될 수 있다. 신뢰성과 목적적합성이 균형을 이루기 위해서는 이용자의 경제적 의사결정 요구를 어떻게 최대한 충족시킬 수 있느냐를 우선 고려하여야 한다.

효익과 원가간의 균형(balance between benefit and cost)

효익과 원가 간의 균형은 질적 특성이라기보다는 포괄적 제약요인이다. 특정 정보에서 기대되는 효익은 그 정보를 제공하기 위하여 소요되는 원가보다 커야 한다. 그러나 효익과 원가에 대한 평가에는 상당 부분 판단이 필요하다. 더욱이 정보의 효익을 향유할 수 있는 이용자가 반드시 그 원가를 부담하지는 않는다. 정보의 제공 대상이 아닌 다른 이용자가 그 효익을 향유할 수도 있다. 예를 들어, 대여자에게 상세한 정보를 제공함으로써 기업의 차입원가를 낮출 수 있는 경우이다. 이 같은 이유로 어떤 특정 사례에 대해서는 원가-효익 분석을 적용하기가 쉽지 않다. 그럼에도 불구하고 재무제표의 작성자와 이용자 그리고 특히 기준제정자는 원가와 효익의 제약요인을 고려하여야 한다.

질적특성 간의 균형(balance between qualitative characteristics)

전술한 질적특성 간에 상충이 발생할 수 있다. 특히 목적적합성과 신뢰성간의 상충관계가 두드러진다. 예를 들어 예측정보는 미래의 예측가능성을 높인다는 면에서 목적적합한 회계정보지만, 추정이 개입되기 때문에 신뢰성은 낮다. 신뢰성 높은 회계정보를 제공하고자 한다면 예측가치가 있는 정보는 제공되기 어려울 것이다. 또한 분기재무제표는 계절적 특성을 포함하고 있기 때문에 전체적인 연간재무제표의 특성을 반영하지 못한다. 따라서 신뢰성 높은 회계정보를 제공하고자 한다면 분기재무제표를 공시하지 않아야 할 것이다. 또 다른 사례로서 유형자산을 역사적원가로 평가하면 측정의 신뢰성은 높아질 수 있으나 당해 유형자산의 가격변동을 알 수 없으므로 목적적합성은 낮아질 수 있다. 그러나 금융상품에 대한 공정가치를 추정하여 인식할 경우 목적적합성을 높아질 수 있으나, 추정의 신뢰성에 문제가 있을 수 있다.

질적특성 간의 상충은 비교가능성과 신뢰성 · 목적적합성 사이에서도 발견할 수 있다. 예를 들어 전기까지 적용하여 오던 회계정책을 당기에 다른 회계정책으로 변경하면서 비교식으로 공시되는 전기재무제표를 변경후의 회계정책을 적용하여 재작성한다면 기간별 비교가능성은 유지되지만, 이미 공표된 전기재무제표를 수정하기 때문에 신뢰성이 낮아지는 문제가 발생한다. 반면, 전기재무제표를 재작성하지 않는다면 신뢰성은 유지될 수 있으나 기간별 비교가능성은 낮아지며, 더 나아가 의사결정에 목적적합하게 이용되지 못할 수 있다.

일반적으로 재무제표의 목적을 달성하기 위해 질적특성 간에 적절한 균형을 이루는 것을 목표로 한다. 이때 서로 다른 사례에서 어떤 질적특성을 우선적으로 고려할 것인지는 전문적 판단사항이다.

제 4 장 자 산

1. 현금 및 현금성자산
2. 금융자산
3. 유형자산

자산과 관련된 회계처리

CHAPTER 04

1. 현금 및 현금성자산

1.1 현금 및 현금성자산의 의의

현금 및 현금성자산 계정에는 통화, 통화대용증권, 당좌예금 · 보통예금 등의 요구불예금 및 현금성자산이 포함된다.

현금은 사회복지법인이 보유하고 있는 자산 중 유동성이 가장 높은 자산으로 통화는 물론 타인발행의 수표, 우편환, 만기일이 도래한 사채이자표, 배당금지급통지표, 송금환 등을 포함한다. 그러나 우표, 엽서, 수입인지 등은 현금에 포함되지 않는다. 이러한 현금은 다른 자산에 비해 오류나 부정이 발생하기 쉽고, 보관 중 분실가능성이 높기 때문에 사회복지법인 내의 업무분담이나 회계절차는 이러한 손실을 가능한 한 방지하도록 조직되어야 한다. 이를 내부통제제도(ICS : Internal Control Systems)라고 하는데, 이 제도하에서는 모든 현금을 즉시 은행에 예금하고 지출은 수표를 발행하여 지급하는 것을 원칙으로 하고 있다.

위에서 설명한 현금, 요구불예금, 현금성자산을 단일계정인 현금 및 현금성자산으로 나타내는 이유는 유동성 등의 경제적 관점에서 모두 현금과 같은 성격을 지니고 있기 때문에 재무보고의 간결성 및 명료성에 근거하여 하나의 계정으로 나타낸 것이라고 볼 수 있다.

사용할 계정과목에 대한 해설

사회복지법인은 내부관리 목적으로 현금, 당좌예금, 보통예금, 정기예금, 정기적금 및 유가증권 등과 같은 세부계정을 사용한다. 그러나 외부보고용으로 재무상태표를 작성할 때에는 현금과 그 실질이 같은 계정을 "현금 및 현금성자산" 계정으로 통합하여 표시하여야 한다.

1.2 소액현금

위에서 설명한 바와 같이 현금은 즉시 은행에 예금하고 지출은 수표를 발행하는 것이 원칙이다. 그러나 일상적인 사회복지법인활동에서 사소하고 반복적으로 발생하는 거래에 대해서도 이 원칙을 적용한다면 어떻게 될까?

A라는 복지법인이 사무용품을 구입한다고 해보자. 볼펜이나 지우개 등을 구입할 때마다 수표를 발행한다면 판매자나 구매자 모두 불편할 것이다. 그러므로 사회복지법인은 일상적이고 반복적으로 발생하는 거래에 대비하여 보통 일정한 금액을 인출하여 현금으로 보관하게 되는데 이를 소액현금이라 한다. 소액현금제도에는 매기마다 소액현금의 자금이 변동하지 않는 정액자금전도제(imprest system)와 수시로 자금을 변동시키는 수시보충제(petty cash system)가 있다.

<분개의 예>

- 당좌예금 ₩100,000을 인출하여 소액현금으로 사용하였다.

(차)	소 액 현 금	100,000	(대)	당 좌 예 금	100,000

- 상기 소액현금 중 ₩30,000을 소모품비 ₩18,000와 운반비 ₩12,000로 사용하였다.

(차)	소 모 품 비	18,000	(대)	소 액 현 금	30,000
	운 반 비	12,000			

1.3 현금과부족

일정시점에 사회복지법인이 금고 속에 보유하고 있는 현금의 실제잔액과 장부상의 현금잔액이 일치하지 않는 경우에는 임시계정인 현금과부족

계정을 설정하여 양자를 일치시킨 후, 차이의 원인을 밝히는 노력을 해야 한다. 추후에 현금의 과부족 원인이 밝혀지면 해당계정으로 대체하고, 결산시점까지 그 원인을 찾지 못한 경우에는 포괄손익계산서의 잡이익이나 잡손실로 대체한다.

현금과부족 계정은 현금의 차이를 파악하기 위한 임시계정이므로 재무제표에 표시할 수 없다.

〈현금 부족시〉

	(차)	현금과부족	×××	(대) 현 금	×××

〈현금 과다시〉

	(차)	현 금	×××	(대) 현금과부족	×××

〈원인 불명시〉

	(차)	잡 손 실	×××	(대) 현금과부족	×××
OR	(차)	현금과부족	×××	(대) 잡 이 익	×××

1.4 당좌예금과 당좌차월

사회복지법인은 현금을 은행에 입금시켜 놓고 필요할 때마다 수시로 수표를 발행할 수 있는 당좌예금을 이용한다.[1] 당좌예금은 사회복지법인의 요구에 의해 언제든지 인출이 가능하기 때문에 현금으로 분류된다. 한편 사회복지법인은 은행과 당좌차월 계약을 맺어 사회복지법인이 당좌예금잔액을 초과하여 수표를 발행하더라도 일정 한도까지는 수표대금을 은행이 대신 지급하게 할 수 있다. 이때 당좌예금잔액을 초과하여 수표를 발행할 경우 당좌차월이라는 부채계정을 설정한다. 추후에 당좌계좌에 입

1) 사회복지법인의 재무 · 회계 규칙 제29조는 동법인의 지출에 대해서 다음과 같이 규정하고 있다.
① 지출은 상용의 경비 또는 소액의 경비 지출을 제외하고는 금융기관의 수표로 행하거나 예금통장에 의하여 행하여야 한다.
② 지출원은 상용의 경비 또는 소액의 경비지출을 위하여 100만원 이하의 현금을 보관할 수 있다.

금을 할 경우 우선적으로 당좌차월과 상계하고, 결산시점까지 상계되지 아니한 당좌차월은 단기차입금(유동부채) 계정으로 대체한다.

■ 당좌예금의 특징

당좌예금은 이자를 지급하지 않는 것이 일반적이다. 당좌예금의 예입은 현금으로 가능하지만 당좌예금의 인출은 수표의 발행이나 어음의 결제로만 가능하며 현금으로의 인출은 불가능하다.

1.5 은행계정조정표

사회복지법인은 대금을 지급해야 할 거래가 발생할 때 당좌수표를 발행하여 거래상대방에게 교부해 주고, 당좌예금 장부에 그 금액만큼 감소(출금)의 회계처리를 할 것이다. 한편 거래처로부터 판매 대금 등을 수표로 받아서 이를 당좌예금 계좌에 입금시키고, 당좌예금 장부에 그 금액만큼 증가(입금)의 회계처리를 할 것이다. 그런데 예를 들어 특정 시점 현재 회사의 당좌예금 장부상 잔액이 100만원이라고 할 때, 은행에 사회복지법인의 당좌예금 계좌의 잔액을 조회하면 역시 100만원이 되어야 하는데, 어떤 경우에는 양자의 금액이 일치하지 않을 수도 있다.

사회복지법인이 거래처에 당좌수표를 발행하면 거래처에서 이 수표를 받아서 은행에 제시해야 당좌수표를 발행한 회사의 계좌에서 출금이 된다. 예를 들어 사회복지법인이 12월 31일에 수표를 발행하였고, 그 수표를 받은 거래처는 다음 연도 1월 2일에 수표를 은행에 제시하였다고 가정하자. 사회복지법인은 12월 31일에 당좌예금 장부에서 감소(출금)의 회계처리를 하겠지만, 은행의 당좌예금 계좌에서는 다음 연도 1월 2일에 출금이 되기 때문에 12월 31일을 기준일로 하여 은행의 당좌예금 잔액을 조회한다면 사회복지법인의 당좌예금 장부잔액과 일치하지 않게 된다.

이 밖에도 여러 가지 이유로 인하여 사회복지법인의 당좌예금 장부잔액과 은행측 당좌예금 잔액이 일치하지 않을 수 있는데, 사회복지법인은 당좌예금의 통제목적을 위하여 수시로 양자의 일치여부를 파악하는 것이 필요하다. 사회복지법인측과 은행측 당좌예금 장부잔액이 일치하지 않을 때 그 원인을 찾아서 양자의 잔액을 일치시키기 위한 조정표를 작성할 수 있는데, 이때 사용되는 조정표 양식을 은행계정조정표라고 한다.

사회복지법인측 당좌예금잔액과 은행측 당좌예금잔액이 일치하지 않는 원인은 다음과 같다.

기발행미인출수표	사회복지법인측에서는 수표를 발행하였으나 은행측에서 아직 기입하지 않은 경우
미기입예금	사회복지법인측에서는 예입한 것으로 기입하였으나 은행측에서는 아직 기입하지 않은 경우
은행수수료	사회복지법인과 은행간의 당좌거래나 차입거래에서 발생하는 수수료로써 은행측에서는 기입하였으나 사회복지법인측에서 아직 기입하지 않은 경우
추심어음	사회복지법인의 받을 어음을 은행이 대신하여 추심하여 당좌예금에 가산하였으나 사회복지법인측에서는 아직 통보를 받지 못하여 기입하지 않은 경우
부도어음과 부도수표	사회복지법인측이 수표를 발행한 회사측에 결재를 요청했을 때 잔액의 부족으로 지급이 거절된 어음 또는 수표로써 은행측에서는 사회복지법인의 당좌예금에서 차감하였으나 사회복지법인측에서는 아직 통보를 받지 못하여 기입하지 않은 경우
오류	은행이나 사회복지법인 양측에서 기장상의 오류를 범한 경우

은행계정조정표를 작성하는 방법에는 다음과 같은 방법이 있다.

① 은행측 잔액과 사회복지법인측 잔액을 모두 조정하는 방법

② 은행측 잔액만 조정하는 방법

③ 사회복지법인측 잔액만 조정하는 방법 등

여기서 ①의 방법이 가장 바람직하다. 은행계정조정표를 작성한 후에 사회복지법인은 올바른 사회복지법인 잔액으로 표시하기 위하여 수정분

개를 하여야 한다.

예제 은행계정조정표

위에서 설명한 은행과 사회복지법인측 잔액을 모두 조정하는 방법의 은행계정조정표는 다음과 같이 도식화할 수 있다. 사회복지법인은 회사측 조정사항에 대해서만 장부에 수정분개를 반영한다.

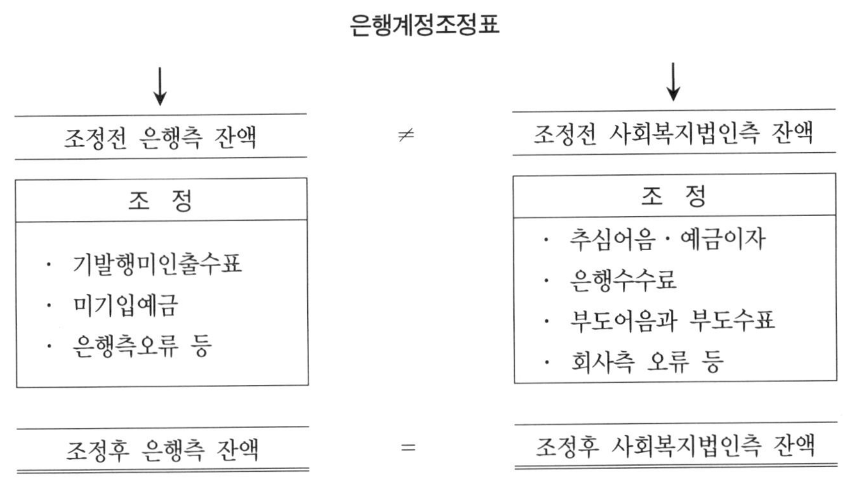

20×5년 12월 31일 현재 A복지법인의 당좌예금계정의 잔액은 ₩450,000인데, 은행으로부터 수령한 A복지법인의 은행조회서상의 잔액은 ₩1,080,000으로 기록되어 있었다. 자이에 대한 원인은 나음과 같은 것으로 밝혀졌다.

① A복지법인이 12월 29일에 발행한 수표 ₩470,000이 은행에서 아직 인출되지 않았다.

② 은행이 12월 31일에 추심한 받을어음 ₩200,000을 A복지법인에서 아직 기입하지 않았다.

③ 12월 중 은행수수료 ₩40,000이 발생하였으나 복지법인에서는 아직 기입하지 않고 있다.

요구사항

은행계정조정표를 작성하고 필요한 분개를 하라.

해 설

은행계정조정표
20×5년 12월 31일

A복지법인

법 인 측 잔 액	₩450,000
가 산 : 추 심 어 음	200,000
차 감 : 은 행 수 수 료	(40,000)
올 바 른 잔 액	₩610,000
은 행 측 잔 액	₩1,080,000
차 감 : 기발행미인출수표	(470,000)
올 바 른 잔 액	₩610,000

<수정분개>

(차) 당 좌 예 금 200,000 (대) 받 을 어 음 200,000

(차) 수 수 료 비 용 40,000 (대) 당 좌 예 금 40,000

2. 금융자산

금융자산은 타회사의 지분(예를 들면, 주식)을 소유할 경우 지분증권과 타회사가 발행한 사채 및 정부·지방자치단체가 발행한 국·공채를 소유한 경우 채무증권으로 구분된다.

2.1 금융자산의 의의

사회복지법인이 경영활동을 수행하는 과정에서 적정수준의 현금이나 당좌예금 등의 자산 보유는 필수적이다. 그러나 현금이나 당좌예금 등의 보유수준이 지나치게 높은 경우에는 효율적인 경영이라는 측면에서 바람직하지 않다. 왜냐하면, 현금이나 당좌예금 등은 수익이 발생되는 자산이 아니기 때문이다. 따라서 사회복지법인이 적정수준 이상의 여유자금을 보유하고 있을 경우에는 이 자금을 주식이나 채권 등의 유가증권에 투자할 필요가 있다. 이외에도 특정기업의 경영권을 지배하기 위해서 그 기업의 주식을 취득하는 경우도 있으며, 유형자산 취득과정에서 불가피하게 채권을 취득하는 경우도 발생한다. 하지만 사회복지법인의 경우는 특정기업의 경영권을 지배하기 위해서 주식을 취득하는 경우는 거의 없을 것이다.

유가증권은 소위 주식이나 채권(국가가 발행하는 국채, 지방자치단체가 발행하는 공채, 일반회사가 발행하는 회사채 등이 있다) 등 재산권을 나타내는 증권을 말하는데 한국채택 IFRS에서는 주식을 지분증권(equity securities)이라 하고, 채권을 채무증권(debt securities)이라고 한다. 사회복지법인의 경우는 채무증권보다는 지분증권을 보유하고 있는 것이 일반적이다.

2.2 금융자산의 계정분류

한국채택 IFRS에서는 주식이나 채권을 취득하였을 경우 이를 유가증권이라는 계정으로 회계처리하지는 않는다. 왜냐하면 유가증권은 그 성격 및 기업의 취득목적이 다양하기 때문에 주식이나 채권을 일률적으로 유가증권 계정으로 표시하기는 곤란하다. 따라서 주식이나 채권을 취득하였을 때 이를 단기손익인식금융자산(financial asset at fair value through profit or loss), 매매금융자산(hold for trading), 매도가능금융자산(available-for-sale financial assets), 만기보유금융자산(held-to-maturity investments) 중에 하나의 계정으로 회계처리한다. 이들 계정을 어떤 경우에 사용하는지 요약하면 다음과 같다.

계　정	사 용 기 준	재무상태표 표시
당기손익인식 금융자산	단기간 내의 매매차익을 목적으로 주식과 채권을 취득하였을 경우 당기손익인식금융자산으로 회계처리한다.	유동자산

만 기 보 유 금 융 자 산	사회복지법인이 채권을 취득하였는데 당해 채권을 만기까지 보유할 적극적인 의도와 능력이 있다면 만기보유금융자산으로 회계처리한다. 주식은 만기 개념이 없기 때문에 만기보유금융자산으로 분류될 수 없다. 사회복지법인은 만기보유금융자산으로 분류되는 경우가 드물다.	비유동자산
매 도 가 능 금 융 자 산	당기손익인식금융자산 및 만기보유금융자산으로 분류되지 않는 주식과 채권은 매도가능금융자산으로 회계처리한다.	비유동자산

2.3 금융자산의 취득원가

금융자산의 취득원가는 금융자산을 취득하기 위하여 제공한 대가에 취득부대비용을 포함한 가액으로 한다. 취득부대비용이란 당해 자산의 순수 구입대금 이외에 당해 자산을 취득하는 과정에서 추가적으로 발생하는 비용을 말하는데, 금융자산 취득시 매매수수료 등이 금융자산의 취득부대비용이다. 금융자산을 취득하였을 때 분개는 다음과 같다.

(차)	당기손익인식금융자산	×××	(대)	현 금	×××*
or	매도가능(만기보유)금융자산	×××			

* 취득부대비용을 포함한 금액

2.4 금융자산의 기말평가

당기 중에 취득한 주식이나 채권을 기말(결산일)까지 계속 보유하고 있을 경우 당해 주식이나 채권의 기말 시가는 취득시점의 시가와 다를 수 있다. 즉, 취득원가에 비해 기말 시가가 오를 수도 있고 내릴 수도 있는데, 회계에서는 이와 같이 시가변동으로 인하여 발생한 이익이나 손실을 인식해야 하는지에 대해서 이견이 있을 수 있다. 시가가 변동되었음에도 불구하고 최초 취득원가를 그대로 기말 재무상태표가액으로 회계처리하는 방법을 원가법이라고 부른다. 반면 시가변동분만큼 이익 또는 손실을 인식하여 기말현재 공정가액을 재무상태표가액으로 회계처리하는 방법을 공정가액법이라고 부른다.

한국채택 IFRS에서는 당기손익인식금융자산이나 매도가능금융자산을 기말현재 보유하고 있을 때 공정가액변동분을 이익 또는 손실로 인식하는 공정가액법을 적용하도록 규정하고 있다. 왜냐하면 결산일 현재의 공정가액이 취득원가와 다름에도 불구하고 취득원가를 재무상태표가액으로 보고한다는 것이 논리적으로 맞지 않기 때문이다. 아래에서 당기손익인식금융자산과 매도가능금융자산의 기말평가에 대해서 설명한다.

(1) 당기손익인식금융자산

당기손익인식금융자산은 기말 현재 공정가액을 재무상태표가액으로 하고, 취득원가와 기말공정가액의 차이를 당기손익인식금융자산평가이익 또는 당기손익인식금융자산평가손실로 회계처리한다. 기말에 당기손익인식금융자산을 평가할 때 분개는 다음과 같다.

(자)	당기손익인식금융자산	×××	(대)	당기손익인식금융자산평가이익	×××
또는					
(차)	당기손익인식금융자산평가손실	×××	(대)	당기손익인식금융자산	×××

위의 분개에서 당기손익인식금융자산평가이익(손실)은 포괄손익계산서의 기타비용으로 처리한다.

(2) 매도가능금융자산

매도가능금융자산의 기말 현재 공정가액을 재무상태표가액으로 하고,

장부가액과 기말공정가액의 차이를 매도가능금융자산평가이익 또는 매도가능금융자산평가손실로 회계처리한다. 매도가능금융자산의 기말평가의 분개는 다음과 같다.

(차) 매 도 가 능 증 권	×××	(대) 매도가능금융자산평가이익	×××
또는			
(차) 매도가능금융자산평가손실	×××	(대) 매 도 가 능 증 권	×××

위의 분개에서 매도가능금융자산평가이익(손실)은 포괄손익계산서에 표시되는 계정이 아니라 재무상태표의 자본항목 중 자본조정에 표시되는 계정이다. 따라서 다음 연도로 이월되어 증가 또는 감소를 계속 반영해야 한다.

당기손익인식금융자산평가이익(손실)은 포괄손익계산서상 기타비용으로 반영함으로써 당기순이익에 영향을 미치는 회계처리를 하지만, 매도가능금융자산평가이익(손실)은 재무상태표에 반영함으로써 당기순이익에 영향을 주지 않는 회계처리를 하는 이유는 무엇일가? 일반적으로 재무제표이용자는 당기순이익 수치를 이용하여 미래의 현금흐름을 예측한다. 그런데 당기손익인식금융자산은 단기간 내에 매매가 이루어질 금융자산이므로 결산일 현재 공정가액변동으로 인한 손익을 당기순이익에 반영함으로써 미래의 현금흐름이 어떻게 변동될지 회계정보이용자에게 미리 보여줄 필요가 있다. 그러나 매도가능금융자산은 단기간 내에 매매가 이루어질 금융자산이 아니므로 이들의 공정가액변동으로 인한 손익을 굳이 당기순이익에 반영하면 오히려 미래의 현금흐름 예측을 잘못하게 할 수 있다. 따라서 한국채택 IFRS에서는 매도가능금융자산평가이익(손실)을 재무상태표의 자본 중 자본조정으로 회계처리하도록 규정한 것이다.

그러면 시가법과 공정가액법은 동일한 방법인가? 시가법에서의 시가란 시장가격(market value)을 의미하는 것으로서 공정가액(fair value)의 한

종류이다. 특정 자산의 시장가격이 존재할 경우에는 시가가 공정가액이나, 시장가격이 존재하지 않는다면 다른 합리적인 방법에 의해 공정가액을 측정할 수도 있다. 따라서 한국채택 IFRS에서는 보다 넓은 의미를 함축하는 공정가액이라는 용어를 사용하는데, 회계원리에서는 굳이 시가와 공정가액을 구분할 필요는 없다.

2.5 금융자산의 처분

회사는 필요에 따라 보유하고 있던 금융자산을 처분하여 현금을 확보하기도 한다. 금융자산을 처분하는 경우 금융자산의 처분가액이 처분 당시의 장부가액보다 크면 처분이익이 발생하고, 금융자산의 처분가액이 처분 당시의 장부가액보다 작으면 처분손실이 발생한다.

금융자산 처분의 회계처리를 할 때 유의할 점은 매도가능금융자산을 처분할 때 자본조정으로 계상되어 있는 관련 매도가능금융자산평가이익(손실)도 함께 제거해야 한다는 점이다. 그러나 당기손익인식금융자산의 경우에는 평가이익(손실)은 포괄손익계산서상 기타비용으로 처리되었기 때문에 당해 당기손익인식금융자산을 처분할 때 고려해야 할 점은 없다.

당기손익인식금융자산 및 매도가능금융자산(매도가능자산평가이익이 존재하는 것을 가정)을 처분할 때의 회계처리는 다음과 같다.

(차)	현　　　금	×××	(대) 매도가능금융자산평가이익	×××
			당기손익인식금융자산처분이익	×××
또는				
(차)	현　　　금	×××	(대) 매도가능증권	×××
(차)	매도가능금융자산평가이익	×××*	(대) 매도가능금융자산처분이익	×××

* 자본조정에 매도가능금융자산평가차손이 계상되어 있다면 대변에 기재한다.

3. 유형자산

3.1 유형자산의 의의

사회복지법인은 사업활동을 하는 과정에서 여러 가지 자산들을 사용한다. 사무용 비품에서부터 건물에 이르기까지 여러 자산들을 사용하게 되는데, 이러한 자산들을 유형자산이라고 한다. 이 정의에 대해서 좀더 구체적으로 설명하기로 한다.

첫째, 유형자산이 되기 위해서는 기업이 정상적인 사업활동에 사용할 목적으로 보유하고 있어야 한다.

둘째, 자산은 물리적 실체의 유무에 따라 구분되는데 유형자산은 물리적인 실체나 형태가 존재하는 자산인 반면, 다음에서 설명할 무형자산은 물리적 실체나 형태가 존재하지 않는 자산이다.

셋째, 1년을 초과하여 사용할 것이 예상되어야 유형자산으로 구분된다. 1년을 초과하여 사용하지 못할 것으로 예상된다면 취득시 비용으로 처리한다.

3.2 유형자산의 인식과 취득원가의 결정

유형자산을 인식하기 위해서는 전술한 유형자산의 정의를 충족하면서 다음의 두 가지 인식조건을 모두 충족하여야 한다.

① 자산으로부터 발생하는 미래경제적효익이 기업에 유입될 가능성이 높다. ② 자산의 원가를 신뢰성 있게 측정할 수 있다.

유형자산의 취득원가는 다른 자산에 비해 금액이 크고 취득시에 여러 부대비용이 수반되며, 취득원가가 미래 상당기간에 걸쳐 감가상각비로 배분되어 비용화되기 때문에 재무제표에 미치는 영향이 중요하다. 따라서

유형자산의 취득원가 결정문제는 다른 자산에 비하여 중요하게 부각된다.

유형자산의 취득원가는 그 자산을 기업이 본래 의도한 용도에 사용하기까지 소요된 모든 지출액(취득부대비용)을 포함하는 금액으로 결정한다. 유형자산을 취득하는 방법에는 외부구입, 일괄구입, 증여 및 무상취득, 자가건설, 현물출자 등이 있는데 자가건설과 현물출자는 사회복지법인에서는 거의 발생하지 않는 방법이다. 유형자산를 증여 및 무상취득한 경우의 취득원가는 유형자산의 공정가액으로 계상한다.

3.3 유형자산의 취득시 회계처리

사회복지법인이 유형자산을 취득하였을 경우 다음과 같이 회계처리한다.

(차) 유형자산(검물등의 구체적 계정과목) ××× (대) 현 금 등 ×××

3.4 유형자산의 취득 후 지출

유형자산 취득·완성 후 사용과정 중에도 당해 자산과 관련하여 여러가지 지출이 발생할 수 있는데, 이 지출을 당해 자산의 취득원가에 산입하는가? 아니면 당기비용으로 처리하는가? 하는 판단의 문제가 발생한다. 취득 후 사용 중에 발생한 특정지출로 인하여 당해 유형자산의 경제적 효익이 증가되었다면, 이는 지출연도에 모두 비용으로 처리하는 것보다 자산의 취득원가에 가산한 후 미래의 여러 기간에 걸쳐 비용으로 배분하는 회계처리가 타당하다. 그러나 특정지출로 인하여 당해 유형자산의 경제적 효익이 변동되지 않았다면 전액 당기비용으로 회계처리하는 것이 타당하다.

회계에서는 유형자산 취득 후의 지출을 자산의 취득원가에 산입하면 이를 자본적 지출(capital expenditure)이라고 하는데, 대표적인 예는 내용연수연장이다. 발생기간의 비용으로 처리하는 것을 수익적 지출(revenue expenditure)이라고 하며, 당초 예상했던 성능수준을 회복하거나 유지·보수·수리를 위한 지출이 이에 해당한다. 자본적 지출과 수익적 지출의 구분기준은 다음의 그림과 같다.

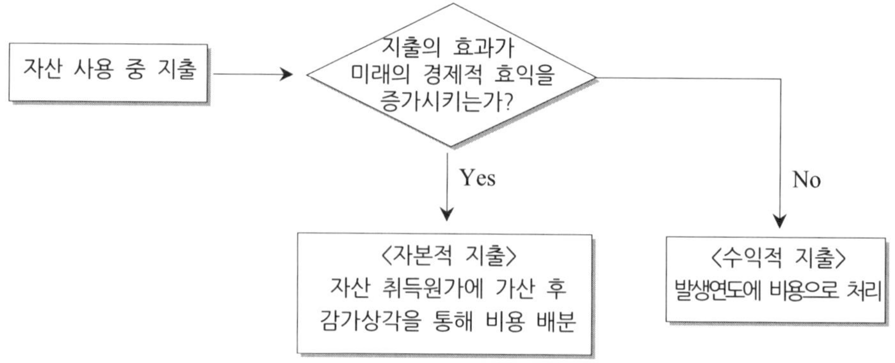

각 경우의 회계처리는 다음과 같다.

〈자본적 지출〉

(차)	유 형 자 산	×××	(대)	현 금	×××

〈수익적 지출〉

(차)	비 용	×××	(대)	현 금	×××

3.5 감가상각

토지를 제외한 유형자산은 정상적인 사업활동에 사용되면서 용역잠재력(또는 미래의 경제적 효익)이 소멸된다. 특정 지출로 인하여 용역잠재력이 당기에 모두 소멸되거나 미래에 소멸될 것이라는 명확한 확신이 없는 한, 당해 지출은 당기에 전액 비용으로 처리한다. 그러나 지출 이후 상당기간(1년 이상)에 걸쳐 지출의 효과가 소멸된다면 당해 지출은 비용이 아닌 자산(미소멸원가)으로 처리하고, 소멸될 것으로 예상되는 기간

동안에 걸쳐 비용(감가상각비)으로 처리하는 것이 합리적이다.

- ◆ 지출로 인한 용역잠재력이 당기에 소멸 → 비용으로 처리
- ◆ 지출로 인한 용역잠재력이 상당기간(1년 이상)에 걸쳐 소멸
  → 지출시 자산처리
  → 이후 상당기간에 걸쳐 소멸되었다고 추정되는 금액을 비용으로 처리
  → 미소멸된 잔액은 매각시(또는 폐기시)비용으로 처리

취득한 자산에 대한 효용이 감소하는 요인으로는 크게 물리적 요인과 경제적 요인이 있다.

물리적 요인이란 유형자산의 사용 및 시간의 경과에 따른 자산의 마멸이나 화재와 같은 우발적 사고 등으로 인한 파괴 등을 말한다. 일반적으로 토지를 제외한 대부분의 유형자산은 수익획득과정에 이용됨에 따라 경제적 효익이 감소한다. 그러나 각 사회복지법인이 채택하는 수선 및 유지정책이 다양하므로 동일한 자산이라 할지라도 물리적 내용연수는 동일하지 않을 수 있다.

경제적 요인이란 진부화, 부적합화 및 경제적 여건의 변동 등을 말한다. 진부화란 보다 효율적이고 개선된 대체품이 나타남에 따라 현존하는 유형자산이 구식화되는 것을 의미한다. 예를 들면 컴퓨터의 경우 새로운 세대의 컴퓨터가 개발됨에 따라 전세대의 컴퓨터는 경제적으로 진부화된다. 부적합화란 사회복지법인이 급격히 성장하여 현재 보유중인 자산으로서는 업무를 수행할 수 없는 상태에 이르게 되는 것을 말한다. 경제적 여건의 변동에 따라 특정자산의 경제적 효익이 소멸하는 경우도 있다. 경제적 여건의 변동에는 물가상승, 에너지 위기, 소비자의 기호변동 등이 포함된다.

이와 같이 유형자산의 경제적 효익의 감소원인은 다양하고 복합적이므로 회사가 유형자산의 경제적 효익의 소멸분을 직접 관찰하여 화폐금액

으로 측정하기는 어렵다. 따라서 유형자산의 경제적 효익의 소멸분을 합리적이고 체계적인 방법으로 배분하여 비용화하는 절차가 필요하며, 이를 감가상각(depreciation)이라고 한다. 즉, 감가상각이란 수익과 비용의 적정한 대응을 위해서 당해 자산의 경제적 내용연수 동안 취득원가를 합리적이고 체계적인 방법으로 배분하여 비용으로 인식하는 과정을 말한다. 감가상각은 원가의 배분과정이지 자산의 평가과정이 아님에 유의하여야 한다. 따라서 감가상각비는 자산의 장부가액이 공정가액에 미달하더라도 계속하여 인식한다.

(1) 감가상각의 기본요소

특정 회계연도의 감가상각비를 계산하기 위해서는 다음의 3가지 기본요소가 먼저 결정되어야 한다.

■ 감가상각의 기본요소

① 감가상각대상금액 : 당해 유형자산을 이용하는 기간동안 총 얼마의 비용을 인식하여야 하는가? ⇨ 취득원가 - 잔존가액
② 내용연수 : 얼마의 기간동안 비용을 인식하는가?
③ 감가상각방법 : 매 회계연도별로 인식하는 비용은 얼마로 하는가? ⇨ 정액법, 체감법(예: 정률법 등), 연수합계법, 생산량비례법 등

(2) 감가상각방법

상기에서 살펴본 감가상각의 기본요소 중 감가상각방법을 자세히 살펴보고자 한다. 감가상각은 당해 자산을 사용하기 시작한 때부터 발생한다고 보는 것이 타당하다. 즉, 기중에 취득 또는 처분하는 유형자산의 감가상각비는 사용된 기간에 해당되는 감가상각비만 계상하는 것이 원칙이다.

감가상각방법은 정액법, 정률법, 이중체감법, 연수합계법, 생산량비례법 등이 있다. 사회복지법인의 경우는 대부분이 정액법과 정률법을 사용하므로 본서에서는 이 두 가지 방법에 대해서 설명한다.

정액법

이 방법은 유형자산의 내용연수에 걸쳐 매기 균등하게 감가상각비를 인식하는 방법으로서 시간의 경과에 따라 자산의 가치가 일정하게 감소되는 경우 적합한 방법이다. 정액법에 의한 연간 감가상각비는 다음과 같이 계산한다.

$$감가상각비 = \frac{취득원가 - 잔존가액}{내용연수}$$

정률법

정률법에 의한 연간 감가상각비는 다음과 같이 계산한다. 여기서 감가상각률(정률)은 내용연수 동안 감가상각률에 따라 감가상각하면 내용연수가 경과한 후에는 장부가액이 잔존가액으로 수렴하도록 고안된 것이다. 정률법하에서는 매기 인식할 감가상각비는 체감하지만 감가상각률($= \frac{당기감가상각비}{기초장부가액}$)은 내용연수 동안 매기 동등하다.

$$감가상각비 = 기초장부가액 \times 감가상각률(정률)^{*}$$

$^{*}감가상각률(정률) = \frac{당기감가상각비}{기초장부가액} = 1 - \sqrt[n]{\frac{잔존가액}{취득원가}}$ (n : 내용연수)

3.6 감가상각의 회계처리

감가상각의 회계처리에는 감가상각비를 유형자산에서 직접차감하는 직접법과 감가상각누계액 계정을 사용하는 간접법이 있는데, 회계기준상 유형자산의 감가상각비는 간접법만이 인정된다.

(차) 감 가 상 각 비	×××	(대) 감가상각누계액	×××

감가상각누계액은 해당 유형자산의 취득원가에서 차감하는 형식으로 표시한다. 예를 들어 건물의 감가상각누계액의 재무상태표 표시방법은 다음과 같다. 여기서 유형자산의 취득원가에서 감가상각누계액을 차감한 잔액을 장부가액이라고 한다.

재무상태표

건　　　　물	×××	
감가상각누계액	(×××)	
	×××	

그러나 사회복지법인의 경우 사회복지법인 재무·회계규칙에서 유형자산을 취득하는 경우 이를 자산취득비라는 비용으로 처리하도록 하고 있으며, 이는 일반적으로 인정된 회계기준에는 맞지 않는다. 따라서 사회복지법인 재무·회계규칙과 일반적으로 인정된 회계기준을 모두 충족하기 위하여 실무적으로는 「과학기술부 출연연구기관 회계처리지침」에 따라 다음과 같이 회계처리한다.

(차) 자 산 취 득 비	×××	(대) 현　금　등	×××
(차) 유　형　자　산	×××	(대) 자 본 잉 여 금	×××

영리법인의 경우 감가상각비를 계상하여야만 경영성과를 제대로 측정할 수 있다는 측면에서 감가상각비를 비용 또는 제조원가로 계상하고 있지만 비영리법인의 경우 경영성과의 올바른 측정이란 목적은 바람직하지 않다. 따라서 과학기술부에서는 「과학기술부 출연연구기관 회계처리지침」

을 발표하여 당해 유형자산을 감가상각할 때 감가상각비라는 비용으로 계상하지 아니하고 다음과 같이 자산을 취득할 때 계상해 두었던 자본잉여금에서 직접 차감하도록 규정하고 있다. 이러한 회계처리는 비영리기관의 회계처리가 명확한 미국에서 채택하고 있는 것으로 대부분의 정부출연 비영리기관에서도 이를 따르고 있다. 즉, 자산취득 등의 자본적 지출액이 발생할 때 자본잉여금으로 계상한 후 차후에 발생하는 해당 유형자산의 감가상각비와 이를 상계처리한다.

(차) 자본잉여금(당기에 감가상각비로 계상할 금액)	×××		
		(대) 감 가 상 각 누 계 액	×××

3.7 유형자산의 폐기 및 처분

유형자산은 본래 판매를 목적으로 취득한 자산은 아니나 자발적 또는 비자발적인 원인에 의해 이를 처분 또는 교환되는 경우가 있다. 이 경우에는 관련 취득원가와 감가상각누계액을 전액 장부에서 제각(write-off)시켜야 하며, 처분시점의 장부가액과 처분가액과의 차이가 발생할 경우에는 그 차액을 유형자산처분이익(또는 유형자산처분손실)으로 포괄손익계산서에 보고한다. 또한 회계기말이 아닌 기중에 처분, 교환될 경우에는 그때까지의 감가상각비를 우선적으로 계상한 후에 처분에 관한 회계처리를 한다.

4. 무형자산

무형자산(Intangible asset)은 물리적 실체가 없는 자산으로서 유형자산과 달리 미래의 경제적 효익에 대한 불확실성이 높기 때문에 무조건 자산으로 인식할 수는 없다. 사회복지법인에서 실무상 무형자산의 취득은 거의 희박하므로 이에 대한 설명은 생략하기로 한다.

5. 기타자산

한국채택 IFRS에서는 상기에서 설명한 일부 자산계정의 경우 계정과목을 예시하고 있지만 그 이외의 자산계정에 대해서는 설명하지 않고 기타자산으로 명명하고 있다. 그러나 한국채택 IFRS의 기본 방향이 기존의 기업회계기준과는 달리 재무제표의 형식과 계정과목을 해당 실체가 자유롭게 선택할 수 있게 하였다는 점을 생각해 보면 상기에서 논의하지 않은 계정의 경우 기타자산으로 포괄하여 표시할 수도 있도 구체적인 계정으로 표시할 수도 있다. 기타자산으로 포괄할 경우라 할지라도 내부관리 목적으로는 구체적인 계정으로 구분하여 장부에 기장하였다가 외부보고 목적으로 재무제표를 작성할 때에는 이를 통합하여 기타자산으로 표기하는 것이 바람직하다.

제 5 장 부채 및 자본에 대한 회계처리

부채 및 자본에 대한 회계처리

CHAPTER 05

1. 금융부채

1.1 금융부채의 의의

금융부채란 금융자산의 반대 개념으로서 거래상대방에게 현금 등 금융자산을 인도하기로 한 계약상 의무 또는 잠재적으로 불리한 조건으로 거래상대방과 금융자산이나 금융부채를 교환하기로 한 계약상 의무를 말한다. 금융부채의 예로는 매입채무, 차입금, 사채 등이 있다. 여기서 매입채무란 영업활동에서 발생하는 채무로서 영리법인에서 발생한다. 또한 사채란 법인이 채권을 발행하였을 때 발생하는 채무로서 비영리법인은 채권을 발행하지 않으므로 본서에서는 금융부채로서 차입금에 대하여만 서술한다.

사회복지법인의 금융부채에는 단기차입금, 장기차입금 그리고 기타 금융부채가 발생할 수 있으며 내부관리목적으로는 구체적으로 단기차입금, 장기차입금 및 기타부채로 기록하였다가 외부보고목적으로는 이를 통합하여 금융부채로 표기하는 것이 바람직하다.

1.2 단기차입금과 장기차입금

은행으로부터 현금을 차입할 때 상환일이 차입일로부터 1년 이내에 도래하는 차입금을 단기차입금이라고 한다. 예를 들면, 사회복지법인은 금융기관과 당좌차월 계약을 체결할 수 있는데, 이러한 경우에는 당좌예금 잔액이 부족하더라도 일정금액까지 당좌수표를 발행하여 현금을 인출할 수 있다. 마치 마이너스 예금이나 다름없는데, 당좌차월은 차입금의 성격을 갖기 때문에 단기차입금으로 회계처리한다. 또한 금융기관으로부터 현금을 차입할 때 만기가 1년 이내에 도래하는 차입을 하였다면 이는 단기차입금으로 처리한다. 그러나 차입할 때 만기가 1년 이후에 도래한다면 이는 장기차입금으로 처리한다. 이상 설명한 단기(장기)차입금의 회계처리를 요약하면 다음과 같다.

거 래	회계처리
단기(장기)차입금의 차입	(차) 현 금 ××× (대) 단기(장기)차입금 ×××
이 자 지 급	(차) 이자비용 ××× (대) 현 금 ×××
단기(장기)차입금의 상환	(차) 단기(장기)차입금 ××× (대) 현 금 ×××

1.3 미지급금

미지급금은 외상으로 물품구입 및 유형자산 등을 취득한 경우 사용되는 계정으로 이에 관련한 회계처리를 요약하면 다음과 같다.

거 래	회계처리
비품의 외상취득	(차) 비 품 ××× (대) 미지급금 ×××
미지급금의 지급	(차) 미지급금 ××× (대) 현 금 ×××

1.4 미지급비용

일정기간 동안 계속 발생하는 비용으로서 이미 당기에 발생하였으나 아직 지급기일이 도래하지 않아 지급되지 않고 있는 비용이 미지급비용이다. 예를 들어 은행으로부터 현금을 차입하였는데 차입금 이자는 상환시점에 지급하기로 한 경우 결산일 현재 상환일이 도래되지 않았다면 아직 이자는 지급하지 않은 상태일 것이다. 그러나 차입일로부터 결산일까지 이자는 발생하였으므로 이자비용을 인식해야 하며, 이때 상대계정이 미지급비용이다. 한편 미지급비용의 반대 성격으로 미수수익 계정(유동자산임)이 있는데, 이는 일정기간 동안 계속 발생하는 수익으로서 이미 당기에 발생하였으나 아직 회수기일이 도래하지 않아 회수되지 않고 있는 수익이 미수수익이다.

미지급비용과 관련된 회계처리를 요약하면 다음과 같다.

거 래	회계처리
결산시미지급 이자비용발생	(차) 이 자 비 용 ××× (대) 미지급비용 ×××
미지급이자 비용지급	(차) 미지급비용 ××× (대) 현 금 ×××

위의 분개에서 대변의 미지급비용 계정 대신 미지급이자 계정을 사용해도 무방하다. 즉, 향후 지급해야 할 비용에는 미지급이자, 미지급급여, 미지급임차료 등 여러 계정이 있을 수 있는데, 이들 계정을 포괄손익계산서에 모두 나열하면 지나치게 포괄손익계산서가 번잡해질 수 있다. 따라서 내부에서는 이들을 세분하여 사용할 수 있으나 재무상태표에는 이를 통합하여 미지급비용 계정으로 표시하든지 아니면 금융부채와 충당부채를 제외한 모든 부채를 통합하여 기타부채로 표기할 수 있다.

1.5 예수금

예수금이란 일시적으로 보관하고 있는 현금으로서 단기간 내에 제3자에게 지급할 금액이다. 예를 들어 종업원에게 급여를 지급할 때 세무서에 납부할 소득세를 일부 유예(이를 원천징수라고 함)한 후의 잔액을 종업원에게 지급하는데, 이때 일시 유예한 소득세를 예수금 계정으로 회계처리한 후 나중에 세무서에 납부할 때 감소시킨다.

예수금의 회계처리를 요약하면 다음과 같다.

거 래	회계처리					
소득세를 차감한 급여지급시	(차) 급 여	×××	(대) 현 금	×××		
			예 수 금	×××		
예수금지급시	(차) 예 수 금	×××	(대) 현 금	×××		

2. 자 본

자본은 자본금, 자본잉여금, 이익잉여금, 자본조정으로 구성된다. 자본은 일반영리법인과 비영리법인의 조달방법이 틀리므로 사회복지법인을 위주로 설명한다.

2.1 자본금

(1) 자본금의 의의

사회복지법인은 비영리법인이기 때문에 소유주라는 개념이 성립되지 않는다. 따라서 자본금이라는 계정을 사용하지 않고 기본금이라는 계정을 사용한다. 기본금이란 사회복지법인이 고유 활동을 전개하기 위해 계속해서 유지해야 하는 것으로 재무상태표에서 다음과 같이 계산된다.

① 사회복지법인의 설립과 함께 시설의 확보 및 증설 등에 필요한 기본자산 등의 취득에 사용하도록 용도를 지정한 기부금
② 위의 기본자산을 취득하기 위하여 관련되는 차입금 상환에 사용하도록 지정한 기부금
③ 시설의 창설 및 증설 등을 위해 필요한 운전자금으로 받은 기부금
④ 정관의 규정에 따라 당기 말 사업 활동 수지차액의 일부 또는 전부에 상당하는 운영재산을 기본재산으로 편입한 경우 그 편입한 금액

사회복지법인의 기본금계정은 고유목적사업회계 부분의 기본금과 수익사업회계 부분의 자본금으로 구분된다. 물론 사회복지법인의 총자본은 양

자를 합산한 금액이다. 사회복지법인 수익사업의 자본은 영리법인처럼 출자를 통해 이루어지는 것이 아니라 사회복지법인의 자산을 수익사업에 전출 또는 전입함으로써 이루어진다. 따라서 수익사업에서 자산을 사회복지법인에 지출 또는 전출할 때에는 자본 원입액의 반환으로 본다.

(2) 수익사업에 있어 자본의 원입 및 반환

자본의 증가

수익사업에 있어 자본의 원입이란 수익사업의 자본이 증가하는 것으로 사회복지법인이 자산을 수익사업에 지출 또는 전입한 경우에 그 자산 가액은 수익사업의 "자본 원입"으로 처리하고 다음과 같이 분개한다.

수익사업회계 :				
(차)	자산	×××	(대) 자본	×××
복지법인회계 :				
(차)	고유목적사업준비금전입액 (혹은 자본)	×××	(대) 자산	×××

자본의 감소

수익사업에 있어 자본원입액의 반환은 자본의 감소를 의미하며 이는 복지법인의 수익사업에 속하는 자산을 사회복지법인에 지출, 전출한 경우 발생한 것이다. 이때 수익사업의 자본원입액의 반환은 바로 복지법인의 기본금 증가로 처리되는 것이 아니고 수익사업에서 사회복지법인에 반환하는 자산 가액 중 수익사업의 "소득금액을 초과하는 금액"만을 자본원입액의 반환으로 처리한다. 즉, 수익사업의 자산을 사회복지법인에 반환하는 경우에는 수익사업의 자본이 감소하거나 고유목적사업준비금의 전입액이 발생하게 되는데 이 때 자본의 감소액 계산은 고유목적사업준비금의 전입액에 대한 계산을 바탕으로 한다.

〈수익사업에서 사회복지법인으로 자산이 지출되는 경우〉

수익사업회계 :

(차)	고유목적사업준비금전입액 (또는 자본)	×××	(대)	자 산	×××

복지법인회계 :

(차)	자 산	×××	(대)	고유목적사업준비금전입액 (또는 전입금수입)	×××

2.2 자본잉여금

비영리법인의 경우 자본잉여금은 다음과 같은 경우에 발생한다. 구체적으로 제4장 자산과 관련된 회계처리에서 밝힌 바와 같이 자산을 취득할 때 사회복지법인 재무·회계 규칙에서 규정한 바와 같이 자산취득비라는 비용으로 처리한 것을 회계기준에 맞게 수정하는 과정에서 다시 유형자산과 자본잉여금으로 처리하는 경우에 발생한다.

(차)	자 산 취 득 비	×××	(대)	현 금 등	×××
(차)	유 형 자 산	×××	(대)	자 본 잉 여 금	×××

또한 당해 유형자산을 감가상각할 때 감가상각비라는 비용으로 계상하지 아니하고 상기의 자본잉여금에서 직접 차감한 잔액으로 재무상태표에 이월된다.

(차)	자본잉여금(당기에 감가상각비로 계상할 금액	×××			
			(대)	감 가 상 각 누 계 액	×××

2.3 이익잉여금

이익잉여금(retained earnings)은 사회복지법인의 정상적인 사업활동, 유형자산 및 투자자산의 처분 및 기타 일시적인 손익거래에서 발생한 이익을 원천으로 하여 법인 내에 유보되어 있는 잉여금을 의미한다.

2.4 자본조정

자본조정(capital adjustment)이란 위에서 살펴본 자본금, 자본잉여금, 이익잉여금, 수익 또는 비용 어느 항목에도 속하지 않는 임시적인 자본항목들을 말한다.

자본조정의 항목에는 여러 가지가 있지만 사회복지법인에서 발생가능한 자본조정항목은 앞서 설명한 매도가능금융자산평가이익(또는 손실)이다. 즉, 매도가능금융자산으로 구분한 지분증권에 대해서는 기말에 공정가액법을 적용하여 평가하는데, 평가전 장부가액과 기말공정가액의 차이를 매도가능증권평가이익(손실)으로 인식하고 자본조정으로 처리한다.

제 6 장 현금흐름표

1. 현금흐름표의 의의 및 필요성
2. 현금흐름표의 작성
3. 현금흐름표 작성의 예

현금흐름표

1. 현금흐름표의 의의 및 필요성

현금흐름표란 일정기간동안 현금유입액과 현금유출액에 대한 정보를 제공하는 재무제표이다. 현금흐름표는 현금주의에 기초하여 작성된 재무제표로서 발생주의에 기초하여 작성된 재무상태표 및 포괄손익계산서를 보완하는 역할을 한다. 우리 주변에서 적지 않게 볼 수 있는 흑자도산은 기업이 상당한 당기순이익을 실현했음에도 불구하여 현금부족으로 부채상환이 불가능하기 때문에 발생하는 상황이다. 따라서 오늘날 많은 회계정보이용자들은 미래의 현금흐름 예측에 도움을 받기 위해서 발생주의에 근거하여 작성되는 재무상태표와 포괄손익계산서 이외의 현금주의에 근거하여 작성되는 현금흐름표를 요구하는 것이다. 즉, 현금흐름표는 재무상태표와 포괄손익계산서를 대체하는 기능을 하는 것이 아니라 보완하는 기능을 한다. 현금흐름표의 양식에 대해서는 제3장에서 제시하였다.

2. 현금흐름표의 작성

현금거래를 현금유입거래와 현금유출거래의 두 가지 종류로 구분하여 현금흐름표를 작성하는 것이다. 그러나 이러한 형식으로 현금흐름표를 작성하면 이용자에게 제공하는 회계정보의 질(quality)은 높지 않다. 왜냐하면 그들은 회계정보를 이용하여 미래의 현금흐름을 예측하고자 하는데 단순히 현금의 증가 및 감소거래만 나열한 재무제표만 가지고는 그 목적을 달성할 수 없기 때문이다. 따라서 당기에 발생한 현금흐름을 영업활동·투자활동·재무활동 거래로 분류하고 각 활동으로 인한 현금유입·

유출액을 기재한다. 이와 같은 방식으로 현금흐름표를 작성한다면 미래현금흐름 예측능력을 높일 수 있을 것이다.

(1) 영업활동으로 인한 현금흐름

영업활동으로 인한 현금흐름을 표시하는 방법에는 직접법과 간접법이 있다. 이에 반해 투자활동 및 재무활동으로 인한 현금흐름의 표시방법은 명시적으로 언급되지는 않지만 굳이 표시방법을 구분한다면 직접법이라고 할 수 있다. 본서에는 영업활동으로 인한 현금흐름의 표시방법도 직접법에 대해서만 설명하기로 한다.

직접법은 현금을 수반하여 발생한 수익 또는 비용 항목을 각각 총액으로 표시하되, 현금유입액은 원천별로, 현금유출액은 용도별로 분류하여 표시하는 방법이다. 즉, 발생주의 수치를 현금주의 수치로 전환하여 각 항목별로 표시하는 방법이 직접법이다.

(2) 투자 및 재무활동으로 인한 현금흐름

영업활동으로 인한 현금흐름과 달리 투자활동 및 재무활동으로 인한 현금흐름은 당해 거래로 인하여 유입·유출된 현금을 각각 별도로 구분 표시한다. 즉, 투자활동 및 재무활동과 관련되는 계정들의 기중 변동내용을 파악하여 기중변동거래가 현금유출입을 수반한 거래로 확인되면 각 현금유출입 금액을 현금흐름표에 표시하는 것이다.

3. 현금흐름표 작성의 예

본서에서는 일반영리법인이 아닌 사회복지법인의 현금흐름표 작성의 예를 설명한다. 제3장에서 제시되었던 KT&G 복지재단의 재무제표를 이용하여 현금흐름표를 작성하여 보자.

(1) 영업활동으로 인한 현금흐름

KT&G 복지재단의 재무제표를 분석하여 실제 현금의 유입과 유출을 수반한 수익거래와 지출거래를 구분하여 표시하면 된다. 상기 복지재단의 영업활동으로 인한 현금흐름표의 기본 양식은 다음과 같다. 즉, 대부분의 사회복지법인이 발생주의를 이용한 복식부기를 적용한다면 다음과 같은 양식으로 현금흐름표를 작성할 것이다. 이 양식은 일반영리법인과 매우 유사하지만 사용된 계정과목만 다르다.

Ⅰ. **영업활동으로 인한 현금흐름**	
1. 사업수익활동으로부터의유입액	
2. 사업비에대한유출액	
3. 사업관리비에대한유출액	
4. 재산조성에대한유출액	

영업활동으로 인한 현금흐름의 계산하기 위해 제시된 재무제표는 다음과 같다. 이는 제3장에서 이미 살펴본 재무상태표와 포괄손익계산서이며, 이를 이용하여 영업활동으로 인한 현금흐름을 차례로 계산하여 보자.

재무상태표(보고식)

제×기 : 20×5년 12월 31일 현재

회사명 : 사회복지법인 케이티엔지복지재단 (단위 : 원)

과 목	당 기		전 기	
	금 액		금 액	
자 산				
Ⅰ. 유동자산		(970,696,874)		(471,201,509)
1. 현금및현금등가물		725,125,144		238,458,009
2. 단기금융상품		235,136,160		235,078,080
3. 선급법인세		10,435,570		665,420

Ⅱ. 비유동자산		(60,912,544,541)		(19,801,684,654)
(1) 투자자산		(60,788,156,663)		(19,710,041,000)
1. 매도가능증권		60,520,929,900		19,637,883,000
2. 임차보증금		235,000,000		65,000,000
3. 퇴직예치금		32,226,763		7,158,000
(2) 유형자산		(124,387,878)		(91,643,654)
1. 차량운반구	54,707,020		37,306,000	
감가상각누계액	(13,221,919)	41,484,101	(3,730,600)	33,575,400
2. 비품	109,117,600		64,218,800	
감가상각누계액	(26,214,823)	82,902,777	(6,150,546)	58,068,254
자 산 총 계		61,883,241,415		20,275,886,163
부　　채				
Ⅰ. 유동부채		(38,061,480)		(14,096,340)
1. 미지급금		26,548,010		8,118,660
2. 예수금		11,513,470		5,977,680
Ⅱ. 비유동부채		(32,218,830)		(7,158,000)
1. 퇴직급여충당금		32,218,830		7,158,000
부 채 총 계		70,280,310		21,254,340
자　　본				
Ⅰ. 자본금		(50,810,750,000)		(20,310,750,000)
1. 기본재산		50,810,750,000		20,310,750,000
Ⅱ. 자본잉여금		(124,387,878)		(91,643,654)
1. 운영재산		124,387,878		91,643,654
Ⅲ. 이익잉여금		(867,507,167)		(225,027,089)
1. 처분전이익잉여금		867,507,167		225,027,089
(당기순이익: 당기: 642,480,078원 전기: 225,027,089원)				
Ⅳ. 자본조정		(10,010,316,060)		(△372,788,920)
1. 매도가능증권평가이익		10,010,316,060		(372,788,920)
자 본 총 계		61,812,961,105		20,254,631,823
부채와 자본총계		61,883,241,415		20,275,886,163

포 괄 손 익 계 산 서

제×기 : 20×5년 1월 1일부터 20×5년 12월 31일까지

회사명 : 사회복지법인 케이티앤지복지재단 (단위 : 원)

과 목	금 액	
Ⅰ. 사업수익		7,163,178,628
1. 보조금수입	5,575,680,170	
KT&G 후원금(보통)	5,500,000,000	
1004 KT&G	41,510,170	
일반후원금	34,170,000	
2. 기타수익	1,587,498,458	
이자수익	69,594,458	
배당금수익	1,517,904,000	
Ⅱ. 사업비		5,931,088,180
1. 소외계층지원사업비	3,968,248,940	
2. 복지시설건립운영	1,268,157,900	
3. 치료비지원사업	54,055,000	
4. 교육홍보사업	643,626,340	
5. 학자금지원사업	-	
Ⅲ. 사업관리비		591,942,370
1. 급여	136,500,000	
2. 상여금	46,962,500	
3. 제수당	-	
4. 퇴직급여	25,060,830	
5. 사회보험부담금	7,439,360	
6. 복리후생비	4,113,290	
7. 기관운영비	62,415,500	
8. 직책보조비	18,733,000	
9. 회의비	29,010,520	
10. 여비교통비	4,126,600	
11. 지급수수료	38,082,940	
12. 제세공과금	139,075,030	
13. 차량유지비	18,122,980	
14. 시설비	-	
15. 자산취득비	62,299,820	
Ⅳ. 사업이익		640,148,078
Ⅴ. 사업외수익		2,332,000
1. 잡이익	2,332,000	

Ⅵ. 경상이익		642,480,078
Ⅶ. 법인세비용		-
Ⅷ. 당기순이익		642,480,078

① 사업수익활동으로 인한 현금유입액의 계산

1단계: 포괄손익계산서 분석

포괄손익계산서를 이용하여 사업수익활동과 관련된 현금유입액을 계산하여 보자. 우선 사업수익을 보면 KT&G 후원금, 1004 KT&G, 일반후원금, 이자수익, 배당금수익이 있고 이는 모두 실제로 현금유입이 발생한 사업수익이다. 또한 사업외수익에 있는 잡이익도 사업수익활동으로 인한 현금유입액에 포함한다. 왜냐하면 영업활동으로 인한 현금흐름의 계산에서 현금유입액을 계산하는 부분은 사업수익활동으로 인한 현금유입액 부분뿐이므로 이 부분에서 고려해 주어야 하기 때문이다. 그리고 성격상 사업외수익에 있는 잡이익이 투자활동이나 재무활동으로 인한 현금흐름은 아니다.

2단계: 재무상태표분석

재무상태표 분석은 전기와 당기의 재무상태표를 분석하여 현금유입액과 현금유출액을 계산하는 방법이다. 재무상태표에서 사업수익활동으로 인한 현금유입액을 찾기 위해서는 유동자산과 부채를 이용하여 분석하면 된다. 비유동자산은 투자활동과 관련된 부분이고, 자본은 재무활동과 관련된 부분이기 때문이다. 본 사례에서는 사업수익활동으로 인한 현금유입액과 관련된 계정은 유동자산의 선급법인세가 이에 해당한다. 선급법인세를 보면 전기 ₩665,420에서 ₩10,435,570으로 증가하였다. 이는 ₩9,770,150 만큼 법인세를 실제 납부하였다는 것이고 그만큼 현금유입액을 감소시키는 것이다. 사회복지법인은 수익활동에 대해서만 법인세를 납부하므로 이를 수익활동으로 인한 현금유입액에서 차감하는 것이다.

② 사업비에 대한 현금유출액

1단계: 포괄손익계산서 분석

포괄손익계산서를 이용하여 사업비에 대한 현금유출액을 계산하여 보자. 포괄손익계산서의 사업비를 보면 소외계층지원사업비, 복지시설건립운영, 치료비지원사업, 교육홍보사업, 학자금지원사업이 이에 해당한다.

2단계: 재무상태표분석

본 사례에서는 사업비와 관련된 재무상태표 항목이 없다.

③ 사업관리비에 대한 현금유출액

1단계: 포괄손익계산서 분석

포괄손익계산서를 이용하여 사업관리비에 대한 현금유출액을 계산하여 보자. 포괄손익계산서의 사업관리비를 보면 급여, 상여금, 제수당, 퇴직급여(본 복지재단은 퇴직급여충당금으로 계상한 퇴직금추계액을 모두 정기예금으로 예치하므로 실제 현금의 감소가 있는 것이다), 사회보장부담금, 복리후생비, 기관운영비, 직책보조비, 회의비, 여비교통비, 지급수수료, 제세공과금, 차량유지비가 이에 해당한다.

2단계: 재무상태표분석

사업관리비에 대한 현금유출액을 재무상태표 항목에서 찾아보려면 유동자산과 부채 항목을 조사하면 된다. 본 사례에서는 부채 중 미지급금(단, 미지급금이 유형자산을 취득하는 과정에서 발생한 것이 아니라는 가정이 있음)과 예수금이 이에 해당한다. 미지급금은 전기 ₩8,118,660에서 당기 ₩26,548,010으로 ₩18,429,350 만큼 증가하였다. 이는 포괄손익계산서에 사업관리비로 계상된 금액 중 일부가 지급되지 않았다는 것을 의미한다. 하지만 1단계의 포괄손익계산서 분석에서 이를 고려하지 않은 채 포괄손.

익계산서의 사업관리비와 관련된 비용을 모두 현금유출액으로 계산하였으므로 미지급금의 증가만큼 현금유출액에서 차감하여야 한다. 다음으로 예수금은 전기 ₩5,977,680에서 당기 ₩11,513,470으로 ₩5,535,790만큼 증가하였다. 이는 포괄손익계산서에서 사업관리비로 비용처리한 금액의 일부가 아직 현금으로 지출되지 않았다는 것을 의미하므로 미지급금의 증가와 동일한 이유로 현금유출액에서 차감하여야 한다.

④ 재산조성비에 대한 현금유출액

1단계: 포괄손익계산서 분석

포괄손익계산서를 이용하여 재산조성비에 대한 현금유출액을 계산하여 보자. 포괄손익계산서를 보면 시설비와 자산취득비가 있다. 하지만 시설비, 자산취득비는 재무상태표 항목과 관련되므로 연관하여 분석하여야 함에 유의해야 한다.

2단계: 재무상태표분석

위의 항목 중 시설비는 없으므로 더 이상의 분석 대상이 아니지만 자산취득비는 이것이 만약 유형자산을 취득한 것이라면 이는 사업관리비에 대한 현금유출액이 아니라 투자활동으로 인한 현금유출액이 된다. 이를 알아보기 위해 재무상태표의 차량유지비 증가(₩54,707,020 - ₩37,306,000)와 비품 증가(₩109,117,600 - ₩64,218,800)의 합이 포괄손익계산서의 자산취득비₩62,299,820 과 동일하다. 따라서 이는 모두 투자활동으로 인한 현금유출액이 된다.

(2) 투자활동으로 인한 현금흐름

① 투자활동으로 인한 현금유입액

본 사례에서 투자활동과 관련된 항목이 단기금융상품, 매도가능증권,

임차보증금, 차량운반구, 비품이 있다. 이를 차례대로 분석하여 보자. 하지만 본 사례는 투자활동과 관련된 자산의 감소가 없으므로 투자활동으로 인한 현금유입액이 없다.

② 투자활동으로 인한 현금유출액

본 사례에서 투자활동과 관련된 항목이 단기금융상품, 매도가능증권, 임차보증금, 차량우반구, 비품이 있다. 이를 차례대로 분석하여 보자.

단기금융상품은 전기 ₩235,078,080에서 당기 ₩235,136,160으로 ₩58,080만큼 증가하였다. 매도가능증권은 전기 ₩19,637,883,000에서 당기 ₩60,520,929,900으로 ₩40,883,046,900만큼 증가하였지만 이 금액 모두가 실제 취득한 것이 아니다. 매도가능증권과 관련된 항목으로 재무상태표의 자본조정을 보면 전기 매도가능증권평가손실 ₩Δ372,788,920에서 당기 매도가능증권평가이익 ₩10,010,316,060으로 총 당기의 평가이익이 ₩10,383,104,980이라는 것을 알 수 있다. 따라서 취득으로 인한 현금유출액은 ₩40,883,046,900에서 ₩10,383,104,980를 차감한 ₩30,499,941,920이 되는 것이다.

차량유지비는 전기 ₩37,306,000에서 당기 ₩54,707,020로 ₩17,401,020만큼 증가하였으며, 비품은 전기 ₩64,218,800에서 당기 ₩109,117,600으로 ₩44,898,800 만큼 증가하였다는 것을 알 수 있다. 이 과정에서 반드시 취득을 모두 현금으로 하였는지 아니면 일부 미지급 하였는지를 분석하여야 한다(본 사례는 모두 현금취득으로 가정한 것임). 왜냐하면 미지급한 부분은 실제 현금유출이 발생하지 않았기 때문이다.

(3) 재무활동으로 인한 현금흐름

① 재무활동으로 인한 현금유입액

재무상태표의 자본부분에서 현금유입액을 찾아내면 된다. 본 사례에서는 기본재산이 전기 ₩20,310,750,000에서 당기 ₩50,810,750,000으로 증가하였으므로 이 부분이 현금유입액에 해당한다. 나머지는 해당사항이 없다.

② 재무활동으로 인한 현금유출액

본 사례에서 재무활동으로 인한 현금유출액은 없다.

(4) 현금흐름표

위의 모든 분석을 이용하여 현금흐름표를 작성하면 다음과 같다. 그리고 현금흐름표의 기말현금은 재무상태표의 결산일 현재 현금 및 현금등가물의 금액과 동일하여야 한다. 왜냐하면 현금흐름표는 재무상태표의 현금 및 현금등가물의 내역을 분석한 것이기 때문이다.

현 금 흐 름 표

제×기 : 20×5년 1월 1일부터 20×5년 12월 31일까지

회사명 : 사회복지법인 케이티앤지복지재단 (단위 : 원)

과 목	금 액	
Ⅰ. 영업활동으로 인한 현금흐름		718,966,955
1. 사업수익활동으로부터의유입액	7,155,740,478	
가. KT&G후원금	5,500,000,000	
나. 1004 KT&G	41,510,170	
다. 일반후원금	34,170,000	
라. 이자수익	69,594,458	
마. 배당금수익	1,517,904,000	
바. 선급법인세의 증가	(9,770,150)	
사. 잡이익	2,332,000	
2. 사업비에대한유출액	(5,931,088,180)	
가. 소외계층지원사업비	3,965,248,940	
나. 사회복지시설건립운영	1,268,157,900	
다. 치료비지원사업	54,055,000	
라. 교육홍보사업	643,626,340	
마. 학자금지원사업	-	

3. 사업관리비에대한유출액	(505,685,343)	
가. 인건비	214,548,123	
(1) 급여	136,500,000	
(2) 상여금	46,962,500	
(3) 제수당	-	
(4) 퇴직예치금의 증가	25,068,763	
(5) 사회보험부담금	7,439,360	
(6) 후생경비	4,113,290	
(7) 예수금의 증가	(5,535,790)	
나. 업무추진비	91,729,670	
(1) 기관운영비	62,415,500	
(2) 직책보조비	18,733,000	
(3) 회의비	29,010,520	
(4) 미지급금의 증가	(18,429,350)	
다. 운영비	199,407,550	
(1) 여비교통비	4,126,600	
(2) 지급수수료	38,082,940	
(3) 제세공과금	139,075,030	
(4) 차량유지비	18,122,980	
4. 재산조성에대한유출액	-	
가. 센터조성비	-	
나. 자산취득비	-	
Ⅱ. 투자활동으로 인한 현금흐름		(30,732,299,820)
1. 투자활동으로 인한 현금유입액	-	
2. 투자활동으로 인한 현금유출액	(30,732,299,820)	
가. 단기금융상품의 증가	58,080	
나. 매도가능증권의 증가	30,499,941,920	
다. 임차보증금의 증가	170,000,000	
라. 차량운반구의 취득	17,401,020	
마. 비품의 취득	44,898,800	
Ⅲ. 재무활동으로 인한 현금흐름		30,500,000,000
1. 재무활동으로 인한 현금유입액	30,500,000,000	
가. 기본재산의 증가	30,500,000,000	
2. 재무활동으로 인한 현금유출액	-	
Ⅳ. 현금의증가		486,667,135
Ⅴ. 기초의 현금		238,458,009
Ⅵ. 기말의 현금		725,125,144

제 7 장 수익과 비용

1. 수익과 비용의 인식 및 의의

수익과 비용

1. 수익과 비용의 인식 및 의의

1.1 수익의 의의 및 인식

수익이란 순자산의 증가를 의미하는 것으로 보조금이나 후원금과 같은 보조금수입과 은행이자, 배당금수익 등과 같은 기타수익으로 나누어진다. 상기의 수익의 발생원천을 자세히 살펴보면 다음과 같다.

(1) 보조금수입

보조금수입은 외부로부터의 보조나 기부를 받는 경우를 말하는 것이다. 보조금수입은 어떤 형식으로 받느냐에 따라 기금으로 분류되기도 하기 때문에 주의를 요한다. 즉, 기금[1)]은 이것을 투자재원으로 하여 수익을 발생시키고 그 수익으로 사업을 하는 경우 처리하는 것이고, 당해 또는 차기에 기부금을 사용하는 경우나 조건이 없는 경우에는 보조금수입으로 처리한다. 이와 같은 보조금수입은 성격상 발생주의가 아니라 현금주의에 의해서 처리하여야 한다. 즉, 실제 보조나 기부를 받는 시점에서 수익으로 처리하여야 한다는 것이다. 지금까지 우리는 발생주의를 이용한 복식부기의 원리에 의한 회계의 처리과정을 살펴보았지만 사회복지법인의 보조금수입은 현금주의에 의해서 처리하여야 함을 유의하여야 한다. 보조금수입은 그 원천에 따라 다음과 같이 구분할 수 있다.

---

1) 기금으로 분류하였을 경우 회계처리는 다음과 같다.

(차) 정기예금　　×××　　　(대) 자　　본　　×××

사회복지법인 기금을 통해 발생한 이자수익을 이용하여 사업을 하는 경우에는 정기예금은 전혀 사용하지 않고 이자수익으로만 사업을 한다는 것이 그 특징이다.

① 관계당국으로부터의 보조금

정부나 지방자치단계가 매년 일정예산을 배정하여 지원하는 것을 말한다.

② 외부기관으로부터의 후원금

이는 복지기관을 지원해주는 프로그램을 가진 단체로부터의 후원금을 말하는 것으로 이들 기관으로는 KT&G복지재단, 아산사회복지재단, 삼성복지재단, 호암재단 등이 있다.

③ 특정인으로부터의 기부금

불특정인 중 큰 금액을 지원하면서 자신의 이름으로 사업을 해달라고 요건을 제시하는 경우의 기부금을 말하며, 이는 별도로 그들이 지명하는 이름으로 수익을 기록한다.

④ 불특정 다수인으로부터의 기부금

상기의 경우를 제외한 불특정인 소액을 기부하는 사람들로부터의 기부금을 말한다.

(2) 기타수익

이는 사회복지법인이 외부로부터 받는 보조금이나 후원금 외의 수익을 말한다. 즉, 은행예입으로 인한 이자수익, 주식투자로 인한 배당금수익 등이 이에 해당한다. 이러한 수익은 상기의 보조금수입과 달리 발생주의에 의해서 회계처리를 하면 된다.

① 이자수익

일반적으로 예금에 대해서 발생한 이자수익을 말한다.

② 배당금수익

다른 회사의 주식을 보유하고 있을 때 주식을 발행한 회사가 현금배당을 할 경우 주주인 당해 사회복지법인은 배당금수익을 인식하고, 기타수익으로 구분한다. 일반적으로 주식을 발행한 회사는 주주총회 등에서 현금배당을 결의하고, 결의일로부터 약 1개월 후에 현금을 지급하게 되는데, 주식을 보유한 사회복지법인은 실제로 현금배당을 수령한 시점이 아니라 주식 발행회사가 배당결의를 한 시점에서 배당금수익을 인식하고, 상대계정으로 미수배당금(자산)을 인식하여야 한다. 이후 실제로 현금을 수령하는 시점에서 미수배당금을 감소시키는 회계처리를 한다.

③ 기타

사회복지법인이 보유하고 있는 주식의 처분으로 인한 수익, 건물의 처분으로 인한 수익 등을 말하며, 원천을 알 수 없는 잡이익도 있다.

1.2 비용의 의의 및 인식

(1) 사업비

사회복지법인의 주요 사업활동을 위해 지출하는 비용을 말한다. 이는 상기의 수익 중 보조금수입의 경우와 같이 대부분이 현금주의에 의해서 처리되어야 한다. 예를 들면, ○○복지법인이 소외계층지원사업을 한다고 하자. 이러한 경우 ○○복지법인이 실제 지출한 경우 사업비로 인식되는 것이지 소외계층을 지원하겠다는 약속이 비용인식 요건이 될 수 없는 것이다. 사업비의 예로는 복지시설건립운영, 치료비지원사업, 학자금지원사업 등을 위한 지출이 있다. 이러한 항목들은 해당 사회복지법인의 목적사업의 성격에 따라서 달라질 것이므로 지출목적에 맞는 계정과목을 사용하면 된다.

(2) 사업관리비

이는 사회복지법인의 주요 사업활동이 아니라 그를 보조하기 위해서 발생하는 비용을 말한다. 예를들면, 종업원의 급여, 복리후생비, 차량유지비 등이 있다. 이와 같은 사업관리비는 발생한 회계기간에 인식하는 것을 원칙으로 한다. 즉, 20×5년분 종업원의 임금을 20×6년 1월에 지급하기로 하는 경우라도 실제 그 임금은 20×5년의 사업활동을 하는 과정에서 발생하는 것이므로 20×5년의 비용으로 인식한다는 것이다. 즉, 사업관리비는 발생주의에 의해서 인식한다. 사업관리비도 해당 사회복지법인의 목적사업의 성격에 따라서 달라질 것이므로 지출목적에 맞는 계정과목을 사용하면 된다.

1.3 포괄손익계산서

상기에서 살펴본 바와 같이 사회복지법인의 포괄손익계산서[2]는 현금주의와 발생주의 원칙이 혼합되어서 작성된다는 것을 알 수 있다. 이는 일반영리법인과 다른 매우 중요한 사항이므로 구분에 있어서 주의를 하여야 할 것이다. 아래에서 한 사회복지법인의 포괄손익계산서를 예시한다.

사회복지법인의 포괄손익계산서 예시

포 괄 손 익 계 산 서

제×기 : 20×5년 1월 1일부터 20×5년 12월 31일까지

회사명 : 사회복지법인 케이티앤지복지재단 (단위 : 원)

과 목	금 액	
Ⅰ. 사업수익		7,163,178,628
1. 보조금수입	5,575,680,170	
KT&G 후원금(보통)	5,500,000,000	

2) 제1장에서 사회복지법인의 재무 · 회계 규칙에 따른 수지계산서를 제시하였다. 이는 현금주의 단식부기에 의해 작성된 것으로 본서에서는 이에 대한 설명은 자세히 하지 않는다.

1004 KT&G	41,510,170	
일반후원금	34,170,000	
2. 기타수익	1,587,498,458	
이자수익	69,594,458	
배당금수익	1,517,904,000	
Ⅱ. 사업비		5,931,088,180
1. 소외계층지원사업비	3,968,248,940	
2. 복지시설건립운영	1,268,157,900	
3. 치료비지원사업	54,055,000	
4. 교육홍보사업	643,626,340	
5. 학자금지원사업	–	
Ⅲ. 사업관리비		591,942,370
1. 급여	136,500,000	
2. 상여금	46,962,500	
3. 제수당	–	
4. 퇴직급여	25,060,830	
5. 사회보험부담금	7,439,360	
6. 복리후생비	4,113,290	
7. 기관운영비	62,415,500	
8. 직책보조비	18,733,000	
9. 회의비	29,010,520	
10. 여비교통비	4,126,600	
11. 지급수수료	38,082,940	
12. 제세공과금	139,075,030	
13. 차량유지비	18,122,980	
14. 시설비	–	
15. 자산취득비	62,299,820	
Ⅳ. 사업이익		640,148,078
Ⅴ. 사업외수익		2,332,000
1. 잡이익	2,332,000	
Ⅵ. 경상이익		642,480,078
Ⅶ. 법인세비용		–
Ⅷ. 당기순이익		642,480,078

제 8 장 컴퓨터를 이용한 회계처리

컴퓨터를 이용한 회계처리

CHAPTER 08

7장까지 거래의 발생부터 재무제표작성까지의 회계처리에 대해서 살펴보았다. 제2장에서 살펴본 회계의 순환과정을 다시 한번 살펴보면 다음과 같다.

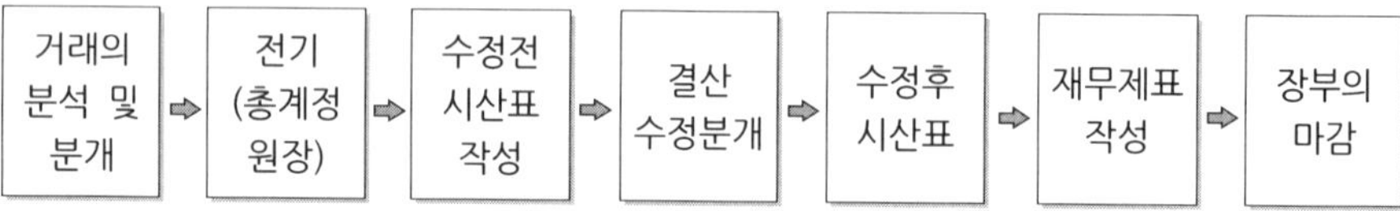

하지만 실무에서 이러한 과정을 수작업으로 처리한다는 것은 쉬운 일이 아니다. 따라서 저자는 전산화된 회계프로그램을 사용하기를 권장한다.

본장에서는 전산화된 회계처리 프로그램의 한 예를 상기의 회계흐름에 따라 제시한다. 전산프로그램을 이용하는 회계담당자는 거래의 성격을 잘 분석하고 거래의 분개를 입력하는 과정에서 매우 신중하여야 한다. 이 과정이 끝나고 나면 프로그램에 의해서 회계처리의 대부분의 과정이 자동적으로 수행되어 재무제표가 작성되어진다. 본장에서 제시하는 회계프로그램은 더존디지털웨어의 『NEO-G7』의 매뉴얼을 바탕으로 구성하였으며, 이 이외에도 여러 가지 프로그램이 있다.

핵 심

전산 회계프로그램을 이용하면 실무자는 상기의 회계순환과정 중 「거래의 분석 및 분개」만 수행하면 된다. 이하 나머지 과정은 회계프로그램에서 자동적으로 처리되어 장부와 재무제표가 생성된다. 즉, 전산 회계프로그램을 사용하면 실무자가 복잡한 회계의 순환과정을 모두 숙지할 필요가 없으며 단지 거래를 분개할 정도의 지식만 보유하면 된다.만약 수작업으로 업무를 처리한다면 회계 순환과정의 모든 과정을 수작업으로 처리하여야 하는 번거로움이 있다. 또한 수많은 거래를 수작업으로 처리하다 보면 오류가 발생될 수도 있기 때문에 결산과정에서 재무제표의 대차가 일치하지 않는 일이 발생하기도 한다. 무엇보다 수작업으로 회계처리하려면 실무자가 복잡한 회계의 순환과정을 완전히 숙지하고 있어야만 재무제표를 작성할 수 있다는 문제점이 있다. 이하 본 서에서 전개하는 모든 과정은 어떤 특정 회계프로그램을 통하여 재무제표가 작성되는 과정을 소개해 줄 뿐이며, 독자들이 이를 이해하려는 것은 바람직하지도 않고 이해하기도 쉽지 않다.

현실에서는 본 서에서 소개하는 회계프로그램 이외에도 다양한 회계프로그램이 존재한다. 실무자는 다양한 회계프로그램 공급업체 중 어느 하나를 선택하여 프로그램을 공급받고 사용방법을 전수받을 수 있다. 전산 회계프로그램을 도입하여 적용하는 것이 매우 쉽고 간단하기 때문에 저자는 실무자들에게 두려워하지 말고 전산 회계프로그램을 도입할 것을 권한다.

(1) 계정과목의 등록

계정과목은 시스템 전반에 영향을 미치므로 프로그램을 처음 사용하는 시점에서 정확하게 설정해야 한다. 회계기준에 따라 가장 일반적인 계정과목은 이미 등록되어 있는 상태이므로 법인의 특성에 따라 계정과목을 계정과목 코드체계에 따라 수정하거나 추가하여 사용할 수 있다.

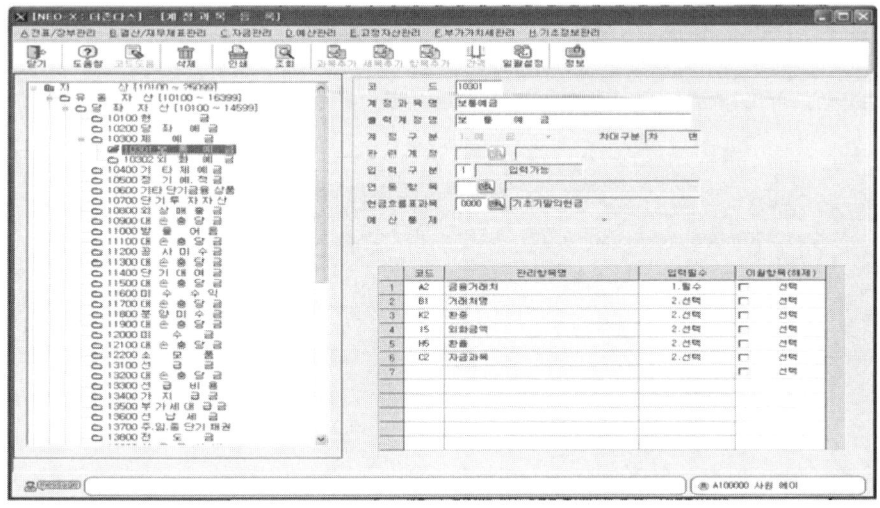

(2) 거래의 발생 및 분개

거래가 발생하면 이를 회계의 구성요소에 맞게 분개를 하고 이러한 분개를 적은 장부가 분개장이며, 이는 거래의 발생순서에 따라 기록된다. 아래의 프로그램은 분개장을 클릭하여 거래의 내역을 기록한 것을 예시하고 있다.

<u>분개장</u>

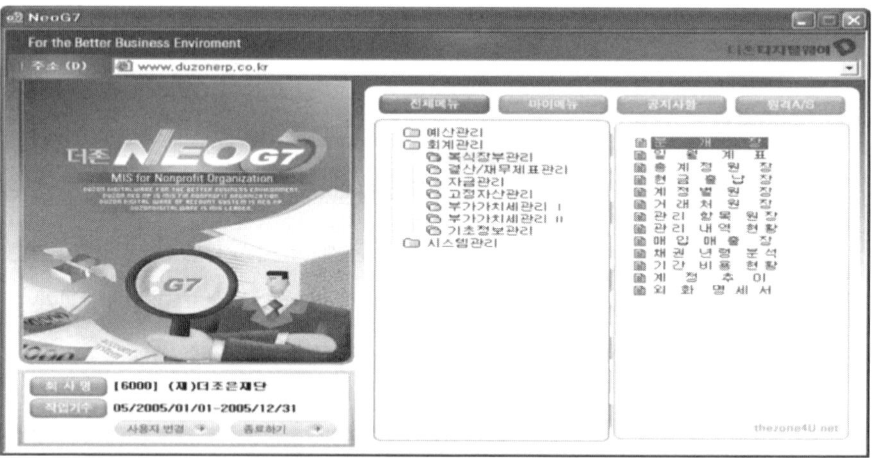

[NeoG7 : 더존디지털웨어] - [분 개 장]

회계단위 1000 수익사업　　결의부서 전 체 - 전 체
전표구분 0.전 체　전표유형 0.전 체　거표기간 2005 / 01 / 01 - 2005 / 02 / 01　본지점 사 용

구분[기표] 년/월/일	구분[기표] 번호	차변 금액	차변 계정과목	대변 계정과목	대변 금액	적요	거래처	구분[결의] 년/월/일	구분[결의] 번호
2005/ 1/ 5	00001			[93000]잡이익	100,000	기타수입_수익_1월	[00003]삼선재단	2005/ 1/ 5	00001
				[25500]부가세예수금	10,000	기타수입_수익_1월	[00003]삼선재단		
				[93000]잡이익	50,000	기타수입_수익_1월	[00004]중앙센터		
				[25500]부가세예수금	5,000	기타수입_수익_1월	[00004]중앙센터		
				[93000]잡이익	150,000	기타수입_수익_1월	[00005]미래재단		
				[25500]부가세예수금	15,000	기타수입_수익_1월	[00005]미래재단		
		330,000	[10100]현금			기타수입_수익_1월	[90001]국민은행(231)		
2005/ 1/ 5	00002			[90400]수입임대료	300,000	관리비_수익_1월_현	[00004]중앙센터	2005/ 1/ 5	00002
				[25500]부가세예수금	30,000	관리비_수익_1월_현	[00004]중앙센터		
				[90400]수입임대료	200,000	관리비_수익_1월_현	[00005]미래재단		
				[25500]부가세예수금	20,000	관리비_수익_1월_현	[00005]미래재단		
		550,000	[10100]현금			관리비_수익_1월_현	[90001]국민은행(231)		
2005/ 1/ 7	00001	200,000	[82100]보험료			보험료	[00003]삼선재단	2005/ 1/ 7	00004
		20,000	[13500]부가세대급금				[00003]삼선재단		
		200,000	[82100]보험료			보험료	[00005]미래재단		
		20,000	[13500]부가세대급금			보험료	[00005]미래재단		
				[10100]현금	440,000	보험료	[90001]국민은행(231)		
2005/ 1/ 8	00004	500,000	[83000]소모품비			사무용품_수익_1월_	[00001]더존상사	2005/ 1/ 8	00003
		50,000	[13500]부가세대급금			사무용품_수익_1월_	[00001]더존상사		
		200,000	[83000]소모품비			사무용품_수익_1월_	[00004]중앙센터		
		20,000	[13500]부가세대급금			사무용품_수익_1월_	[00004]중앙센터		
		300,000	[83000]소모품비			사무용품_수익_1월_	[00005]미래재단		

일월계표

일계표란 매일의 거래내역의 분개를 계정과목별로 집계한 것이고, 월계표는 일계표를 월단위로 집계한 것이다. 차변과 대변합계는 당일에 발생한 금액이고, 대체와 현금은 상대계정이 현금인지 아닌지를 구분한다.

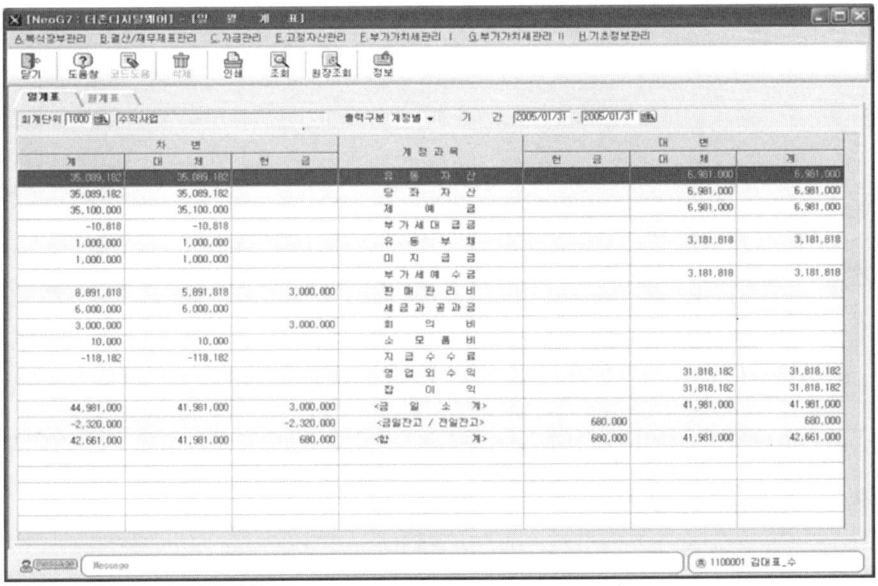

회계단위 1000 수익사업 출력구분 계정별 기간 2005/01/31 - 2005/01/31

차변			계정과목	대변		
계	대체	현금		현금	대체	계
35,089,182	35,089,182		유동자산		6,981,000	6,981,000
35,089,182	35,089,182		당좌자산		6,981,000	6,981,000
35,100,000	35,100,000		제예금		6,981,000	6,981,000
-10,818	-10,818		부가세대급금			
1,000,000	1,000,000		유동부채		3,181,818	3,181,818
1,000,000	1,000,000		미지급금			
			부가세예수금		3,181,818	3,181,818
8,891,818	5,891,818	3,000,000	판매관리비			
6,000,000	6,000,000		세금과공과금			
3,000,000		3,000,000	회의비			
10,000	10,000		소모품비			
-118,182	-118,182		지급수수료			
			영업외수익		31,818,182	31,818,182
			잡이익		31,818,182	31,818,182
44,981,000	41,981,000	3,000,000	<금일소계>		41,981,000	41,981,000
-2,320,000		-2,320,000	<금일잔고 / 전일잔고>	680,000		680,000
42,661,000	41,981,000	680,000	<합계>	680,000	41,981,000	42,661,000

(3) 총계정원장의 작성(전기)

총계정원장

총계정원장은 각 계정과목별로 장부에 기록한 것을 말하며, 이는 각 계정의 증감변동사항을 일별, 월별로 집계 및 조회가 가능하다. 아래의 예시는 현금의 2005년 1월 1일부터 1월 31일까지 현금의 변동사항을 보여주고 있다.

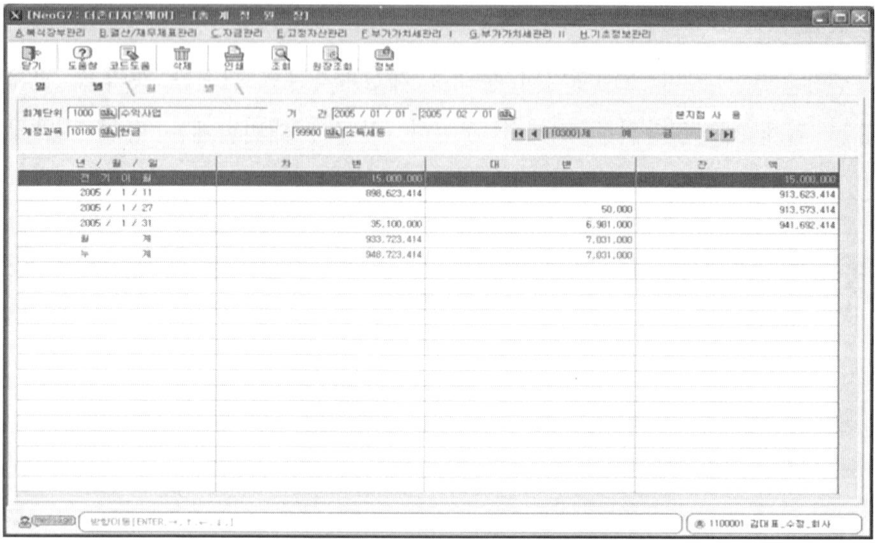

년 / 월 / 일	차 변	대 변	잔 액
전 기 이 월	15,000,000		15,000,000
2005 / 1 / 11	898,623,414		913,623,414
2005 / 1 / 27		50,000	913,573,414
2005 / 1 / 31	35,100,000	6,981,000	941,692,414
월 계	933,723,414	7,031,000	
누 계	948,723,414	7,031,000	

현금출납장

현금출납장은 현금의 입출금 내역을 나타내고 있으며, 전체, 프로젝트별, 부서별, 직원별로 구분하여 조회 및 출력이 가능하다.

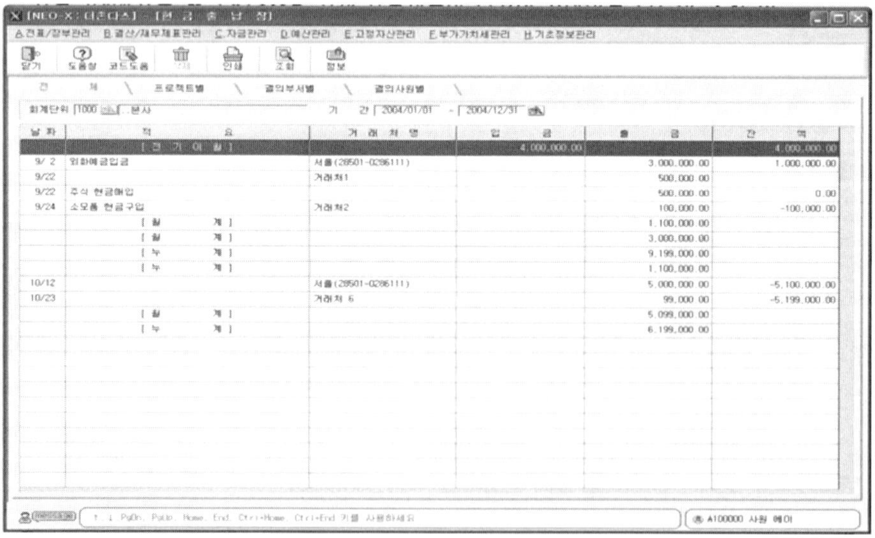

날 짜	적 요	거 래 처 명	입 금	출 금	잔 액
	[전 기 이 월]		4,000,000.00		4,000,000.00
9/ 2	외화예금입금	서울(28501-0286111)		3,000,000.00	1,000,000.00
9/22		거래처1		500,000.00	
9/22	주식 현금매입			500,000.00	0.00
9/24	소모품 현금구입	거래처2		100,000.00	-100,000.00
	[월 계]			1,100,000.00	
	[월 계]			3,000,000.00	
	[누 계]			9,199,000.00	
	[누 계]			1,100,000.00	
10/12		서울(28501-0286111)		5,000,000.00	-5,100,000.00
10/23		거래처 6		99,000.00	-5,199,000.00
	[월 계]			5,099,000.00	
	[누 계]			6,199,000.00	

<u>계정별원장</u>

계정별원장은 각 계정의 거래내역을 상세히 기록한 장부로 총계정원장의 보조장부다. 계정별원장은 전체, 프로젝트별, 부서별 등으로 조회 및 출력이 가능하다.

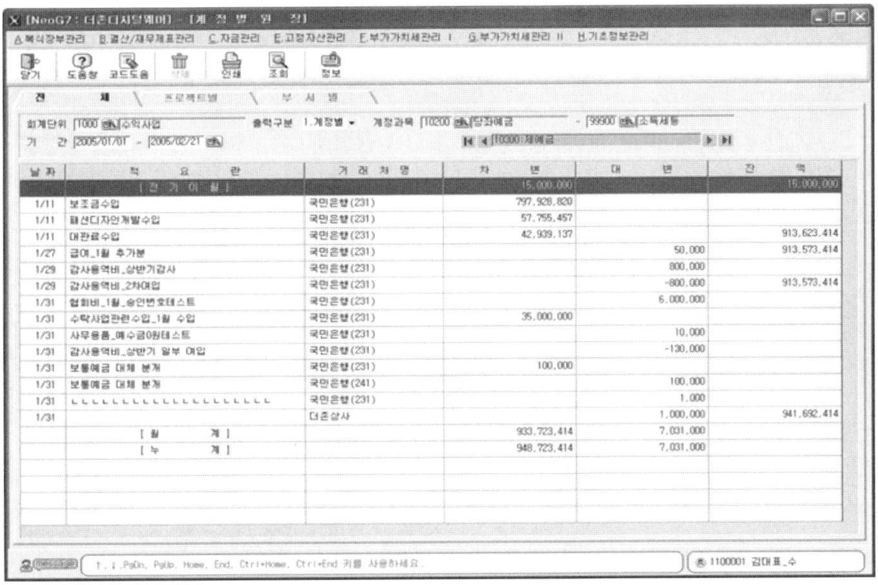
A.복식장부관리 B.결산/재무제표관리 C.자금관리 E.고정자산관리 F.부가가치세관리 I G.부가가치세관리 II H.기초정보관리
닫기 도움창 코드도움 삭제 인쇄 조회 정보
전 체 프로젝트별 부 서 별
회계단위 1000 수익사업
출력구분 1.계정별
계정과목 10200 당좌예금 - 99900 소득세등
기 간 2005/01/01 - 2005/02/21
10300:제예금
날자 적 요 란 거 래 처 명 차 변 대 변 잔 액
[전 기 이 월] 15,000,000 15,000,000
1/11 보조금수입 국민은행(231) 797,928,820
1/11 패션디자인개발수입 국민은행(231) 57,755,457
1/11 대관료수입 국민은행(231) 42,939,137 913,623,414
1/27 급여_1월 추가분 국민은행(231) 50,000 913,573,414
1/29 감사용역비_상반기감사 국민은행(231) 800,000
1/29 감사용역비_2차여입 국민은행(231) -800,000 913,573,414
1/31 협회비_1월_승인번호테스트 국민은행(231) 6,000,000
1/31 수탁사업관련수입_1월 수입 국민은행(231) 35,000,000
1/31 사무용품_예수금0원테스트 국민은행(231) 10,000
1/31 감사용역비_상반기 일부 여입 국민은행(231) -130,000
1/31 보통예금 대체 분개 국민은행(231) 100,000
1/31 보통예금 대체 분개 국민은행(241) 100,000
1/31 ㄴㄴㄴㄴㄴㄴㄴㄴㄴㄴㄴㄴㄴㄴㄴㄴㄴㄴㄴㄴㄴㄴ 국민은행(231) 1,000
1/31 더존상사 1,000,000 941,692,414
[월 계] 933,723,414 7,031,000
[누 계] 948,723,414 7,031,000

<u>계정추이</u>

계정과목별로 월별잔액, 발생액, 전년대비금액 등을 조회할 수 있다.

[NEO-X : 더존디스] - [계 정 추 이]

회계단위 1000 ..본사　　　기 간 2004 년 01 월 - 2004 년 12 월

출력구분 1. 계정별　　　계정과목 10100 현금 - 99900 소득세등

코드	계정과목	이월	2004-1월	2004-2월	2004-3월	2004-4월	2004-5월
10100	현금	4,000,000.00	4,000,000.00	4,000,000.00	4,000,000.00	4,000,000.00	4,000,000.00
10200	당좌예금						
10301	보통예금						
10700	유가증권	1,500,000.00	1,500,000.00	1,500,000.00	1,500,000.00	1,500,000.00	1,500,000.00
10800	외상매출금						
11000	받을어음						
12200	소모품						
13500	부가세대급금						
20200	건물	1,005,000,000.00	1,005,000,000.00	1,005,000,000.00	1,005,000,000.00	1,005,000,000.00	1,005,000,000.00
21200	비품						
25500	부가세예수금						
29300	장기차입금	10,000,000.00	10,000,000.00	10,000,000.00	10,000,000.00	10,000,000.00	10,000,000.00
33100	자본금	1,000,500,000.00	1,000,500,000.00	1,000,500,000.00	1,000,500,000.00	1,000,500,000.00	1,000,500,000.00
40101	국내매출액						
40401	국내매출액						
60300	급여						
80200	직원급여						
	계	2,021,000,000.00	2,021,000,000.00	2,021,000,000.00	2,021,000,000.00	2,021,000,000.00	2,021,000,000.00

(4) 시산표작성

시산표는 특정 시점에서의 자산, 부채 및 자본의 잔액과 그 시점까지 발생한 수익과 비용의 총액을 좌우 대비하는 식으로 작성된 양식이다. 아래에서는 시산표의 한 양식인 합계잔액시산표가 전산프로그램에서 어떻게 작성되었는지를 보여준다. 합계잔액시산표는 입력된 자료가 대차차액 없이 정확히 처리되었는지를 검증하는 기능이다. 따라서 결산전 또는 결산후에 시산표에 작성함으로써, 전표처리의 정확성을 확인할 수 있다.

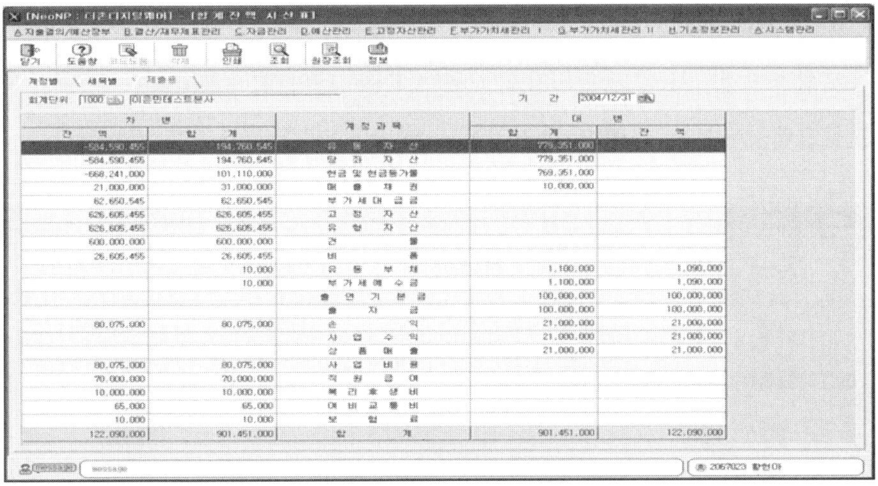

차변 잔액	차변 합계	계정과목	대변 합계	대변 잔액
-584,590,455	194,760,545	유동자산	779,351,000	
-584,590,455	194,760,545	당좌자산	779,351,000	
-668,241,000	101,110,000	현금 및 현금등가물	769,351,000	
21,000,000	31,000,000	매출채권	10,000,000	
62,650,545	62,650,545	부가세대급금		
626,605,455	626,605,455	고정자산		
626,605,455	626,605,455	유형자산		
600,000,000	600,000,000	건물		
26,605,455	26,605,455	비품		
	10,000	유동부채	1,100,000	1,090,000
	10,000	부가세예수금	1,100,000	1,090,000
		출연기본금	100,000,000	100,000,000
		출자금	100,000,000	100,000,000
80,075,000	80,075,000	손익	21,000,000	21,000,000
		사업수익	21,000,000	21,000,000
		상품매출	21,000,000	21,000,000
80,075,000	80,075,000	사업비용		
70,000,000	70,000,000	직원급여		
10,000,000	10,000,000	복리후생비		
65,000	65,000	여비교통비		
10,000	10,000	보험료		
122,090,000	901,451,000	합계	901,451,000	122,090,000

(5) 재무상태표

재무상태표는 일정한 시점의 재무상태를 나타내는 정태적 보고서이다. 포괄손익계산서를 작성하고 난 후의 당기순이익은 재무상태표상 이익잉여금에 주기하여 표시된다. 그리고 재무상태표상 이익잉여금은 이익잉여금처분계산서의 잉여금처분을 반영한 후의 금액인 차기이월이익잉여금이 표시된다.

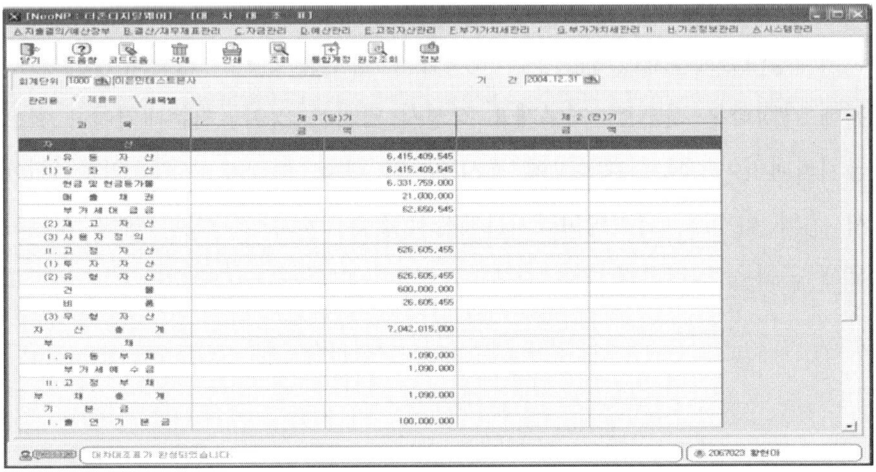

과목	제 3 (당)기 금액		제 2 (전)기 금액	
자산				
I. 유동자산		6,415,409,545		
(1) 당좌자산		6,415,409,545		
현금 및 현금등가물		6,331,759,000		
매출채권		21,000,000		
부가세대급금		62,650,545		
(2) 재고자산				
(3) 사용자정의				
II. 고정자산		626,605,455		
(1) 투자자산				
(2) 유형자산		626,605,455		
건물		600,000,000		
비품		26,605,455		
(3) 무형자산				
자산총계		7,042,015,000		
부채				
I. 유동부채		1,090,000		
부가세예수금		1,090,000		
II. 고정부채				
부채총계		1,090,000		
기본금				
I. 출연기본금		100,000,000		

(6) 포괄손익계산서

포괄손익계산서는 일정기간의 경영성과를 나타내는 동태적 보고서로서 프로그램상에서는 특별한 작업없이도 매월말 기간별 조회가 가능하다.

과 목	제 3 (당)기		제 2 (전)기	
	금 액		금 액	
I. 사 업 수 익		7,021,000,000		
상 품 매 출	1,021,000,000			
제 품 매 출	6,000,000,000			
II. 매 출 원 가				
III. 매 출 총 이 익		7,021,000,000		
IV. 사 업 비 용		80,075,000		
직 원 급 여	70,000,000			
복 리 후 생 비	10,000,000			
여 비 교 통 비	65,000			
보 험 료	10,000			
V. 영 업 이 익		6,940,925,000		
VI. 사 업 외 수 익				
VII. 사 업 외 비 용				
VIII. 경 상 이 익		6,940,925,000		
IX. 특 별 이 익				
X. 특 별 손 실				
X I. 법인세차감전순이익		6,940,925,000		
X II. 법 인 세 등				
X III. 당 기 순 이 익		6,940,925,000		

(7) 이익잉여금처분계산서

이익잉여금처분계산서는 이익잉여금의 총변동사항을 명확히 보고하기 위해 작성하는 것으로, 재무제표 작성시 당기분 잉여금처분내역이나 결손금처리내역이 재무상태표상에 표시되어야 한다. 따라서 포괄손익계산서에서 손익 확정후, 이익잉여금처분계산서(결손금처리계산서)의 해당 처분과목에 금액을 입력한다.

제 3 기 2004년 1월 1일 부터 2004년 12월 31일 까지 처분확정일 2004/12/31

과목	계정과목		제 3 (당)기 금액	
I. 처분전 이익잉여금				6,940,925,000
1. 전기이월 이익잉여금	37500	이월이익잉여금		
2. 회계변경의 누적효과	36900	회계변경의누적효과		
3. 전기오류수정이익	37000	전기오류수정이익		
4. 전기오류수정손실	37100	전기오류수정손실		
5. 중간배당액	26500	미지급배당금		
6. 당기순이익			6,940,925,000	
II. 임의적립금등의 이입액				
합계				6,940,925,000
III. 이익잉여금 처분액				
1. 이익준비금				
2. 기타법정적립금				
3. 주식할인발행차금 상각액				
4. 배당금				
가. 현금배당				
나. 주식배당				
5. 사업확장적립금				
6. 감채적립금				
IV. 차기이월 이익잉여금				6,940,925,000

(8) 현금흐름표

현금흐름표란 기업의 일정기간 동안에 발생한 현금의 변동내역을 나타내는 동태적 보고서로서 특정 회계기간의 현금의 유입과 유출내용을 적정하게 표시하고 있다.

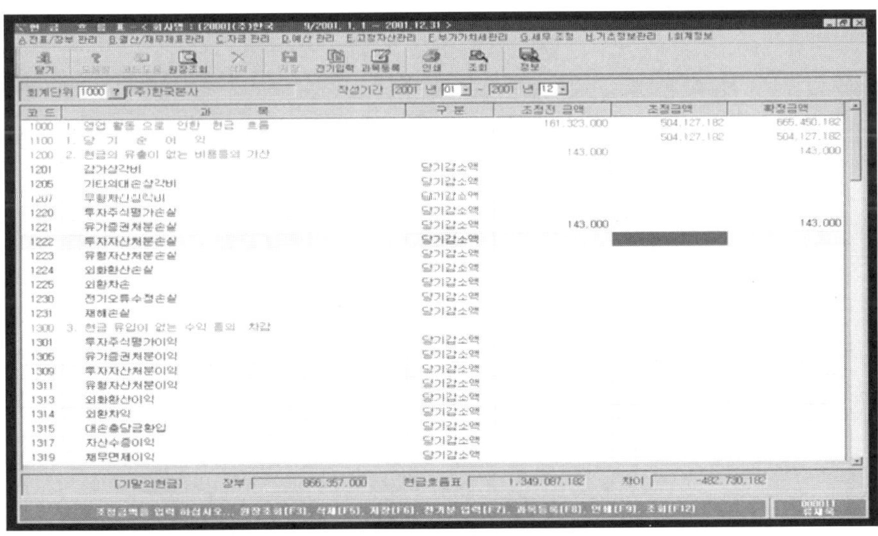

회계단위 1000 (주)한국본사 작성기간 2001 년 01 - 2001 년 12

코드	과목	구분	조정전 금액	조정금액	확정금액
1000	1. 영업 활동으로 인한 현금 흐름		161,323,000	504,127,182	665,450,182
1100	1. 당기순이익			504,127,182	504,127,182
1200	2. 현금의 유출이 없는 비용등의 가산		143,000		143,000
1201	감가상각비	당기감소액			
1205	기타외대손상각비	당기감소액			
1207	무형자산상각비	당기감소액			
1220	투자주식평가손실	당기감소액			
1221	유가증권처분손실	당기감소액	143,000		143,000
1222	투자자산처분손실	당기감소액			
1223	유형자산처분손실	당기감소액			
1224	외화환산손실	당기감소액			
1225	외환차손	당기감소액			
1230	전기오류수정손실	당기감소액			
1231	재해손실	당기감소액			
1300	3. 현금 유입이 없는 수익 등의 차감				
1301	투자주식평가이익	당기감소액			
1305	유가증권처분이익	당기감소액			
1309	투자자산처분이익	당기감소액			
1311	유형자산처분이익	당기감소액			
1313	외화환산이익	당기감소액			
1314	외환차익	당기감소액			
1315	대손충당금환입	당기감소액			
1317	자산수증이익	당기감소액			
1319	채무면제이익	당기감소액			

[기말의현금] 장부 866,357,000 현금흐름표 1,349,087,182 차이 -482,730,182

제 9 장 사회복지법인의 세무처리 및 보고

1. 사회복지법인의 실체
2. 사회복지법인의 납세의무
3. 법인세 관련 사항
4. 고유목적사업준비금
5. 이자소득에 대한 법인세 신고 특례
6. 상속세및증여세법에 의한 조세지원
7. 부가가치세법에 의한 지원
8. 공익법인의 납세협력의무
9. 공익법인이 준수하여야 할 사항
10. 공익법인의 해산

사회복지법인의 세무처리 및 보고 CHAPTER 09

1. 사회복지법인의 실체

소득에 대한 세금을 신고・납부하기 위해서는 사회복지법인의 인격에 대한 인식이 필요하다. 인격이란 권리・의무의 주체가 될 수 있는 자격이나 지위를 말한다. 민법은 자연인과 법인에 대하여 인격을 인정하고 있다. 자연인이란 권리능력자가 살아 있는 사람을 의미하며 출생과 동시에 인격을 취득하여 사망함으로써 그 인격이 소멸된다. 따라서 자연인은 생존하는 동안 인격을 갖게 된다.

한편 법인은 자연인과는 달리 법에 의하여 권리능력이 인정되는 사단과 재단을 말한다. 사단과 재단에는 민법상의 사단법인과 재단법인, 상법상의 주식회사 등이 있다. 법인은 설립등기를 함으로써 인격을 부여받게 되며, 청산완료등기에 의하여 인격이 소멸하게 된다. 따라서 법인은 설립기간 동안에만 인격(법인격)을 갖게 된다.

대부분의 조세는 자연인과 법인에게 공통적으로 부과되지만, 소득세와 상속세 등 자연인에게만 부과되는 조세와 법인세처럼 법인에게만 되는 조세도 있다. 여기서 특히 문제가 되는 것은 자연인인지 아니면 법인인지가 불분명할 경우이다. 예를 들면, 소득에 대한 과세는 자연인의 경우 소득세를 부과하고 법인의 경우 법인세를 부과하는데 자연인인지 법인인지 불분명할 경우 소득세를 납부할 것인지, 법인세를 납부할 것인지를 판단하기 어렵다.

일반적으로 사회복지법인의 경우 법인으로 설립등기를 함으로써 복지사업을 수행하는 경우가 대부분이다. 이 경우 사회복지법인은 법인에 해당하며 법인세 신고·납부의무를 진다. 그러나 설립등기가 되어 있지 않다면 이는 법인격 없는 단체로서 다음의 기준에 따라 세법상 실체의 인격을 판단한다.

1.1 법인으로 보는 법인격 없는 단체

(1) 무조건 법인으로 보는 단체

법인격 없는 단체 중 다음에 해당하는 단체에 대하여는 이를 법인으로 보아 국세기본법과 세법을 적용한다(국세기본법 13 ①).

① 주무관청의 허가 또는 인가를 받아 설립되거나 법령에 따라 주무관청에 등록된 사단·재단 또는 기타단체로서 등기되지 아니한 것

② 공익을 목적으로 출연된 기본재산이 있는 재단으로서 등기되지 아니한 것

(2) 신청·승인에 의하여 법인으로 보는 단체

무조건 법인으로 보는 단체 외의 법인격이 없는 단체 중 일정한 요건을 모두 갖춘 단체로서 대표자 또는 관리인이 관할 세무서장에게 신청하여 승인을 얻은 경우에는 이를 법인으로 보아 국세기본법과 세법을 적용한다(국세기본법 13 ②).

해 설

대부분의 사회복지법인의 경우 법인으로 설립등기를 마쳤거나, 주무관청의 허가 또는 인가를 받아 설립 또는 법령에 의하여 주무관청에 등록된 사단·재단 또는 기타단체에 속하거나 공익을 목적으로 출연된 기본재산이 있는 재단에 속한다. 따라서 법인으로 보아 법인세와 관련된 신고·납부의무를 이행하면 된다.

1.2 법인으로 보지 않는 법인격 없는 단체

법인격 없는 단체 중 국세기본법의 규정에 따라 법인으로 보는 단체 외의 단체는 이를 거주자로 보아 소득세법을 적용(즉, 법인세가 아닌 소득세를 납부)한다. 소득세법을 적용하는 경우 법인격 없는 단체는 1 거주자 또는 공동사업 중 어느 하나로 본다.

(1) 1 거주자로 보는 단체

대표자 또는 관리인이 선임되어 있으나 이익의 분배방법이나 분배비율이 정하여져 있지 않은 경우에는 동 단체를 1거주자로 보아 소득세법을 적용한다. 이 경우 1거주자로 본다는 것은 동 단체를 자연인 1인으로 보아 개인과 동일하게 소득세를 과세한다는 의미이다. 따라서 1거주자로 보는 단체의 소득은 그 단체의 대표자 또는 관리인의 다른 소득과 합산하여 과세하지 아니한다.

(2) 공동사업으로 보는 단체

1거주자로 보는 법인격 없는 단체 이외의 단체는 공동사업으로 본다. 따라서 단체의 구성원들이 그 지분 또는 손익분배비율에 의하여 분배되었거나 분배될 소득금액에 따라 각 거주자별로 납세의무를 진다(소득세법 2 ①, 소득세법 43 ②).

2. 사회복지법인의 납세의무

세법에서는 공익사업을 수행하는 사회복지법인을 지원하기 위하여 공익법인에 대한 특례규정을 마련하여 각종 과세대상에서 제외하고 있다. 그러나 이러한 조세지원제도를 조세회피의 수단으로 악용하는 사례도 관찰되고 있어 이를 규제하기 위하여 공익법인이 지켜야 할 의무규정을 두고 이를 준수할 경우 세금을 감면 또는 비과세 하는 반면 이를 지키지 않을 경우 과세하고 있다.

여기서, 사회복지법인의 성격을 규명하는 다양한 명칭이 존재하는데 이를 정리할 필요가 있다. 민법에서는 법인을 영리법인과 비영리법인으로 구분하고 있다. 그러나 사회복지법인은 사회복지사업법에 의해서 설립된 단체에 속하므로 민법에 따른 분류로는 구분이 되지 않지만 굳이 분류하자면 민법상 비영리법인과 성격을 같이 한다. 또한 상속·증여세법에서는 공익사업을 수행하는 비영리법인에 대하여 각종 조세혜택을 부여하고 있는 바, 이러한 법인을 공익법인이라고 명명하고 있다. 또한 법인세법에서도 법인을 영리법인과 비영리법인으로 구분하고 있는 바, 사회복지법인은 법인세법상 비영리법인에 속한다. 이와 같이 비영리법인, 사회복지법인, 공익법인 등의 다양한 명칭이 존재하지만 본 장에서는 주로 상속세및증여세법상 공익법인의 각종 조세혜택과 의무를 설명하고 있기 때문에 공익법인(상속세및증여세법) 또는 비영리법인(법인세법)으로 통일하여 부르기로 한다.

3. 법인세 관련 사항

3.1 수익사업이 있는 공익법인의 법인세 신고납부 의무

공익법인은 법인세법 제3조와 동 시행령 제2조에 열거하는 수익사업에서 발생한 소득에 대하여만 제한적으로 각 사업연도 소득에 대한 법인세가 과세된다.

법인세신고 대상 수익사업

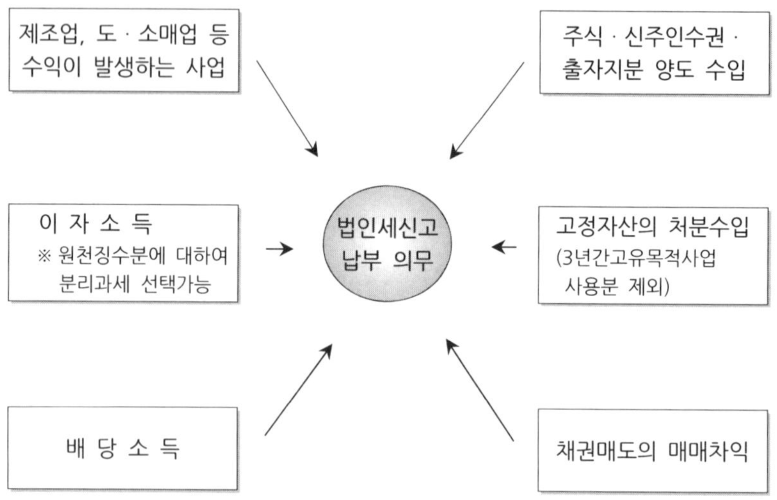

여기에서 법인세법상 각 사업연도의 소득은 다음의 수익사업에서 생기는 소득을 말한다(법인세법 3 ③).

① 제조업, 건설업, 도 · 소매 및 소비자용품수리업, 부동산 · 임대 및 사업서비스업 등 수익이 발생하는 사업으로서 대통령령이 정하는 것

② 이자소득

③ 배당소득

④ 주식 · 신주인수권 또는 출자지분의 양도로 인하여 생기는 수입

⑤ 고정자산(고유목적사업에 직접 사용하는 고정자산으로서 대통령령이 정하는 것을 제외한다)의 처분으로 인하여 생기는 수입

⑥ 소득세법 제94조제1항제2호 및 제4호에 따른 자산의 양도로 생기는 수입

⑦ ①부터 ⑥까지의 규정 외에 대가를 얻는 계속적 행위로 인하여 생기는 수입으로서 대통령령으로 정하는 것

3.2 각 사업연도 소득금액의 계산

각 사업연도의 과세소득금액은 각 사업연도에 속하거나 속하게 될 익금총액에서 손금총액을 차감하여 계산한다. 비영리법인의 각 사업연도 소득금액계산은 세법이 정한 수익사업의 소득에 대하여만 적용하는 것이며, 비영리사업에 대하여는 적용하지 않는다. 따라서 수익사업의 소득금액계산은 영리법인과 같은 방법에 따라 수익사업의 각 사업연도의 익금총액에서 손금총액을 차감하여 계산하여야 한다.

3.3 과세표준의 계산

과세표준이란 세법에 의하여 직접적으로 세액산출의 기초가 되는 과세물건의 수량 또는 가액을 말하는 것으로 법인세의 과세표준은 가액으로 산출한다. 비영리법인의 수익사업에 대한 과세표준은 영리법인과 같은 방법에 따라 계산한다.

3.4 산출세액의 계산

법인세액의 산출은 과세표준에 세율을 곱하여 산출된 금액으로 한다. 비영리법인의 세액산출도 영리법인의 산출세액 계산방법에 따라 계산한다.

3.5 법인세율

비영리법인의 세율은 다음과 같이 영리법인의 세율과 동일하다.

과 세 표 준	세 율
2억원 이하	10%
2억원 초과	₩20,000,000 + 1억원 초과금액의 22%

3.6 과세표준 및 세액의 신고·납부

비영리법인의 수익사업에 대한 과세표준 및 세액의 신고 · 납부는 영리법인의 법인세법을 적용받기 때문에 과세소득이 발생하지 않고 결손금이 발생한 경우에도 영리법인과 동일하게 법인세 과세표준 및 세액신고를 하여야 한다. 다만, 이자소득에 대하여는 신고납세와 분리과세(원천징수납부방법)방법 중 선택하여 신고 · 납부할 수 있다.

3.7 장부의 비치·기장

납세의무가 있는 비영리법인은 장부를 비치하고 복식부기에 의하여 이를 기장하여야 하며, 관련된 주요 증빙서류를 비치 · 보존하여야 한다. 다만 비영리내국법인이 제조업 · 부동산임대사업과 기타 계속적 행위로 인하여 생기는 수익사업을 영위하지 않는 경우에는 장부의 기장 및 증빙서류를 비치 · 보존하지 않아도 된다.

3.8 가산세의 적용

비영리법인은 그 수익사업에 대하여 영리법인과 동일하게 가산세가 부과된다.

3.9 청산소득과 법인세

청산소득이란 그 법인의 해산에 의한 잔여재산의 가액에서 해산일 현재의 납입자본금 또는 출자금과 잉여금의 합계액을 차감한 금액을 말한다. 영리법인의 청산소득은 법인세부과 대상이지만 비영리법인의 청산소득은 법인세 부과 대상이 아니다.

4. 고유목적사업준비금

4.1 고유목적사업이란?

고유목적사업이란 법령 또는 정관에 규정된 설립목적을 직접 수행하는 사업으로서 법인세법시행령 제2조 제1항의 수익사업외의 사업을 말한다(법인세법시행령 56 ⑤).

4.2 수익사업회계와 고유목적사업회계

사회복지법인의 수익사업에 대한 회계처리는 회계기준에 따라 처리한다. 수익사업은 사회복지법인의 운영에 충당하기 위한 것이기 때문에 수익사업에서 생긴 잉여금은 그 복지사업에 충당한다. 세법은 비영리법인의 수익사업소득에 대하여는 법인세를 납부하도록 규정하고 있으므로 사회복지법인이 운영하는 수익사업소득에 대해서도 법인세를 납부하여야 한다.

그러나 사회복지법인의 수익사업에서 목적사업으로 지출・전출하는 자산가액은 세법이 정한 소득금액의 범위 내에서 전액이 고유목적사업준비금으로 손금산입되므로 목적사업으로 소득금액 전액이 지출・전출된다면 법인소득금액이 영(0)으로 되어 과세소득이 없는 것으로 볼 수 있다. 수익사업에서 목적사업에 지출하는 자산가액 중 수익사업의 소득금액에 속하는 금액은 고유목적사업준비금으로 지출・전출한 것으로 처리하고, 그 소득금액을 초과하는 금액은 자본원입액의 반환으로 처리한다.

수익사업에서 비영리사업으로 지출하는 자산과 고유목적사업준비금의 관계

비영리사업으로 지출하는 자산	=	고유목적 사업준비금	=	자 본
사회복지사업법에 의하여 성립한 사회복지법인의 수익사업에서 그 법인이 운영하는 비영리사업으로 지출하는 자산가액	=	소득금액의 범위 이내에 속하는 가액은 고유목적사업준비금의 지출로 전액 손금산입	=	고유목적사업준비금의 손금산입을 초과하는 자 산가액은 수익사업의 자본감소(자본원입액의 반환)

수익사업에서 생긴 잉여금을 목적사업으로 지출·전출하는 것은 조세부담의 회피를 위한 것이 아니라 복지사업의 운영을 위한 것이다. 세법은 수익사업에서 생긴 잉여금을 복지사업에 지출·전출하지 않을 때 수익사업의 소득에 대해서 과세한다. 원래 수익사업의 자본은 사회복지법인의 고유목적 사업인 복지사업에서 전입받은 것이므로 수익사업의 자산을 복지사업으로 반환하는 것은 자본원입액의 반환으로 처리한다. 수익사업의 자산을 목적사업에 지출·전출할 때 세법이 정한 고유목적사업준비금의 지출·전출액 해당액을 차감한 잔액을 자본원입액의 반환으로 처리한다. 이를 분개하면 다음과 같다.

<수익사업 회계>

(차)	고유목적사업준비금 전입액	×××	(대)	자 산	×××
	자 본	×××			

4.3 고유목적사업준비금 설정 대상

수익사업에서 발생하는 소득을 고유목적사업에 충당하였거나 향후 충당하기로 한 경우 세법에서는 고유목적사업준비금이라는 제도를 통하여 일정금액에 대하여 과세표준을 감소시킴으로서 세부담을 경감해 준다(법인세법 29 ①). 예를 들면 수익사업에서 ₩100의 소득이 발생하였고 세

율이 20%라고 할 경우 납부하여야 할 세금은 ₩20이 되겠지만 세법에서 ₩100의 고유목적사업준비금을 허용한다면 과세표준은 영(0)이 되어 납부하여야 할 세금은 존재하지 않는다. 다만 세법에서는 목적사업에 사용하기로 한 ₩100을 당해연도에 사용하거나 향후 5년 이내에 사용하여야 할 것을 제한하고 있다. 만약 향후 5년 이내에도 고유목적사업에 사용하지 않는다면 세법에서는 이를 과세한다. 사회복지법인의 고유목적사업준비금 설정한도는 다음과 같다.

구　분	한 도 액	근 거 법 령
사 회 복 지 법 인	수익사업소득 × 100%	조특법 74 ①

4.4 고유목적사업준비금의 사용 및 익금산입

(1) 고유목적사업준비금의 사용

손금에 산입한 사업연도 이후 5년 이내에 설립목적을 직접 수행하는 고유목적사업 또는 지정기부금에 사용하여야 한다(법인세법 29 ②). 그러면 전기로부터 이월된 고유목적사업준비금과 당해연도에 설정한 고유목적사업준비금 중 어느 것부터 사용한 것으로 볼까? 또한 고유목적사업준비금으로 설정하기 전 또는 전기로부터 이월된 고유목적사업준비금을 초과하여 목적사업에 지출한 금액은 어떻게 처리하여야 할까? 이러한 물음에 대한 해답은 고유목적사업준비금의 사용 순서에 대한 규정에서 찾을 수 있다. 즉, 비영리내국법인이 세법에 따라 손금으로 계상한 고유목적사업준비금을 고유목적사업 등에 지출하는 경우에는 다음의 순서에 따라 지출한 것으로 본다(법인 ②).

① 먼저 계상한 준비금부터 사용한 것으로 본다.

② 직전사업연도 종료일 현재의 고유목적사업준비금 잔액을 초과하여 고유목적사업 등에 지출한 금액은 이를 해당 사업연도의 고유목적

사업준비금으로 계상하여 지출한 것으로 본다.

만약 전기에 이월된 잔액이 ₩100이고 당기에 이자수익이 ₩500(원천징수세액 ₩70) 발생하였고 목적사업비로 ₩450을 지출하였다면 당기에 고유목적사업준비금전입액은 얼마이며 납부하여야 할 세금은 얼마인가?

해 설

세법에서는 당기에 ₩500을 고유목적사업준비금으로 설정할 수 있다. 당기에 지출한 목적사업비는 총 ₩450이며 이는 전기로부터 이월된 잔액 ₩100을 먼저 사용한 것으로 보기 때문에 당기의 이자수익 중 당기에 사용한 금액은 ₩350이 된다. 따라서 사실상 미사용(차기로 이월)되어 고유목적사업준비금으로 설정할 수 있는 금액은 ₩150이 될 것으로 생각할 수도 있다. 이 경우 과세표준은 당기의 이자수익 ₩500에서 고유목적사업준비금전입액 ₩150을 공제한 ₩350이 되어 이에 해당하는 세금을 납부하여야 할 것이다. 그러나 이렇게 된다면 공익법인 입장에서는 당해연도에 발생한 이자수익 ₩500중에서 ₩350을 지출하고도 고유목적사업준비금전입액으로 ₩150만 인정받게 되는 문제가 발생된다. 이런 문제점을 해결하기 위하여 세법에서는 전기로부터 이월된 고유목적사업준비금 잔액을 모두 사용하고 이를 초과하여 당기에 발생한 수익 중 목적사업비로 지출한 금액이 있다면 이를 당기에 고유목적사업준비금전입액으로 설정한 것으로 본다. 따라서 상기 사례에서 세법은 당기의 수익 중 당기에 사용한 ₩350을 당기에 고유목적사업준비금전입액으로 처리한 것으로 보고 차기로 이월된 ₩150도 향후 5년 내에 목적사업비로사용할 것을 조건으로 하여 당기에 고유목적사업준비금전입액으로 설정할 수 있어 총 ₩500을 고유목적사업준비금전입액으로 처리할 수 있다. 이 경우 과세표준은 당기의 이자수익 ₩500에서 고유목적사업준비금전입액 ₩500을 제하여 영(0)이 되어 산출세액은 영(0)이 되고 따라서 이미 납부한 세금(원천징수세액) ₩70을 환급받아 차기에 목적사업비로 사용할 수 있다.

---

(2) 고유목적사업에 지출한 것으로 보는 금액

다음의 금액은 고유목적사업에 지출 또는 사용한 금액으로 본다(법인세법 시행령 56 ⑥).

① 비영리내국법인이 당해 고유목적사업의 수행에 직접 소요되는 인건비 등 필요경비로 사용하는 금액

② 특별법에 의하여 설립된 법인(당해 법인에 설치되어 운영되는 기금 중 국세기본법 제13조의 규정에 따라 법인으로 보는 단체 포함)으로서 건강보험·연금관리 및 공제사업 및 제2조 제1항 제8호에서 규정된 사업을 영위하는 비영리내국법인이 손금으로 계상한 고유목적사업준비금을 법령에 따라 기금 또는 준비금으로 적립한 금액

(3) 고유목적사업준비금 잔액의 익금산입

다음의 사유가 발생하는 경우에는 해당 사유가 발생한 날이 속하는 사업연도의 소득금액을 계산함에 있어 고유목적사업준비금 잔액을 익금에 산입하여야 한다. 또한 "④"의 경우 익금산입시 이자상당액을 법인세에 가산하여 납부하여야 한다(법인세법 29 ③). 미사용 고유목적사업준비금을 익금에 산입하는 경우는 다음과 같다. 이 경우 공익법인은 익금산입되는 금액 만큼 과세표준 증액되어 세부담이 증가된다.

① 해산한 때

② 고유목적사업을 전부 폐지한 때

③ 법인으로 보는 단체가 승인취소되거나, 거주자로 변경된 때

④ 준비금을 손금으로 계상한 사업연도 종료일이후 5년이 되는 날까지 고유목적사업 등에 사용하지 아니한 때(5년내 사용하지 아니한 잔액에 한함)

해 설

1. 비영리법인이 수행하는 사업이 해당 비영리법인의 법령 또는 정관에 규정된 고유목적사업이라 하더라도 법인세법시행령 제2조 제1항에 규정된 수익 사업에 해당하는 경우에는 고정자산의 취득 등 동 수익사업을 위하여 지출하는 금액(의료법인의 의료기기 취득은 제외)은 고유목적사업에 사용한 것으로 보지 않음.(서이46012-10969, '02.5.7)
2. 고유목적사업준비금 잔액이 없거나 해당사업연도중 고유목적사업준비금을 설정하지 아니하여 직접 지출한 고유목적사업비는 이를 해당사업연도에 준비금으로 계상하여 지출한 것으로 보는 것임.(법인 46012-1326,'95.5.15)

5. 이자소득에 대한 법인세 신고 특례

대부분의 공익법인은 이자소득이 유일한 수익사업이다. 예를 들면 특정인이나 단체로부터 기금을 출연받았거나 기부받은 경우 기금 또는 잉여자금의 안정적인 관리를 위하여 금융상품에 투자하는 경우 이자소득이 발생한다. 이 경우 해당 금융상품의 투자는 공익법인의 고유목적사업은 아니고 수익사업의 일환으로 본다. 만약 특정 공익법인의 이자소득에 대한 세무신고는 다음의 두가지 중 하나를 선택할 수 있다.

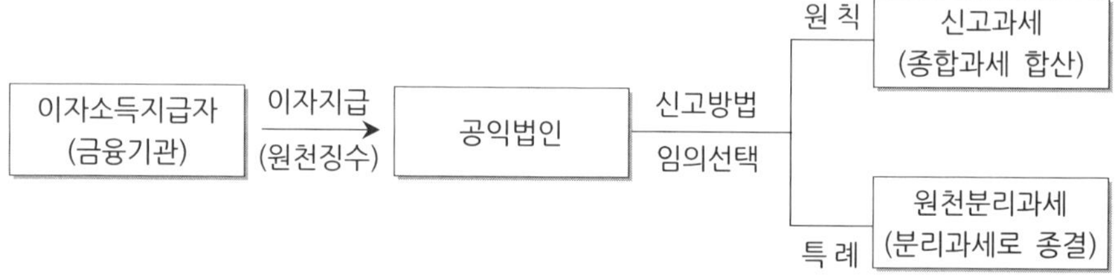

5.1 공익법인의 이자소득에 대한 과세표준 신고 특례

공익법인의 이자소득은 다른 소득과 달리 법인세 과세표준신고를 하지 아니할 수 있다. 이 경우 과세표준에 포함하지 아니한 이자소득(이자소득 중 일부도 가능함)은 이자소득 수령시 원천징수 방법에 의해 납부한 것으로 신고의무가 종결된다. 즉, 공익법인 이자소득을 지급받을 때 이자소득의 14%를 원천징수하고 나머지만을 지급받는다. 금융기관은 원천징수한 이자소득을 일정한 방법에 의하여 과세관청에 납부한다.

이 경우 공익법인은 1) 해당 이자소득을 과세표준에 포함하여 과세표준을 신고하고 세액을 납부(또는 환급)하는 방법과 2) 해당 이자소득을 과세표준에 포함하지 않음으로써 원천징수된 것으로 세무의무를 종결할 수도 있다. 이는 공익법인에게만 존재하는 특례이다. 또한 과세표준신고를 하지 아니한 이자소득에 대하여는 수정신고 또는 경정 등에 의하여 과세표준에 포함할 수 없다(법인세법 62).

5.2 이자소득만 있는 공익법인의 법인세 신고특례

공익법인은 이자소득 이외에 다른 수익사업이 없는 경우가 대부분이다. 이 경우 세무신고는 매우 간단하다. 구체적으로 공익법인은 특례에 의하여 과세표준에 포함하여 세무신고를 할 수도 있고, 원천징수로 종결할 수도 있다. 만약 이자소득에 대하여 과세표준에 포함하여 세무신고 하는 것을 선택하였다면 이자소득의 100%를 고유목적사업준비금으로 설정할 수 있어 과세표준은 영(0)이 되어 산출세액은 영(0)이 되고 원천징수로 이미 납부한 세금(이자소득의 14%)는 전액 환급받을 수 있다. 이와 같이 이자소득만이 있는 공익법인은 고유목적사업준비금을 설정하여 법인세법 시행규칙 제82조 제②항에서 규정한 간이신고서식에 의하여 법인세 과세표준을 신고할 수 있다. 또한 영리법인의 정규 세무신고와는 달리 손익계산서・이익잉여금처분계산서・세무조정계산서를 첨부할 필요도 없으며 다음의 간이신고서식만 작성・신고하면 된다.

① 법인세과세표준 및 세액신고서(법인세법 시행규칙 별지 56호 서식)

② 고유목적사업준비금조정명세서(법인세법 시행규칙 별지 27호 서식)

③ 원천납부세액명세서(법인세법 시행규칙 별지 제10호 서식(갑)(을))

[별지 제56호서식] (앞 쪽)

<table>
<tr><td>※ 관리번호</td><td colspan="4" rowspan="2">법인세·농어촌특별세 과세표준(조정계산)
및 세액신고서
(이자소득만 있는 비영리법인 신고용)</td><td>처리기간</td></tr>
<tr><td>-</td><td>즉 시</td></tr>
<tr><td>① 소 재 지</td><td colspan="5"></td></tr>
<tr><td>② 법 인 명</td><td></td><td>③ 대표자성명</td><td colspan="3"></td></tr>
<tr><td>④ 사 업 자 등 록 번 호</td><td></td><td>⑤ 사 업 연 도</td><td></td><td>⑥ 전 화 번 호</td><td></td></tr>
</table>

<table>
<tr><td colspan="3">구 분</td><td>법 인 세</td><td>농 어 촌 특 별 세</td></tr>
<tr><td rowspan="5">과세표준계산</td><td colspan="2">⑦ 이 자 소 득 금 액 계</td><td></td><td></td></tr>
<tr><td colspan="2">⑧ 준 비 금 손 금 산 입 액</td><td></td><td></td></tr>
<tr><td colspan="2">⑨ 각사업연도소득금액(⑦ - ⑧)</td><td></td><td></td></tr>
<tr><td colspan="2">⑩ 비 과 세 소 득</td><td></td><td></td></tr>
<tr><td colspan="2">⑪ 과 세 표 준 (⑨ - ⑩)</td><td></td><td></td></tr>
<tr><td rowspan="9">세액의계산</td><td colspan="2">⑫ 세 율</td><td></td><td></td></tr>
<tr><td colspan="2">⑬ 산 출 세 액</td><td></td><td></td></tr>
<tr><td rowspan="4">기납부세액</td><td>⑭ 중 간 예 납 세 액</td><td></td><td></td></tr>
<tr><td>⑮ 원 천 납 부 세 액</td><td></td><td></td></tr>
<tr><td>⑯ ( ) 세 액</td><td></td><td></td></tr>
<tr><td>⑰ 계(⑭ + ⑮ + ⑯)</td><td></td><td></td></tr>
<tr><td colspan="2">⑱ 차감납부할 세액(⑬ - ⑰)</td><td></td><td></td></tr>
<tr><td colspan="2">⑲ 분 납 할 세 액</td><td></td><td></td></tr>
<tr><td colspan="2">⑳ 차감납부할 세액(⑱ - ⑲))</td><td></td><td></td></tr>
</table>

<table>
<tr><td colspan="2">국세환급금계좌신고</td><td colspan="2">대표자 성명 (서명 또는 인)</td></tr>
<tr><td>㊲ 예 입 처</td><td></td><td rowspan="3">서초세무서장 귀하</td><td></td></tr>
<tr><td>㊳ 예 금 종 류</td><td></td><td>수수료</td></tr>
<tr><td>㊴ 계 좌 번 호</td><td></td><td>없 음</td></tr>
</table>

22226 - 48711민
99.4.1.개정승인

이 서식은 무료로 배부합니다.

210㎜×297㎜
(전산용지 70g/㎡)

[별지 제27호서식] (앞 쪽)

사업연도	~	고유목적사업준비금조정명세서	법인명	

※관리번호 □□ - □□ 사업자등록번호 □□□ - □□ - □□□□□

※ 표시란은 기입하지 마십시오.

1. 손금산입액 조정

① 소득금액	② 당기익금 산입액 (②=⑳)	③ 당기계상 고유목적 사업준비금	④ 법 제24조 제2항 기부금	⑤ 당해사업연도 소득금액 (①+②+③+④)	⑥ 법 제29조 제1항제1호 내지 제3호 금액	⑦ 법제13조 제1호 결손금

⑧ 법 제24조 제2항 기부금	⑨ 수익사업 소득금액 (⑤-⑥-⑦-⑧)	⑩ 손금 산입률	⑪ 손금산입 한도액 (⑥+⑨×⑩)	⑫ 당기계상 고유목적 사업 준비금 (⑫=③)	⑬ 손금부인액 (⑫-⑪)
		$\frac{100(50,80)}{100}$			

2. 고유목적사업준비금명세서

⑭ 사업연도	⑮ 손금 산입액	⑯ 직전연도까지 고유목적사업 지출액	⑰ 당해 사업연도 고유목적사업 지출액	⑱ 잔액(⑮-⑯-⑰)	
				⑲ 5년이내분	⑳ 5년경과분
(당기)					
계					

22226 - 48811일 210㎜×297㎜
03.2. 개정승인 (신문용지 54g/㎡ (재활용품))

[별지 제10호서식(갑)] (앞 쪽)

사 업 연 도	~	원천납부세액명세서(갑)		법인명	
※관리번호 -		사업자등록번호 - -			
※ 표시란은 기입하지 마십시오.					
① 적 요	② 원천징수 의 무 자	③ 원 천 징 수 일	④ 이 자 금 액	⑤ 세 율	⑥ 법인세
합 계					

22226 - 01821일 210㎜×297㎜
99.4.1.개정승인 (신문용지 54g/㎡ (재활용품))

사회복지법인 영진복지관은 이자소득외에 다른 수익사업이 없으며 영진복지관의 20×5 회계연도(20×5.1.1 ~ 20×5.12.31)중 이자소득 및 사용내역이 다음과 같을 때 영진복지관이 간이신고서식에 의하여 법인세과세표준 및 세액신고서를 작성·제출해 보자.

(1) 이자수익 내역

구 분	이 자 수 익	원천징수된 세액	실 수 령 액
이 자 수 익 (20×5.1.1 – 20×5.12.31)	₩100,000,000	₩14,000,000	₩86,000,000

영진복지관은 당해연도 이자수익 ₩100,000,000 중 원천징수된 ₩14,000,000원을 제외한 ₩86,000,000을 전액 당해연도의 고유목적사업에 사용하였다.

(2) 고유목적사업준비금 내역

설정연도	이자수익	직전연도말까지 고유목적사업지출액	잔 액
20×4년	₩60,000,000	₩50,000,000	₩10,000,000

(3) 고유목적사업준비금 기설정액(20×4년분)중 미사용분 ₩10,000,000은 기중에 영진복지관의 사업비로 사용하였다.

해 설

(1) 20×4년에 발생한 이자수익 ₩60,000,000 중 ₩50,000,000은 고유목적에 사용하였고 나머지 ₩10,000,000은 이후연도에 이월하여 사용(향후 5년 이내에만 사용하면 됨) 하기로 하고 20×5년도로 이월하였다. 그런데 상기의 사례에서와 같이 20×5년에 전기분 ₩10,000,000원을 고유목적사업에 지출하여 5년 이내에 사용하였다.

(2) 20×5년도에 ₩100,000,000의 이자소득이 발생하였지만 ₩14,000,000은 세금으로 원천징수되어 실제로 ₩86,000,000만을 수령할 수 있었다. 따라서 영진복지관은 ₩86,000,000만을 당해연도에 목적사업으로 사용할 수 있었다. 그러나 나머지 ₩14,000,000을 향후 5년 이내에 목적사업비로 사용한다는 조건으로 ₩100,000,000 전액에 대하여 고유목적사업비전입액으로 처리하여 손비로 인정받을 수 있으며, 상기 사례에서 이를 가정하여 당기에 ₩100,000,000을 고유목적사업준비금전입액으로 설정하였다면 그 결과 과세표준은 이자수익 ₩100,000,000에서 고유목적사업준비금 ₩100,000,000을 감한 결과 영(0)이 되고 산출세액은 영(0)이 되어 이미 납부한 세금(원천징수세액) ₩14,000,000을 환급받을 수 있다.

그러나 또 다른 선택으로 상기 사례에서 영진복지관이 세무신고를 하지 않을 수도 있다. 이 경우 영진복지관은 이미 납부한 원천징수세액 ₩14,000,000을 환급받지 못하는 손해를 보게 되지만 세법에서 이를 허용하고 있으므로 세법을 위반한 것은 아니다.

[별지 제56호서식]　　　　(앞 쪽)

※ 관리번호	법인세·농어촌특별세 과세표준(조정계산) 및 세액신고서 (이자소득만 있는 비영리법인 신고용)	처리기간
-		즉 시

① 소 재 지			
② 법 인 명	사회복지법인 영진복지관	③ 대표자성명	강철호

④ 사 업 자 등록번호	123-82-00023	⑤ 사업연도	20×5	⑥ 전화번호	123-4567

구 분			법 인 세	농어촌특별세
과세표준계산	⑦ 이자소득금액계		₩100,000,000	
	⑧ 준비금손금산입액		100,000,000	
	⑨ 각사업연도소득금액(⑦ - ⑧)			
	⑩ 비과세소득			
	⑪ 과세표준(⑨ - ⑩)			
세액의계산	⑫ 세율			
	⑬ 산출세액			
	기납부세액	⑭ 중간예납세액		
		⑮ 원천납부세액	14,000,000	
		⑯ ( ) 세액		
		⑰ 계(⑭ + ⑮ + ⑯)	14,000,000	
	⑱ 차감납부할 세액(⑬ - ⑰)		△14,000,000	
	⑲ 분납할세액			
	⑳ 차감납부할 세액(⑱ - ⑲))		△₩14,000,000	

국세환급금계좌신고		대표자 성명　(서명 또는 인)	
㊲ 예입처		세무서장 귀하	수수료
㊳ 예금종류			없 음
㊴ 계좌번호			

22226 - 48711민
99.4.1.개정승인

이 서식은 무료로 배부합니다.

210㎜×297㎜
(전산용지 70g/㎡)

[별지 제27호서식] (앞 쪽)

사업연도	20×5. 1. 1. ~ 20×5.12.31	고유목적사업준비금조정명세서	법인명	사회복지법인 영진복지관

※관리번호 | | - | | 사업자등록번호 1 2 3 - 8 2 - 0 0 0 2 3

※ 표시란은 기입하지 마십시오.

1. 손금산입액 조정

① 소득금액	② 당기익금 산입액 (②=⑳)	③ 당기계상 고유목적 사업준비금	④ 법제24조 제2항 기부금	⑤ 당해 사업연도 소득금액 (①+②+③+④)	⑥ 법제29조 제1항제1호 내지제3호 금액	⑦ 법제13조 제1호 결손금
-	-	100,000,000	-	100,000,000	100,000,000	-

⑧ 법제24조 제2항 기부금	⑨ 수익사업 소득금액 (⑤-⑥-⑦-⑧)	⑩ 손금 산입률	⑪ 손금산입 한도액 (⑥+⑨×⑩)	⑫ 당기계상 고유목적 사업 준비금 (⑫=③)	⑬ 손금부인액 (⑫-⑪)
-	0	100/100	100,000,000	100,000,000	0

2. 고유목적사업준비금명세서

⑭ 사업연도	⑮ 손금산입액	⑯ 직전연도까지 고유목적사업 지출액	⑰ 당해 사업연도 고유목적사업 지출액	⑱ 잔액(⑮-⑯-⑰)	
				⑲ 5년이내분	⑳ 5년경과분
2004	60,000,000	50,000,000	10,000,000		
(당기)	100,000,000		86,000,000	14,000,000	
계	160,000,000	50,000,000	96,000,000	14,000,000	

22226 - 48811일
03.2. 개정승인

210㎜×297㎜
(신문용지 54g/㎡ (재활용품))

[별지 제10호서식(갑)] (앞 쪽)

사 업 연 도	20×5. 1. 1. ~ 20×5.12.31	원천납부세액명세서(갑)		법인명	사회복지법인 영진복지관
※관리번호 □□ - □□		사업자등록번호 123 - 82 - 00023			
※ 표시란은 기입하지 마십시오.					
① 적 요	② 원천징수 의무자	③ 원 천 징 수 일	④ 이 자 금 액	⑤ 세 율	⑥ 법인세
예금이자	A은행	20×5. 2.25	20,000,000	14%	2,800,000
예금이자	B은행	20×5. 6.25	30,000,000	14%	4,200,000
예금이자	C은행	20×5.12.22	50,000,000	14%	7,000,000
합 계			100,000,000		14,000,000

22226 - 01821일
99.4.1.개정승인

210㎜×297㎜
(신문용지 54g/㎡ (재활용품))

5.3 수익사업 개시 신고

비영리법인이 새로 수익사업을 개시(이자소득은 수익사업에 속하지만 예외적으로 신고하지 않아도 됨)한 때에는 그 개시일부터 2월 이내에 수익사업 개시신고서에 그 사업개시일부 현재의 그 수익사업에 관련된 재무상태표 등을 납세지 관할세무서장에게 신고하여야 한다(법인세법 110).

6. 상속세및증여세법에 의한 조세지원

6.1 출연재산에 대한 상속세 면제

피상속인이 사망 전에 유증(遺贈) 또는 사인증여(死因贈與) 방법에 따라 공익사업에 출연한 재산과 상속인이 상속받은 재산 중 공익사업에 출연한 재산에 대해서는 상속세가 면제된다.

그러나, 상속세를 면제받은 재산 및 그 재산에서 생기는 이익이 상속인 및 그와 특수관계 있는 자에게 귀속되는 경우에는 그 가액에 대하여 상속세를 추징한다(상속세및증여세법 16 ①).

(1) 출연재산이란?

민법상 "출연"이라 함은 본인의 의사에 의하여 자기의 재산을 감소시키고 타인의 재산을 증가시키는 효과를 가져오는 행위를 말한다. 상속세및증여세법상 "출연"이라 함은 기부 또는 증여 등의 명칭에 불구하고 공익사업에 사용하도록 무상으로 재산을 제공하는 행위를 말하며, 그 출연행위에 의하여 제공된 재산을 출연재산이라고 한다. 즉, 공익법인이 무상으로 얻은 재산이 출연재산이 되는 것이며, 대가를 수반하여 제공받은 재산은 출연재산으로 볼 수 없다.

---

1. 회원들이 납부하는 회비의 출연재산 해당여부
   (1) 정관의 규정에 따라 회원이 납부하는 일반회비는 회원의 의무에 따라 강제된 재산의 제공이므로 사후관리대상인 출연재산이라 할 수 없다.
   (2) 일반회비 외에 찬조금이나 특별회비 등의 명목으로 무상으로 증여받은 경우에는 출연재산에 포함된다.

---

(2) 출연 시한

재산을 출연한다는 것은 출연할 재산의 소유권을 공익법인에게 이전하는 것을 말한다. 따라서 재산을 출연할 의사표시를 하고 이를 이행하지 아니한다면 결과적으로 출연하지 않은 것과 같으므로 상속세 신고기한(6개월)까지 공익법인에 재산을 출연하는 경우에 한하여 상속세를 면제한다.

다만, 법령 또는 행정상의 사유로 소유권이전이 지연되는 경우와 상속재산을 출연하여 공익법인을 설립하는 경우로서 부득이한 사유로 설립허가 등이 지연되는 경우에는 그 사유가 종료된 날부터 6월 이내에 출연하면 된다.

- 공익법인 등에의 출연시기 및 출연시한[기본통칙 16－13…2]
  - ① 공익법인 등에 출연한 재산의 출연시기는 동 공익법인 등이 출연재산을 취득하는 때를 말한다.
  - ② 공익법인 등에 출연한 재산은 상속세신고기한까지 공익법인 등에 그 출연을 이행(등기 · 등록 등을 요하는 재산의 경우 등기등록에 의하여 소유권이 이전된 것을 말함)하여야 한다. 다만, 법령상 또는 행정상의 정당한 사유로 인하여 설립허가 등이 지연되는 경우에는 그 사유가 종료된 날부터 6월 이내에 그 출연을 이행하여야 한다.

---

(3) 상속인이 출연하는 경우

상속인들의 합의에 의한 의사에 따라 상속개시일로부터 6월이내에 출연하되, 상속인이 출연받는 공익법인 등의 이사현원(5인에 미달하는 경우에는 5인)의 5분의 1을 초과하여 이사가 되거나, 이사의 선임 기타 사업운영에 관한 중요사항을 결정할 권한이 없어야 한다.

(4) 상속재산 중 주식 또는 출자지분을 출연하는 경우

내국법인의 의결권 있는 주식 등을 출연하는 경우에는 해당 내국법인의 총 발행주식수의 5% (성실공익법인[1]의 경우 10%) 이내인 경우에 한하여 상속세가 면제되는 것이나, 총 발행주식수의 5%를 초과하여 출연한 주식에 대해서는 상속세가 과세된다. 다만 다음의 4가지 요건을 모두 충족시키는 경우에는 5% 또는 10%를 초과하여도 상속세 또는 증여세가 과세하지 아니한다.

① 성실공익법인에 해당하거나 또는 국가 · 지방자치단체가 출연하여 설립한 공익법인 등

② 상호출자제한기업집단과 특수관계에 있지 않고

③ 해당 공익법인의 출연자와 특수관계 없는 내국법인의 주식 등을 출연 받고

④ 주무부 장관이 해당 공익법인의 목적사업을 효율적으로 수행하기 위하여 필요하다고 인정하는 경우

6.2 공익법인에 대한 증여세 면제

비영리법인이 출연받은 재산은 증여세 납세의무가 있다. 그러나 비영리법인 중 공익법인은 국가가 해야 할 사회일반의 이익을 사업목적으로 하고 있으므로 세법에서 정하는 사항을 준수하는 것을 조건으로 증여세를 면제하고 있다. 즉, 공익법인에 대하여 증여세를 면제하는 대신에 면제대상인지 여부를 판단하기 위하여 세법에서는 공익법인이 지켜야 할 사항을 규정하고 있다.

---

1) 성실공익법인이란 다음의 요건을 모두 충족하는 경우를 말한다.
① 운용소득의 100분의 90 이상을 직접 공익목적사업에 사용할 것
② 출연자 및 그 특수관계자가 이사 현원의 1/5을 초과하지 않을 것
③ 주식의 출연일 또는 취득일을 기준으로 외부감사 이행
④ 주식의 출연일 또는 취득일을 기준으로 전용계좌 개설 및 사용
⑤ 주식의 출연일 또는 취득일을 기준으로 결산서류등 공시이행

7. 부가가치세법에 의한 지원

7.1 재화 및 용역의 공급에 대한 부가가치세 면제

(1) 재화 또는 용역을 공급받는 경우

세법에 대한 지식이 부족한 일부의 비영리내국법인 관리자들이 공익을 수행함에도 불구하고 재화 또는 용역을 공급받는 경우 부가가치세를 부담하여야 하는가 하는 질문을 자주 하곤 한다. 그러나 비영리내국법인이 목적사업 또는 수익사업을 위하여 다수의 재화와 용역을 공급받아 소비하는 경우 당해 공급받는 재화와 용역이 과세대상이라면 부가가치세를 부담하여야 한다.

부가가치세가 과세되느냐? 아니면 면세되느냐?는 기본적으로 공급하는 재화와 용역의 종류에 따라 달라 결정되는 것이지 공급받는 자의 특성에 따른 것이 아니다.

(2) 재화 또는 용역을 공급하는 경우

사회복지를 목적으로 하는 사업을 하는 단체가 그 고유의 사업목적을 위하여 일시적으로 공급하거나 실비 또는 무상으로 공급하는 재화 또는 용역과 학술연구단체 또는 기술연구단체가 학술연구 또는 기술연구와 관련하여 공급하는 재화 및 용역에 대하여 부가가치세를 면제한다(부가가치세법 12 ① 제16호, 동 시행령 37).

7.2 재화수입에 대한 부가가치세 면제

종교의식 · 자선 · 구호 · 기타 공익을 목적으로 외국으로부터 종교단체 · 자선단체 또는 구호단체에 기증되는 재화로서 다음의 재화 수입에 대하여는 부가가치세를 면제한다(부가가치세법 12 ② 제4호).

① 사원 · 기타 종교단체에 기증되는 물품으로서 관세가 면제되는 것

② 자선 · 구호의 목적으로 기증되는 급여품으로서 관세가 면제되는 것
③ 구호시설 및 사회복리시설에 기증되는 구호 또는 사회복리용에 직접 제공하는 물품으로서 관세가 면제되는 것

8. 공익법인의 납세협력의무

8.1 출연재산명세서 등의 제출의무

(1) 제출서류 및 제출기한

재산을 출연받은 공익법인은 납세지 관할 세무서장에게 법령에서 정한 다음의 관련서류를 사업연도 종료일부터 3개월 이내에 제출하여야 한다(상속세및증여세법 시행령 41).

① 출연재산명세서 (별지 제23호 서식) → 해당연도에 출연받은 재산에 대하여만 작성 · 보고하는 것임
② 수입금액 및 자산보유현황(별지 제23호 서식 부표)
③ 출연재산 및 매각재산 사용계획서(별지 제24호 서식)
④ 출연재산 사용계획의 진도 및 완료보고서(별지 제25호, 부표1호, 부표2호, 부표3호 서식) → 수년전에 재산을 출연하여 공익법인을 설립한 경우에도 출연재산 사용계획의 진도 및 완료보고서와 각사업연도의 결산서는 당해 공익사업의 법률에 따른 결산보고일까지 세무서장에게 제출하여야 함
⑤ 주식 또는 출자지분 보유명세서 (별지 제26호)
⑥ 이사 등 선임명세서(별지 제26호의 2서식)
⑦ 특정기업광고 등 명세서(별지 제26호의 3서식)
⑧ 출연재산을 3년 이내에 출연목적에 사용하지 못하고 그 사용에 장기간을 요하여 주무부장관이 이를 인정하는 경우에는 그 관련서류

(2) 보고서 등 미제출 가산세 부과

출연재산 명세서 등 보고서를 제출하지 아니하였거나 제출된 보고서에 출연재산·운용소득 및 매각재산 등의 명세를 누락 또는 잘못 기재하여 사실을 확인할 수 없는 경우에는 제출하지 아니하였거나 불분명한 금액에 상당하는 상속세액 또는 증여세액의 1%를 가산세로 과세 한다(상증법 78 ③).

8.2 장부의 작성·비치 의무

공익법인은 사업연도별로 출연받은 재산 및 공익사업 운용내역 등에 대한 장부를 작성하여야 하며 장부 및 관계증빙서류를 과세연도 종료일부터 10년간 보존하여야 한다(상속세및증여세법 51).

(1) 장부의 작성방법

출연받은 재산의 보유 및 운용상태와 수익사업의 수입 및 지출내용의 변동을 복식부기 형식의 장부이어야 하며, 증빙서류에는 수혜자에 대한 지급명세가 포함되어야 한다. 다만, 이중으로 대차 평균하게 기록된 전표와 증빙서류 또는 계산서와 영수증에 의하여 재산의 보유 및 운용 상태와 수입·지출의 변동내용을 빠짐없이 기록·보관하고 있는 경우에는 장부를 작성·비치 하고 있는 것으로 본다.

한편, 소득세법 제160조 및 법인세법 제112조 단서의 규정에 따라 공익법인의 수익사업에 관하여 작성·비치된 장부와 증빙서류는 상속세 및 증여세법에 의한 장부를 작성·비치하고 있는 것으로 보며 장부와 증빙서류에는 마이크로필름·자기테이프·디스켓 기타 정보 보존 장치를 포함한다.

(2) 장부의 작성·비치의무 불이행 가산세

장부를 작성·비치하여야 할 공익법인이 그 장부의 작성·비치 의무를 불이행하였을 경우에는 다음의 가산세를 납부하여야 한다(상속세및증여세법 78 ⑤).

(해당연도 수입금액 + 출연재산가액) × 0.07%

※ 여기서 출연재산가액을 산정함에 있어 외부전문가의 세무확인에 대한 보고를 이미 이행한 분으로 계속 공익목적사업에 직접 사용하는 분을 차감한다.

(3) 가산세가 부과되지 않는 경우

다음의 공익법인은 상속세및증여세법상 장부의 작성 · 비치의무 불이행 가산세가 부과되지 않는다(상속세및증여세법 시행령 80 ⑨).

① 사업연도 종료일 현재 재무상태표상 총자산가액의 합계액이 30억원 미만인 공익법인

② 출연자 및 그와 특수관계자와의 출연재산가액의 합계액이 총재산가액의 5%미만인 불특정다수인으로부터 재산을 출연받은 공익법인

③ 국가 · 지방자치단체가 출연하여 설립한 공익법인 등으로서 감사원의 회계검사를 받는 공익법인 등(회계검사를 받는 연도분에 한함)

8.3 외부전문가의 세무확인 및 보고의무

총자산총액 30억원 이상인 공익법인은 2년마다 출연받은 공익목적사업 사용 여부등에 대하여 3인 이상의 변호사 · 공인회계사 또는 세무사를 선임하여 세무확인을 받아야 한다(상속세및증여세법 50).

(1) 세무확인 대상 공익법인

외부전문가의 세무확인을 받아야 하는 공익법인은 매 2년이 되는 날이 속하는 과세기간 또는 사업연도의 종료일 현재 재무상태표상 총자산가액이 30억원 이상을 대상으로 한다. 여기서 총자산가액이라 함은 고유목적

사업과 수익사업 등에 사용되는 모든 자산의 가액을 말한다.

(2) 세무확인 대상에서 제외되는 공익법인

다음의 공익법인은 외부전문가의 세무확인을 받지 않아도 된다.

① 재무상태표상 총자산가액이 30억원 미만인 공익법인

② 출연자 및 그와 특수관계자와의 출연재산가액의 합계액이 총재산가액의 5%미만인 불특정 다수인으로부터 재산을 출연받은 공익법인

③ 국가・지방자치단체가 출연하여 설립한 공익법인 등으로서 감사원의 회계 검사를 받는 공익법인 등(회계검사를 받는 연도분에 한함)

(3) 보고기한

공익법인에 대한 세무확인을 한 외부전문가는 그 결과를 국세청장이 정하는 확인기준을 기재한 외부전문가의 세무확인서에 의하여 세무확인을 받은 당해 공익법인 등의 과세기간 또는 사업연도 종료일부터 3월 이내에 당해 공익법인 등을 관할하는 세무서장에게 보고하여야 한다.

(4) 외부전문가의 세무확인・보고 미이행 가산세

외부전문가 세무확인 대상 공익법인이 외부 전문가의 세무확인에 대한 보고의무 등을 이행하지 아니할 경우에는 다음 산식에 의하여 계산한 가산세를 납부하여야 한다(상속세및증여세법 78 ⑤).

(해당연도 수입금액 + 출연재산가액) × 0.07%

※ 출연재산가액을 산정함에 있어 외부전문가의 세무확인에 대한 보고를 이미 이행한 분으로서 계속 공익목적사업에 직접 사용하는 분은 차감함

(5) 외부전문가

외부전문가는 변호사·공인회계사 또는 세무사를 말한다. 여기서, 외부전문가를 구성할 때 반드시 변호사·공인회계사 또는 세무사를 각각 1인 이상으로 구성하여여 할 필요는 없고 공인회계사 3인 또는 변호사 3인 등으로 구성하는 것도 가능한다. 다만, 세무확인을 받는 공익법인으로부터 독립되어야 하므로 다음에 해당하는 자는 외부전문가로 선임될 수 없다.

① 본인, 배우자, 직계존비속 또는 형제자매가 해당 공익법인의 설립자 또는 출연자이거나 임직원으로 있는 자

② 공익법인과 업무 관련 채권·채무 이외의 채권·채무관계에 있는 자

③ 기타 해당 공익법인과 뚜렷한 이해관계가 있어서 그 직무를 공정하게 수행하는데 지장이 있다고 인정되는 자

④ 외부전문가가 소속된 법인이 ①에서 ③에 해당하는 자

8.4 계산서합계표 등 자료제출의무

(1) 세금계산서합계표 제출

세금계산서를 교부받은 국가·지방자치단체·지방자치단체조합과 다음의 자는 부가가치세의 납세의무가 없는 경우에도 매입처별세금계산서합계표를 당해 과세기간 종료 후 25일 이내[2]에 사업장 관할 세무서장에게 제출하여야 한다(부가가치세법 20 ④).

① 부가가치세가 면제되는 사업자 중 소득세 또는 법인세의 납세의무가 있는 자

② 민법 제32조의 규정에 의하여 설립된 법인

③ 특별법에 의하여 설립된 법인

---

2) 즉, 제1기인 1월 1일~6월 30일분은 7월 25일까지, 제2기인 7월1일부터 12월 31일까지는 다음 해 1월 25일까지 신고하여야 한다.

④ 각급학교 기성회 · 후원회 또는 이와 유사한 단체

(2) 계산서합계표 제출

부가가치세가 면세되는 재화 또는 용역을 공급하거나 공급받아 교부하거나 교부받은 계산서의 매출 · 매입처별계산서합계표는 다음해 1월31까지 납세지 관할 세무서장에게 제출하여야 한다(법인세법 121 ⑤).

(3) 미제출시 가산세부과

수익사업을 영위하는 공익법인이 동 사업과 관련하여 교부하거나 교부받은 세금계산서합계표(계산서합계표)를 제출하지 아니한 경우 공급가액의 1%를 부가가치세(법인세)로 징수한다(법인세법 76 ⑨, 부가가치세법 22 ③).

9. 공익법인이 준수하여야 할 사항

공익법인의 세법상 조세지원은 본연적 고유목적사업을 지원한다는 차원에서 이루어지는 것이다. 따라서 세법에서는 공익법인에 대하여 조세지원을 하고 사후적으로 해당 공익법인이 본연적인 고유목적사업을 수행하는지 관리하고 있다. 만약 이들 공익법인이 세법에서 정한 출연재산의 사용의무 등을 제대로 이행하지 않는 경우 증여세를 과세하는 등의 사후적 조치를 취한다. 따라서 공익법인에 대한 조세지원은 완전한 세금의 면제라기보다는 조건부 세금면제라고 볼 수 있다. 다음은 공익법인이 준수하여야 할 세법상 의무이다.

9.1 출연재산의 직접공익목적사업 등에 사용

(1) 직접공익목적사업의 범위

공익법인은 출연받은 재산을 출연받은 날부터 3년 이내에 직접공익목적사업 등에 사용하여야 한다(상속세및증여세법 48 ② 제1호). 여기서,

직접공익목적사업 등에 사용하는 것이라 함은 다음의 것을 말한다.

① 공익법인 등이 그 공익법인 등의 정관상의 고유목적사업의 수행에 직접 사용하는 자산을 취득하는데 소요된 금액은 이를 직접공익목적사업 사용금액에 포함한다(통칙48-38...3).

② 수익사업용 또는 수익용으로 사용하는 출연재산의 운용소득을 재원으로 하여 직접공익목적에 사용한 금액은 이를 직접공익목적사업 사용금액에 포함한다(통칙48-38...4).

③ 출연받은 재산을 당해 직접공익목적사업에 효율적으로 사용하기 위하여 주무관청의 허가를 받아 다른 공익법인에 출연하는 경우를 포함한다(상속세및증여세법 시행령 38 ②).

(2) 출연재산의 사용기한

공익법인은 출연 받은 재산을 출연 받은 날로부터 3년 내에 사용하여야 한다. 다만, 그 사용에 장기간을 요하는 경우로서 주무부장관이 예외로 사용기간을 인정한 경우에는 그 날까지 사용하여야 한다. 이 경우 주무부장관이 인정한 사실을 출연재산의 사용계획 및 진도보고서 등과 함께 납세지 관할 세무서장에게 보고하여야 하고 만약에 주무부장관이 인정한 서류를 제출하지 않는 경우에는 가산세가 부과된다.

(3) 직접공익목적 외에 사용하거나 3년 내 미사용 하는 경우

공익법인이 출연 받은 재산을 직접 공익목적사업 등 외에 사용하거나 출연 받은 날로부터 3년 이내에 직접 공익목적사업 등에 사용하지 아니하는 경우에는 공익목적사업 등 외에 사용하였거나 미사용된 재산가액을 증여가액으로 하여 공익법인에게 증여세가 과세된다.

9.2 출연재산 매각금액의 직접공익목적에 사용

공익법인이 출연재산을 매각하는 경우에는 당해 매각금액을 매각한 날이 속하는 사업연도의 종료일부터 1년 내 30%, 2년 내 60%, 3년 내 90%에 상당하는 금액 이상을 직접공익목적사업에 사용하여야 한다. 만약, 출연재산 매각일이 속하는 사업연도의 종료일부터 1년 내 30%, 2년 내 60% 이상을 직접공익목적사업에 사용하지 아니할 경우에는 매각대금 중 2년 이내에 각각의 비율에 미달하게 사용하는 금액에 대하여 미달사용액의 10%의 가산세를 부과한다. 다음은 출연재산 매각금액을 기준에 미달하여 사용하거나 또는 3년 내에 시용하지 못하는 경우 세법상 불이익을 요약한 것이다.

출연재산 매년 사용기준과 미사용시 불이익

사용기한	사용비율	미달 사용하는 경우
1년 이내	30%	미달사용액의 10% 가산세 부과
2년 이내	60%	미달사용액의 10% 가산세 부과
3년 이내	90%	미달사용액을 증여가액으로 증여세 부과

9.3 출연재산 운용소득의 직접공익목적에 사용

(1) 운용소득의 사용기준

공익법인은 수익용 또는 수익사업용으로 운용하는 경우로서 그 운용소득금액의 70%에 상당하는 금액 이상을 그 사업연도 종료일로부터 1년 이내에 직접공익목적사업에 사용하여야 한다(상속세및증여세법 48 ② 제3호, 제4호의2, 동시행령 38 ⑤, ⑥). 다만, 운용소득에 대한 사용실적을 계산함에 있어 출연재산 운용소득 및 직접공익목적 사용금액을 당해연도와 직전 4개 연도와의 5년간의 평균금액을 기준으로 계산할 수 있다. 즉, 해당 사업연도에 미달사용금액이 있더라도 운용소득과 공익사업에 사용한 실적을 해당 사업연도와 직전 4사업연도와의 5년간 평균하여 그 사용금액이 사용기준금액에 미달하지 않으면 된다.

(2) 운용소득을 사용기준금액에 미달하게 사용하는 경우

운용소득중 사용기준금액에 미달하게 사용하는 경우에는 미달하게 사용한 운용소득의 100분의 10에 상당하는 금액을 공익법인 등이 납부할 세액에 가산하여 부과한다.

(3) 운용소득을 공익목적사업 외에 사용한 경우

공익법인이 수익용 또는 수익사업용으로 운용하는 출연재산의 운용소득 중 직접공익목적사업 외에 사용한 경우에는 공익목적사업외에 사용한 금액이 운용소득에서 차지하는 비율을 곱하여 계산한 금액을 증여가액으로 하여 증여세를 과세한다.

9.4 주식취득 및 보유시의 지켜야 할 일

공익법인이 내국법인 등의 의결권 있는 주식을 출연받는 경우로서 출연받은 주식 등과 이미 보유하고 있는 주식, 공익법인과 특수관계있는 공익법인이 보유하고 있는 해당 내국법인의 주식수를 합한 것이 해당 내국법인의 의결권있는 발행주식 총수 등의 5%를 초과하는 경우에는 그 초과분에 대하여 증여세가 과세된다(상속세및증여세법 48 ①, 동 시행령 37). 다만, 성실공익법인(운용소득의 90% 이상을 직접 공익목적사업에 사용하는 등의 공익법인)과 국가 · 지방자치단체 · 정부투자기관이 출연하여 설립한 공익법인과 정부투자기관이 출연한 공익법인등이 출연하여 설립한 공익법인의 경우에는 그 한도를 제한받지 아니한다(상속세및증여세법 49 ①, 동시행령 42 ②).

9.5 출연자 등의 이사 선임시 준수하여야 할 사항

출연자 또는 그와 특수관계에 있는 자가 공익법인 등의 이사 현원의 1/5을 초과하여 이사가 되거나, 해당 공익법인 등의 임 · 직원(이사 제외)으로 되는 경우에는 가산세를 부과한다(상속세및증여세법 48 ⑧).

9.6 특정기업의 광고 등 행위금지

공익법인이 특수관계에 있는 내국법인의 이익을 증가시키기 위하여 정당한 대가를 받지 아니하고 광고 · 홍보를 하는 경우에는 광고 · 홍보매체의 이용비용 및 당해 행사비용 중 정당한 대가를 받지 아니한 금액을 가산세로 부과한다(상속세및증여세법 48 ⑩).

9.7 내부거래의 제한

공익법인 등이 출연받은 재산을 출연자 및 그 친족, 출연자가 출연한 다른 공익법인 그리고 그와 특수관계 있는 자에게 당해 재산의 임대차 · 소비대차 및 사용대차 등의 방법으로 사용 · 수익하게 하는 경우에는 그 금액을 공익법인 등이 증여받은 것으로 보아 즉시 증여세를 부과한다.

다만, 공익법인 등의 직접공익목적사업과 관련하여 용역을 제공받고 정상적인 대가를 지급하는 등 다음의 경우에는 그러하지 아니하다(상속세및증여세법 48 ③, 동 시행령 39).

① 출연받은 재산을 출연 받은 날부터 3월 이내에 한하여 출연자 및 그와 특수관계 있는 자가 사용하는 경우

② 교육기관이 특정한 연구시험용시설 등을 출연받아 해당 공익법인 등과 출연자가 공동으로 사용하는 경우

③ 해당 공익법인 등이 의뢰한 연구용역 등의 대가 또는 직접공익목적사업의 수행과 관련한 경비 등을 지급하는 경우

9.8 공익사업의 제한적인 수혜에 대한 제재

공익법인이 출연받은 재산을 사회전체의 불특정다수인의 이익을 위하여 사용하지 아니하고 사회적 지위·직업·근무처 및 출생지 등에 의하여 일부에게만 혜택을 제공하는 경우 출연받은 재산을 공익목적에 맞게 사용하지 아니한 것으로 보아 당해 공익법인에 대하여 증여세를 과세한다(상속세및증여세법 48 ② 제5호, 동 시행령 38 ⑧ 제2호). 다만, 공익법인의 설립시 또는 정관의 변경허가를 받는 경우에 당해 공익법인의 주무부장관이 재정경제부장관과 협의하여 공익법인이 공익사업 수혜자를 한정하는 것에 대하여 타당성이 있다고 인정하는 경우에는 증여세 과세대상에서 제외한다.

10. 공익법인의 해산

공익법인이 보유하고 있는 재산은 공익사업을 목적으로 출연된 재산이므로 공익법인 등이 사업을 종료하고 해산 시에는 그 잔여재산을 국가·지방자치단체 또는 해당 공익법인과 동일하거나 유사한 공익법인 등에 귀속시켜야 한다. 만약 이를 준수하지 아니한 경우에는 해당 재산가액에 대하여 공익법인에게 증여세가 과세된다(상속세및증여세법 48 ② 제5호, 동 시행령 38 ⑧ 제1호).

<부 록 1> 공익법인의 제출서류

구분	일반 공익법인	외부전문가 세무확인대상 공익법인
대상법인	출연재산이 있는 모든 공익법인	재무상태표상 총자산가액 30억이상인 공익 법인
제출 대상 서류	1. 출연재산명세서 2. 수입금액 및 자산보유 현황 3. 출연재산 및 매각재산사용 계획서 4. 출연재산 사용계획의 진도 및 완료보고서 부표1 출연재산의 3년내 사용명세서 부표2 운용소득의 직접공익목적사업 사용명세서 부표3 매각재산 사용명세서 5. 주식(출자지분)보유명세서 6. 이사등 선임명세서 7. 특정기업광고명세서	1. 공익법인 등의 세무확인서 부표1 공익법인 등의 세무확인 결과 집계표 부표2 출연재산 사용명세서 부표3 주식등 보유명세서 부표3-1 계열기업 주식등 주식보유명세서 부표4 운용소득 사용명세서 부표5 매각금액 사용명세서 부표6 출연자등 특수관계인 사용수익명세서 부표6-1 출연자의 이사등 선임명세서 부표6-2 특정기업을 위한 광고등 명세서 부표7 수혜자선정 부적정 명세서 부표8 재산의 운용 및 수익사업내역 부적정 명세서 부표9 장부의 작성 · 비치의무 불이행등 명세서 2. 보유부동산 명세서 3. 수입금액 명세서
보고기한	사업연도 종료후 3개월 내	2년 경과 사업연도 종료후 3개월 내
제출 제외 법인		1. 총자산가액 30억미만 공익법인 2. 불특정다수인으로부터 출연받은 공익법인(출연자와 특수관계자가 5%미만 출연) 3. 국가 또는 지방자치단체가 출연하여 설립한 공익법인으로 감사원의 회계검사를 받는 공익법인

번 호	서 식 목 록
별지 제23호 서식	출연재산명세서
별지 제24호 서식	출연재산 및 매각재산 사용계획서
별지 제25호 서식	출연재산 사용계획의 진도 및 완료보고서
별지 제25호 서식 부표 1	출연재산의 3년내 사용명세서
별지 제25호 서식 부표 2	운용소득의 직접공익목적사업 사용명세서
별지 제25호 서식 부표 3	매각재산사용명세서
별지 제26호 서식	주식(출자지분)보유명세서
별지 제26호2 서식	이사등선임명세서
별지 제26호의3 서식	특정기업광고등명세서
별지 제27호 서식	공익법인 과세내용 통보서
별지 제28호 서식	공익법인 설립허가등 통보서
별지 제23호 서식 부표	수입금액 및 자산보유 현황

[별지 제23호 서식] (2001.4.3 개정)

<table>
<tr><td colspan="6" align="center">출 연 재 산 명 세 서</td></tr>
<tr><td rowspan="3">제
출
자</td><td>① 공익법인명</td><td></td><td>② 사업자등록번호
(고 유 번 호)</td><td colspan="2"></td></tr>
<tr><td>③ 소 재 지</td><td colspan="4">(☎)</td></tr>
<tr><td>④ 대 표 자</td><td></td><td>⑤ 사 업 연 도</td><td colspan="2"></td></tr>
<tr><td rowspan="5">출
연
자</td><td>⑥ 성 명
(법 인 명)</td><td></td><td>⑦ 주민등록번호
(사업자등록번호)</td><td colspan="2"></td></tr>
<tr><td>⑧ 주 소
(소 재 지)</td><td colspan="4"></td></tr>
<tr><td>⑨ 출 연 일</td><td></td><td>⑩ 상 속 개 시 일</td><td colspan="2"></td></tr>
<tr><td>⑪ 출 연 목 적</td><td colspan="4"></td></tr>
<tr><td>⑫ 출 연 방 법</td><td colspan="4"></td></tr>
</table>

출 연 재 산 명 세				
⑬ 종 류	⑭ 재산의 소재지	⑮ 수량(면적)	⑯ 가 액	⑰ 비 고

상속세및증여세법 제48조 제5항 및 동법시행령 제41조의 규정에 의하여 출연재산 명세서를 위와 같이 제출합니다.

년 월 일

제출자 (서명 또는 인)

세무서장 귀하

※ 작성요령

1. 출연자(법인은 제외한다)가 1인 이상일 때에는 출연자별로 작성하되, 1개사업연도중에 20만원 미만을 출연한 자가 2인이상인 때에는 ⑥란에 ○○○외 ○명으로 기재하고, ⑯란에 그 출연재산의 합계액을 기재합니다.
2. 제출자는 재산을 출연받은 공익법인 등을 기재합니다.
3. ⑩란은 상속인이 상속받은 재산을 출연한 경우에만 기재합니다.
4. ⑯란은 출연당시 상속세및증여세법에 의한 가액을 기재합니다.

22226-77211일 210㎜×297㎜
1997. 2. 25승인 (신문용지 54 g/㎡)

출연재산명세서 작성요령

① 법 인 명 : 재산을 출연받은 공익법인의 공식명칭을 기재

② 사업자등록번호 : 재산을 출연받은 공익법인의 사업자등록번호를 기재

⑤ 사업연도 : 공익법인의 회계기간인 사업연도를 기재

예) 결산일이 따로 없거나 12월말인 경우 → '01.1.1 ~ '01.12.31, 2월말인 경우 '01.3.1 ~ '02.2.28

⑥ 성명 또는 법인명 : 재산을 출연한 자가 개인일 경우에는 출연한 개인의 성명, 출연한 자가 법인일 경우에는 법인명을 기재

⑦ 주민등록번호(사업자등록번호) : 재산을 출연한 자가 개인일 경우에는 출연한 개인의 주민등록번호, 법인일 경우에는 법인의 본점 사업자등록번호를 기재

⑧ 주 소 : 출연자의 주소 또는 법인소재지를 기재

⑨ 출 연 일 : 출연한 재산이 공익법인에 귀속된 날짜를 기재

⑧ 상속일자 : 상속인이 상속받은 재산을 출연한 경우에만 법정상속일자를 기재

⑪ 출연목적 : 출연목적을 구체적으로 기재

예) 장학금 지급, 학교건물 신축 등

⑫ 출연방법 : 출연방법을 구체적으로 기재

예) 증여, 유증, 모금, 특별회비 등

⑬ 종 류 : 출연재산의 종류를 기재

예) 현금, 부동산(대지, 전답, 임야, 건물) 주식(○○산업(주)), 유가증권(시하철공채, 수익증권, CMA), 의료기기 등

⑭ 재산의 소재지 : 부동산의 경우 부동산의 지번, 주식 및 유가증권 등 금융상품인 경우는 발행회사

⑮ 수 량 : 수량단위는 현금은 원, 부동산은 ㎡, 주식은 주, 현물출연인 경우는 현물의 수량을 나타내는 기본단위를 기재

⑯ 가 액 : 출연당시의 시가로 기재하되, 현물출연인 경우에는 출연시 시가로 평가된 공익법인의 장부가액을 기재

※ 당해년도에 출연받은 재산에 대하여 작성합니다.

[별지 제24호 서식]

출연재산 및 매각재산 사용계획서				
① 공익법인명		② 사업자등록번호 (고 유 번 호)		
③ 소 재 지	(☎)			
④ 대 표 자		⑤ 사 업 연 도		
사 용 계 획				
⑥ 구 분	⑦ 재산종류	⑧ 용 도	⑨ 기 간	⑩ 금 액

상속세및증여세법 제48조 제5항 및 동법시행령 제41조의 규정에 의하여 출연재산 및 매각재산의 사용계획서를 제출합니다.

년 월 일

제출자 (서명 또는 인)

세무서장 귀하

※ ⑥란에는 출연재산 · 매각재산 · 운용재산소득으로 구분하여 기재합니다.

22226-77311일
1997. 2. 25승인

210㎜×297㎜
(신문용지 54g/㎡)

출연재산 및 매각재산 사용계획서 작성요령

① 공익법인명 : 공익법인(공익사업)의 공식명칭을 기재
예) (재)소공장학재단, (학교)소공학원

② 사업자등록번호 : 공익법인의 사업자등록번호 또는 고유번호를 기재

③ 주　　소 : 공익법인의 본점소재지를 기재

⑤ 사업연도 : 공익법인의 회계기간인 사업연도를 기재
예) 결산일이 따로 없거나 12월말인 경우 → '01.1.1 ~ '01.12.31

⑥ 구　　분 : 출연재산 · 매각재산 · 운용재산소득으로 구분하여 기재

⑦ 재산의 종류 : 출연재산 · 매각재산 · 운용재산소득 순으로 기재하고 출연재산인 경우 출연재산명세서의 ⑬과 같음
예) 현금, 부동산(대지, 전, 답, 임야, 건물), 주식(○○산업(주)), 유가증권(공채, 수익증권, CMA) 의료기기 등

⑧ 용　　도
- 출연받은 재산이 사용되는 사업명을 기재
  예) 장학사업, 종교의 보급, 교화, 교육사업
- 사업의 구체적인 내용을 기재
  예) 교육사업 중 교사신축, 도서관신축, 학교운영비, 수익용임대건물 등

⑨ 기　　간 : 출연재산 · 매각재산 · 운용재산소득의 사용계획기간을 기재
예) 현금 10억원을 '01.3.1 출연받아 '02.2.28까지 학교건물 신축에 사용계획인 경우 → '01.3.1 ~ '02.2.28

⑩ 금　　액 : 출연재산명세서 ⑯과 같음
공익법인의 취득시 장부가액을 기재

[별지 제25호 서식]

<table>
<tr><td colspan="5">출연재산 사용계획의 진도 및 완료보고서</td></tr>
<tr><td>① 공 익 법 인 명</td><td></td><td>② 사업자등록번호
(고 유 번 호)</td><td colspan="2"></td></tr>
<tr><td>③ 주 소</td><td colspan="4">(☎)</td></tr>
<tr><td>④ 대 표 자</td><td></td><td>⑤ 사 업 연 도</td><td colspan="2"></td></tr>
<tr><td colspan="5">진 도 상 황</td></tr>
<tr><td>⑥ 구 분</td><td>⑦ 기 준 액</td><td>⑧ 사 용 액</td><td colspan="2">⑨ 사 용 내 역</td></tr>
<tr><td>⑩ 출연재산3년내사용</td><td></td><td></td><td colspan="2"></td></tr>
<tr><td>⑪ 운 용 소 득 사 용</td><td></td><td></td><td colspan="2"></td></tr>
<tr><td>⑫ 매 각 재 산</td><td></td><td></td><td colspan="2"></td></tr>
<tr><td colspan="5">상속세및증여세법 제48조 제5항 및 동법시행령 제41조의 규정에 의하여 출연재산 사용계획의 진도 및 완료보고서를 제출합니다.
년 월 일
제출자 (서명 또는 인)
세무서장 귀하</td></tr>
<tr><td colspan="5">※ 구비서류
1. 출연재산의 3년내 사용명세서(부표 1)
2. 운용소득의 직접공익목적사업사용명세서(부표 2)
3. 매각재산사용명세서(부표 3)</td></tr>
<tr><td colspan="5">※ 기준액(⑦란) 작성요령
⑩ 출연재산 3년내사용 : “별지 제25호서식 부표1”의 ⑥출연재산가액의 합계액을 기재합니다.
⑪ 운용소득사용 : “별지 제25호서식 부표2”의 ②사용기준액을 기재합니다.
⑫ 매각재산 : “별지 제25호서식 부표3”의 ⑥사용기준금액의 합계액을 기재합니다.</td></tr>
</table>

22226-77411보 210㎜×297㎜

1997. 2. 25승인 (신문용지 54g/㎡)

출연재산 사용계획의 진도 및 완료보고서 작성요령

① 공익법인명 : 공익법인(공익사업)의 공식명칭을 기재
예) (재)소공장학재단, (학교)소공학원

② 사업자등록번호 : 공익법인의 사업자등록번호를 기재

③ 주 소 : 공익법인의 본점소재지를 기재

⑤ 사업연도 : 공익법인의 회계기간인 사업연도를 기재
예) 결산일이 따로 없거나 12월말인 경우 → '01.1.1 ~ '01.12.31

⑦ 기준액란

⑩ 출연재산 3년내사용 : 별지 제25호 서식 부표1의 ⑥ 출연재산가액의 합계액을 기재

⑪ 운용소득사용 : 별지 제25호 서식 부표2 ② 사용기준액을 기재

⑫ 매각재산 : 별지 제25호 서식 부표3 ⑥ 직접공익목적 사용기준금액의 합계액을 기재

※ ⑪ : 당해사업연도 사용액이 부족되었을 때는 3년간 또는 5년간을 평균한 기준액으로 함(이하 사용액도 같음)

⑧ 사용액란

⑩ 출연목적에 3년내 사용 : 별지 제25호 서식 부표1 ⑧ 사용가액과 같음

⑪ 운용수득사용 : 별지 제25호 서식 부표2 ③ 사용실적과 같음

⑫ 매각재산 : 별지 제25호 서식 부표3 ⑧ 당해연도 실제사용액과 같음

⑨ 사용내용 : 사용내용을 구체적으로 기재
예) 장학금지급, 학교운영비, 사회복지회관 사용, 정기예금 등

[별지 제25호 서식 부표 1]

출연재산의 3년내 사용명세서

① 출 연 연월일	② 출연자	출 연 재 산				사 용 내 역		
		③ 종류	④ 소재지	⑤ 수 량 (면 적)	⑥ 가액	⑦ 사 용 일 자	⑧ 사 용 가 액	⑨ 비 고
합 계								

년 월 일

제출자 (서명 또는 인)

세무서장 귀하

※ 1. 출연재산은 당년도에 출연 후 3년이 경과되는 재산을 기재합니다.
2. ⑨란에는 「수익용」 또는 「고유목적사업용」으로 구분하여 기재합니다.

22226-77511일
1997. 2. 25승인

210㎜×297㎜
(신문용지 54g/㎡)

출연재산의 3년내 사용명세서 작성요령

① 출연년월일 : 출연한 재산이 공익법인에 귀속된 날짜를 기재

② 출 연 자 : 출연한 개인의 성명 또는 법인명을 기재

③ 종 류 : 출연재산의 종류를 기재

예) 현금, 부동산(대지, 전, 답, 임야, 건물), 주식(○○산업(주)), 유가증권(지하철공채, 수익증권, CMA), 의료기기 등

④ 소 재 지 : 부동산의 경우는 부동산의 지번, 주식 및 유가증권등 금융상품인 경우는 발행회사

⑤ 수 량 : 수량단위는 원, 부동산은 ㎡, 주식은 주, 현물출연인 경우는 현물의 수량을 나타내는 기본단위를 기재

⑥ 가 액 : 출연당시의 시가로 기재하되 현물출연인 경우는 출연시 시가로 평가된 공익법인의 장부가액을 기재

⑦ 사용일자 : 출연받은 재산을 사용한 기간 및 사용완료일자를 기재

⑧ 사용가액 : 당해연도에 사용한 가액을 기재

⑨ 비 고 : 「수익용」 또는 「목적사업용」으로 기재

[별지 제25호 서식 부표 2] (2001.4.3 개정)

운용소득의 직접공익목적사업 사용명세서

구 분	금 액					
	당 해 사업연도	1 년 전 사업연도	2 년 전 사업연도	3 년 전 사업연도	4 년 전 사업연도	5년간의 평 균
① 전년도출연재산 운 용 소 득						
② 사 용 기 준 액 (① × $\frac{70}{100}$)						
③ 1년내사용실적						
④ 과부족액(③ − ②)						

년 월 일

제출자 (서명 또는 인)

세무서장 귀하

※ 작성요령

1. ①란의"전년도 출연재산운용소득"은 각 사업연도의 수익사업 및 수익용출연재산에서 발생한 소득금액에 법인세법 제29조 제1항의 규정에 의한 고유목적사업준비금과 당해 사업연도 중 고유목적사업비로 지출되어 손금에 산입된 금액을 가산하고, 동 소득금액에서 당해 소득에 대한 법인세 또는 소득세 · 농어촌특별세 · 주민세 및 이월결손금을 차감하여 기재합니다.
2. ①란에는 전년도 운용소득사용기준금액에 미달하는 금액에서 당해 금액에 대한 가산세 상당액을 차감한 가액을 전년도 출연재산운용소득에 가산 하여 기재합니다.
3. ④과부족란의 경우 당해 사업연도 과부족액이 부족사용일 경우에만 4년 전 사업연도란 및 5년간의 평균란을 기재합니다.

210㎜×297㎜
(신문용지 54g/㎡)

[별지 제25호 서식 부표 3] (2001.4.3 개정)

매 각 재 산 사 용 명 세 서

① 매 각 연월일	매 각 재 산				⑥사용기준금액	사 용 명 세			⑩ 미사용 금 액
	② 종류	③ 소재지	④ 수량 (면적)	⑤ 매각 금액	1년내(⑤×30/100) 2년내(⑤×60/100) 3년내(⑤×90/100)	⑦ 사용 일자	⑧ 사용 금액	⑨ 사용처	
합 계									

년 월 일

제출자 (서명 또는 인)

세무서장 귀하

※ 작성요령

1. ⑤란에는 매각수익총액에서 매각에 따른 국세 및 지방세를 차감한 금액을 기재합니다.
2. ⑨란에는 고유목적사업내용을 기재합니다.

210㎜×297㎜

(신문용지 54 g/㎡)

[별지 제26호 서식] (2001.4.3 개정)

주식(출자지분)보유명세서

① 법 인 명		② 사업자등록번호 (고 유 번 호)	
② 소 재 지			
④ 대 표 자		⑤ 사 업 연 도	

주식발행법인	공익법인보유주식						⑬ 총재산가액 (비 율)
				가액			
⑥ 법인명 (사업자등록번호)	⑦ 총발행주식수	⑧ 주식수 (지분율)	⑨ 취득구분 (취득일)	⑩ 장부가액	⑪ 취득가액	⑫ 시가	
(　　)							
(　　)							
(　　)							
(　　)							
(　　)							
(　　)							
(　　)							
(　　)							

상속세및증여세법 제48조 제5항 및 동법시행령 제41조의 규정에 의하여 주식보유명세서를 위와 같이 제출합니다.

년　　월　　일

제출자　　　　(서명 또는 인)

세무서장 귀하

210㎜×297㎜

(신문용지 54g/㎡)

주식(출자지분)보유명세서 작성요령

1. 주식(출자지분)보유명세서는 공익법인이 보유하고 있는 주식 중 기업집단에 속하는 계열법인과 그 외의 법인을 구분하여 별지로 작성합니다.
2. ⑥란에는 보유하고 있는 주식의 발행법인의 회사명을 기재하고, 괄호안에는 당해 법인의 사업자등록번호를 기재합니다.
3. ⑦란은 보유하고 있는 주식의 발행회사에서 발행교부된 총주식수(의결권없는 주식은 제외)를 기재합니다.
4. ⑧란 괄호안의 지분율은 다음 산식에 의한 비율을 기재합니다.

$$\frac{⑧\text{주 식 수}}{⑦\text{총발행주식수(의결권없는 주식을 제외)}} \times 100\%$$

5. ⑨란은 출연 · 매입 · 유상증자 · 기타로 구분하고, 괄호안에는 주식을 취득한 연월일을 기재합니다.
   예) 2001년 1월 31일인 경우 → '01.1.31.
6. 가액란은 다음의 구분에 의하여 기재합니다.
   ⑩ 장부가액 : 재무상태표상의 가액을 기재합니다.
   ⑪ 취득가액 : 법인세법 시행령 제74조 제1항 제1호 마목의 규정에 의한 가액을 기재합니다.
   ⑫ 시　　가 : 매사업연도말 현재 상속세및증여세법에 의하여 평가한 가액을 기재합니다.
7. ⑬란의 총재산가액은 보유주식을 제외한 재산의 재무상태표상의 가액에 ⑩장부가액과 ⑪취득가액 중 적은 금액을 가산한 금액을 기재하고, 괄호안에는 다음 산식에 의한 비율을 기재합니다.

$$\frac{\text{기업집단 내 계열법인별 ⑩란과 ⑪란 중 적은 금액의 합계액}}{\text{총 재 산 가 액}} \times 100\%$$

[별지 제26호의2 서식] (01.4.3. 신설)

사업연도	이사등선임명세서	법인명

사업자등록번호		법인등록번호	

1. 이사 등 선임명세

이사 등 인적사항			④ 선임일	⑤ 해임일	⑥ 출연자와의 관계	⑦ 출연법인과의 관계	⑧ 다른 이사와의 관계	⑨ 초과여부	⑩ 비고
① 성명	② 주민등록번호	③ 주소							

2. 기준초과 이사 및 임·직원에 대한 경비 명세

⑪ 성명	⑫ 주민등록번호	⑬ 직책	⑭ 취임·근무일	당해연도 경비명세						㉑ 비고
				⑮ 급료	⑯ 판공비	⑰ 차량유지비	⑱ 비서실운영비	⑲ 기타경비	⑳ 합계	

상속세및증여세법 제48조 제8항 및 동법시행령 제41조의 규정에 의하여 이사 등 선임명세서를 위와 같이 제출합니다.

년 월 일

제출자 (서명 또는 인)

서무서장 귀하

※ 작성요령

1. 공익법인 등의 이사 및 임원의 경우에는 전체 명세를 작성하고, 출연자(상속세및증여세법시행령 제38조 제9항의 규정에 의한 소액출연자 제외) 또는 그와 특수관계에 있는 자가 이사 현원(이사 현원이 5인에 미달하는 경우에는 5인으로 본다)의 5분의 1을 초과하여 이사가 되거나 임원으로 되는 경우에는 "2"란을 작성하며, 직원은 출연자 또는 그와 특수관계에 있는 자에 해당되는 경우에 "2"란을 작성합니다.
2. "2"란 경비 명세는 당해 이사 및 임직원에 대한 직접·간접 경비를 기재하며, 이사의 경우 취임시기가 다른 경우에는 나중에 취임한 이사분부터, 취임시기가 동일한 경우에는 지출경비가 많은 이사분부터 기재합니다.
3. ⑩란 및 ㉑란에는 이사·임원·직원을 구분하여 기재합니다.

210㎜×297㎜(신문용지 54g/㎡)

[별지 제26호의3 서식] (01.4.3. 신설)

<table>
<tr><td colspan="3">사 업 연 도</td><td colspan="4" rowspan="2">특정기업광고등명세서</td><td colspan="2">법 인 명</td></tr>
<tr><td colspan="3"></td><td colspan="2"></td></tr>
<tr><td colspan="3">사 업 자 등 록 번 호</td><td colspan="2"></td><td colspan="2">법 인 등 록 번 호</td><td colspan="2"></td></tr>
<tr><td colspan="3">특 정 기 업
(특수관계에 있는 내국법인)</td><td rowspan="2">④
특 정 기 업
소 유 주 식 수</td><td colspan="4">광 고 · 홍 보 행 위 관 련 비 용</td><td rowspan="2">⑨
비 고</td></tr>
<tr><td>①
법 인 명</td><td>②
소 재 지</td><td>③
사 업 자
등 록 번 호</td><td>⑤
계 정
과 목</td><td>⑥
행 위
내 용</td><td>⑦
지 출 처</td><td>⑧
지 출
금 액</td></tr>
<tr><td></td><td></td><td></td><td></td><td></td><td></td><td></td><td></td><td></td></tr>
<tr><td></td><td></td><td></td><td></td><td></td><td></td><td></td><td></td><td></td></tr>
<tr><td></td><td></td><td></td><td></td><td></td><td></td><td></td><td></td><td></td></tr>
<tr><td></td><td></td><td></td><td></td><td></td><td></td><td></td><td></td><td></td></tr>
<tr><td></td><td></td><td></td><td></td><td></td><td></td><td></td><td></td><td></td></tr>
</table>

상속세및증여세법 제48조 제10항 및 동법시행령 제41조의 규정에 의하여 특정기업광고등명세서를 위와 같이 제출합니다.

년 월 일

제출자 (서명 또는 인)

세무서장 귀하

※ 작성요령

1. 공익법인이 상속세및증여세법시행령 제38조 제11항의 규정에 의한 특수관계에 있는 내국법인의 이익을 증가시키기 위하여 정당한 대가를 받지 아니하고 광고·홍보를 한 경우에 작성합니다.
2. ④란에는 공익법인이 보유하고 있는 특정기업의 주식수를 기재합니다.
3. 광고·홍보를 위하여 지출한 비용은 계정과목의 분류에 불구하고 실제로 지출된 내역을 기재하되, ⑥란에는 다음의 구분에 따라 ①·②·③으로 기재합니다.
   ① 신문·잡지·텔레비전·라디오·인터넷 또는 전자광고판을 이용하여 특정기업을 위하여 홍보하거나 내국법인의 특정상품에 관한 정보를 제공하는 행위
   ② 팜플렛·입장권 등에 내국법인의 명칭을 사용하거나 내국법인의 특정상품에 관한 정보를 제공하는 행위
   ③ 내국법인의 상품 등을 기념품 등으로 증정하는 행위

210㎜×297㎜(신문용지 54g/㎡)

[별지 제27호 서식]

세 무 서

(전화번호 :)

문서번호 : 년 월 일

수 신 : 발신 : 세무서장 ㉚

공익법인 과세내용 통보서

기본사항			과세내용		
① 법인명 (공익사업명)	② 주소	③ 대표자 성명	④ 세목 및 세액	⑤ 과세사유	⑥ 납부기한

22226-77911일
1997. 2. 25승인

210㎜×297㎜
(신문용지 54g/㎡)

[별지 제28호 서식]

기 관 명

(전화번호 :)

문서번호 : 년 월 일

수 신 : 세무서장 발신 : ㊞

공익법인 설립허가등 통보서

기본사항			통보내역					
① 법인명 (공익사업명)	② 주소	③ 대표자 성명	설립허가		시정명령 · 설립 허가 취소		과세사유 해당	
			④ 연월일	⑤ 출연재산	⑥ 연월일	⑦ 사유	⑧ 연월일	⑨ 사유

22226-78011일
1997. 2. 25승인

210㎜×297㎜
(신문용지 54g/㎡)

[별지 제23호 서식 부표] (2003.12.30. 신설)

<table>
<tr><td colspan="6">수입금액 및 자산보유 현황</td></tr>
<tr><td>① 공익법인명</td><td colspan="2"></td><td colspan="2">② 사업자등록번호
(고 유 번 호)</td><td></td></tr>
<tr><td>③ 대 표 자</td><td colspan="2"></td><td colspan="2">④ 사 업 연 도</td><td></td></tr>
<tr><td>⑤ 소 재 지</td><td colspan="3"></td><td>⑥ 전화번호</td><td></td></tr>
<tr><td colspan="6">1. 자산보유현황</td></tr>
<tr><td>⑦ 총 자 산 가 액
(⑦=⑧+⑨+⑩+⑪)</td><td>⑧ 토 지</td><td>⑨ 건 물</td><td>⑩ 주 식</td><td colspan="2">⑪ 기 타</td></tr>
<tr><td></td><td></td><td></td><td></td><td colspan="2"></td></tr>
<tr><td colspan="6">2. 수입원천별 수입금액현황</td></tr>
<tr><td>⑫ 총 수 입 금 액
(⑫=⑬+⑭+⑮+⑯)</td><td>⑬ 금 융</td><td>⑭ 부 동 산</td><td>⑮ 수익사업</td><td colspan="2">⑯ 기 타</td></tr>
<tr><td></td><td></td><td></td><td></td><td colspan="2"></td></tr>
<tr><td colspan="6">3. 출연재산가액현황</td></tr>
<tr><td colspan="2">⑰ 출 연 재 산 가 액</td><td colspan="4"></td></tr>
<tr><td colspan="6">상속세및증여세법 제48조 제5항 및 동법시행령 제41조의 규정에 의하여 자산 및 수입금액 명세서를 위와 같이 제출합니다.
년 월 일
제출자 (서명 또는 인)
세무서장 귀하</td></tr>
<tr><td colspan="6">※ 작성요령
1. "1"란 및 "2"란은 당해 사업연도 종료일 현재 자산보유현황 및 수입금액현황을 기재합니다.
2. "3"란 출연재산가액현황은 당해 사업연도에 출연받은 재산가액을 기재합니다.</td></tr>
</table>

210㎜×297㎜(신문용지 54 g/㎡ 재활용품)

<부 록 2> 공익법인 등의 세무확인 규정 서식 목록

번 호	서 식 목 록
별지 제1호 서식	공익법인 등의 세무확인서
별지 제1호 서식의 부표2	출연재산 사용명세서
별지 제1호 서식의 부표3	주식 등 보유명세서
별지 제1호 서식의 부표3-1	계열기업 주식 등 보유명세서
별지 제1호 서식의 부표4	운용소득 사용명세서
별지 제1호 서식의 부표5	매각금액 사용명세서
별지 제1호 서식의 부표6	출연자 등 특수관계인 사용수익명세서
별지 제1호 서식의 부표6-1	출연자의 이사등 선임명세서
별지 제1호 서식의 부표6-2	특정기업을 위한 광고 등 명세서
별지 제1호 서식의 부표7	수혜자 선정 부적정명세서
별지 제1호 서식의 부표8	재산의 운용 및 수익사업내역 부적정명세서
별지 제1호 서식의 부표9	장부의 작성 · 비치 의무 불이행 등 명세서
별지 제2호 서식	보유부동산 명세서
별지 제3호 서식	수입금액 명세서
별지 제1호 서식의 부표1	공익법인 등의 세무확인 결과 집계표

(별지 제1호서식)

관리번호	-	공익법인 등의 세무확인서			
① 사업자등록번호			② 법인등록번호		
③ 법 인 명			④ 전 화 번 호		
⑤ 대표자성명			⑥ 주민등록번호		
⑦ 소 재 지			⑧ 설 립 일 자		
⑨ 사 업 연 도		⑩ 사업목적		⑪ 설립근거법	

(원)

1. 자산보유현황

구 분 \ 사업연도		당 해 연 도 (년)	직 전 연 도 (년)	직 전 전 연 도 (년)
⑫ 총 자 산 가 액				
자 산 종류별	⑬ 토 지			
	⑭ 건 물			
	⑮ 주 식			
	⑯ 기 타			

2. 수입금액 현황

구 분 \ 사업연도		당 해 연 도 (년)	직 전 연 도 (년)	직 전 전 연 도 (년)
⑰ 총 수 입 금 액				
수 입 원천별	⑱ 금 융			
	⑲ 부 동 산			
	⑳ 수익사업			
	㉑ 기 타			

3. 세무확인결과

㉒ 위 반 금 액	㉓ 외부전문가 종합의견

4. 외부전문가의 인적사항

㉔ 구분	㉕ 성명	㉖ 사 업 자 등 록 번 호
		- -
		- -
		- -
		- -

상속세및증여세법 제50조제2항 및 동법시행령 제43조제4항의 규정에 의하여 보고합니다.

공익법인 대표자 성명 (서명 또는 인)
세무확인자 성명 (서명 또는 인)
세무확인자 성명 (서명 또는 인)
세무확인자 성명 (서명 또는 인)
세무서장 귀하

구비서류 : 공익법인 등의 세무확인서 부표
공익법인 등의 결산서

(근거:공익법인등의세무확인규정) 210㎜×297㎜(신문용지 54g/㎡)

공익법인 등의 세무확인서 작성요령

1. 자산보유현황

가. ⑫란의 총자산가액은 외부전문가의 세무확인을 받는 세무확인 대상 과세기간 또는 사업연도 종료일 현재 재무상태표상 총자산가액을 기재합니다.

나. ⑬내지 ⑯란의 자산종류별 가액은 과세기간 또는 사업연도의 종료일 현재의 재무상태표상 당해 계정과목의 금액을 기재합니다.

2. 수입금액 내역

○ 별지 제3호서식의 수입금액란의 금액을 기재합니다.

3. 세무확인결과

가. ㉒란은 별지 제1호서식의 부표 1의 위반금액의 합계액을 기재합니다.

나. ㉓란은 세무확인 결과에 대한 외부전문가의 종합검토의견을 간략히 기재합니다.

4. 외부전문가의 인적사항

가. ㉔란의 구분은 외부전문가의 직업인 변호사·공인회계사·세무사 또는 법무법인·회계법인·세무법인 및 합동사무소 등 소속법인명을 기재합니다.

나. ㉖란의 사업자등록번호는 외부전문가의 사업자등록번호를 기재하되, 법인소속 등의 경우 당해법인 또는 합동사무소 등의 사업자등록번호를 기재합니다.

다. 외부전문가가 4인을 초과하는 경우에는 외부전문가의 인적사항을 별지로 기재합니다.

[별지 제1호 서식의 부표 2] (99.8.20. 개정)

사업연도	출 연 재 산 사 용 명 세 서		법 인 명
사업자등록번호		법인등록번호	

(단위: 원, ㎡)

출연받은 재산				출 연 자			3년 내 사용금액				⑫ 직접공익 목적미사용 금액 (④-⑨)	⑬ 비고
								직접공익목적 사용금액				
① 재산 종류	② 재산의 소재지	③ 수량 (면적)	④ 가 액	⑤ 성명 (법인명)	⑥ 주소 (소재지)	⑦ 출연일	⑧ 사용일	⑨ 사용 금액	⑩ 사용 내역	⑪ 직접공익목적 사업 등 외 사용금액		
합 계												

297㎜×210㎜(신문용지 54g/㎡)

[별지 제1호 서식의 부표 3] (2002.1.28. 개정)

사업연도	주 식 등 보 유 명 세 서		법 인 명
사업자등록번호		법인등록번호	

(원)

① 주식 발행 법인명 (사업자 등록 번호)	② 발행 주식 총수	③ 기보유 주식수	변 동 상 황							⑪ 특수관계 있는 타공익법인 등의 보유 주식수	세무확인과세기간 종료일 현재		초과보유주식수				⑱ 비고
			증가주식수				감소주식수		⑩ 증감 주식수 (④+⑤+⑥) -(⑧+⑨)								
			④ 출연	⑤ 매입	⑥ 유상 증자	⑦ 무상 증자	⑧ 양도	⑨ 기타			⑫ 보유주식 수(③±⑩+⑪)	⑬ 지분율	⑭ 초과 지분율	⑮ 주식수	⑯ 가액	⑰ 시가	

(근거: 공익법인등의세무확인규정) 297㎜×210㎜(신문용지 54g/㎡)

[별지 제1호 서식의 부표 3-1] (2002.1. 개정)

사업연도	계 열 기 업 주 식 등 보 유 명 세 서		법 인 명
사업자등록번호		법인등록번호	

(단위: 주, 원)

① 총 재산가액 (당해 내국 법인등의 주식 가액 제외)	계열기업 주식 등 보유 내역				⑤ 당해내국법인의 주식등을 가산한 총재산가액 (① + ④)	⑥ 소유비율 (%) (④/⑤)	초과보유분		⑨ 비 고
	② 계열기업명 (사업자등록번호)	③보유주식수		④ 당해내국법인의 주식등의 가액			⑦ 비율(%) (⑥-30%)	⑧ 주식가액 (⑤×⑦)	
		주식수	취득일						
	합 계								

(근거: 공익법인등의세무확인규정)

297㎜×210㎜(신문용지 54g/㎡)

(별지 제1호서식의 부표4)

사 업 연 도	운용소득 사용명세서		법 인 명
사업자등록번호		법인등록번호	

(원)

㉮ 구 분			㉯ 1년전 사업연도 (년)	㉰ 2년전 사업연도 (년)	㉱ 3년전 사업연도 (년)	㉲ 4년전 사업연도 (년)	㉳ 5년전 사업연도 (년)
운용소득조정명세	수익사업소득	① 결산서상당기순이익					
		세무조정 ② 익금가산					
		세무조정 ③ 손금가산					
		④ 차가감소득금액 (①+②-③)					
		⑤ 지정기부금 한도초과액					
		⑥ 각사업연도소득금액 (④+⑤)					
	가산액	⑦ 고유목적사업준비금					
		⑧					
		⑨ 소 계 (⑦+⑧)					
	공제액	⑩ 출연재산양도차익					
		⑪					
		⑫ 소 계 (⑩+⑪)					
	⑬ 법인세등						
	⑭ 이월결손금						
	⑮ 차감후운용소득금액 (⑥+⑨-⑫-⑬-⑭)						

운용소득사용실적	구 분	직접 공익목적사업에 사용한 금액 ㉴ 당해사업년도	㉵ 1년전 사업연도	㉶ 2년전 사업연도	㉷ 3년전 사업연도	㉸ 4년전 사업연도	㉹ 5년간(3년간)의 평균
	⑯ 전년도출연재산운용소득 (⑯=⑮)						
	⑰ 사용기준액(⑯×70/100)						
	⑱ 1년내사용실적						
	⑲ 과부족액(⑱-⑰)						

(근거:공익법인등의세무확인규정) 210㎜×297㎜(신문용지 54g/㎡)

2002. 1. 개정

(별지 제1호서식의 부표4 뒷면)

운용소득 사용명세서 작성요령

가. 작성대상

상속세및증여세법 제48조제2항제3호 규정에 의한 출연받은 재산을 수익용 또는 수익사업용으로 운용하는 경우 운용소득을 직접 공익목적사업에 사용한 실적을 기재합니다.

나. ①란의 결산서상 당기순이익은 수익사업에 대한 법인세과세표준신고시 제출한 결산서상 당기순이익을 기재하되, 법인세 신고의무가 없는 등의 사유로 신고하지 아니한 경우에는 그 공익법인의 결산재무제표상의 당기순이익을 기재합니다.

다. ②와③란의 세무조정사항은 법인세과세표준신고시 계산된 세무조정 금액을 기재합니다.

라. ⑤란의 지정기부금한도초과액은 수익사업소득에서 지정기부금한도를 초과한 금액을 기재합니다.

마. ⑦란의 고유목적사업준비금은 수익사업에서 손금에 산입한 금액을, ⑧란은 출연재산을 수익의 원천에 사용함으로써 생긴 소득금액을 기재합니다 (예 : 분리과세 예금이자소득 등)

바. ⑩ · ⑪란은 수익사업소득에 포함된 출연재산 양도차익 등을 기재합니다.

사. ⑬란의 법인세 등은 당해소득에 대한 법인세 · 주민세 · 농어촌특별세 · 특별부가세 등의 합계액을 기재합니다.

아. ⑯란의 전년도 출연재산운용소득은 각 사업연도의 직전사업연도에 해당하는 운용소득조정명세상 ⑮란의 차감후 운용소득금액을 각각 기재합니다.

자. ⑰란의 사용기준액은 2000. 1. 1이후 개시하는 사업연도분부터 ⑯란의 70%(그 이전 사업연도는 50%)를 기재합니다.

차. ㉳의 ⑲란의 당해 사업연도 과부족액이 부족사용일 경우에만 1년전, 2년전, 3년전,4년전 사업연도란 및 5년간의 평균란(3년간의 평균선택적용)을 기재합니다.

세무확인을 받아야 하는 과세기간 또는 사업연도별로 별지로 작성합니다

[별지 제1호 서식의 부표 5] (2002.1. 개정)

사업연도	매 각 금 액 사 용 명 세 서		법 인 명
사업자등록번호		법인등록번호	

(단위 : 원, ㎡)

매각재산					⑥ 매각 일자	⑦취득자			⑪ 각 사 용 기준금액		각사용명세			⑮ 미 달 사용금액 (⑪-⑬)	⑯ 비 고
① 재산 종류	② 출연 (취득) 일 자	③ 소재지	④ 수량 (면적)	⑤ 매각 금액		성명⑧ (상호)	주민등록 번 호⑨ (등록번호)	⑩ 출연자와 특수관계 여부	기 한	기준 금액	⑫ 일 자	⑬ 금 액	⑭ 사용처		
합 계															
									1년내						
									2년내						
									3년내						
									소 계						
									1년내						
									2년내						
									3년내						
									소계						

(근거: 공익법인 등의 세무확인규정)　　297㎜×210㎜(신문용지 54g/㎡)

[별지 제1호 서식의 부표 6] (99.1.12. 개정)

사업연도	출연자 등 특수관계인 사용수익 명세서		법 인 명
사업자등록번호		법인등록번호	

(단위: 원, ㎡)

사용수익재산					⑥ 사용수익금액	사용수익의 귀속자			⑩ 비 고
① 재산 종류	② 출연(취득) 일 자	③ 출연자	④ 소 재 지	⑤ 수 량 (면 적)		⑦ 성 명	⑧ 주민등록번호 (사업자등록번호)	⑨ 출연자 등 과의 관계	
합 계									

297㎜×210㎜(신문용지 54g/㎡)

[별지 제1호 서식의 부표 6-1] (2000.11.27. 신설)

사업연도	출연자의 이사등 선임 명세서		법 인 명
사업자등록번호		법인등록번호	

1. 이사 등 선임 명세서

이사 등 인적사항			④이사 등 선임일자	⑤이사등 해임일자	⑥출연자와의 관계	⑦출연법인과의 관계	⑧다른이사와의 관계	⑨초과 여부	⑩ 비고
①성명	②주민등록번호	③주소							

2. 제한기준 초과 이사 및 임·직원에 대한 경비 명세 (단위 : 원)

①성명	②주민등록번호	③직책	④취임·근무일	당해 연도 경비 명세						⑪비고
				⑤급료	⑥판공비	⑦차량 유지비	⑧비서실 운영비	⑨기타 경비	⑩ 합계	

(근거: 공익법인등의세무확인규정) 297㎜×210㎜(신문용지 54g/㎡)

[별지 제1호 서식의 부표 6-2] (2000.11.27. 신설)

사업연도	특 정 기 업 을 위 한 광 고 등 명 세 서			법 인 명
사업자등록번호		법인등록번호		

(단위: 주, 원)

특정기업(특수관계에 있는 내국법인)				⑤당해 공익법인의 소유주식수	광고 · 홍보행위 관련비용				⑩ 비고
① 법인명	② 소재지	③ 사업자등록번호	④ 관계		⑥ 계정과목	⑦ 행위내용	⑧ 지출처	⑨ 지출금액	

(근거: 공익법인등의세무확인규정)

297㎜×210㎜(신문용지 54g/㎡)

[별지 제1호 서식의 부표 7]

사업연도	수혜자 선정 부적정 명세서			법 인 명
사업자등록번호		법인등록번호		

(단위: 원, ㎡)

공익목적사업의 사용재산				수혜자의 인적사항					⑩출연자 등과의 관 계
① 재산 종류	②소 재 지	③수량 (면적)	④가 액	⑤성 명	⑥직 업 (근무처)	⑦직위	⑧주 소	⑨주민등록번호 (사업자등록번호)	
합 계									

297㎜×210㎜(신문용지 54g/㎡)

[별지 제1호 서식의 부표 8]

사업연도	재산의 운용 및 수익사업내역 부적정명세서		법 인 명
사업자등록번호		법인등록번호	

(단위: 원, m²)

출연재산				운용현황					⑩ 적 요
① 재산 종류	②소재지	③수량 (면적)	④출연재산 가 액	⑤구분	⑥수익금액	⑦적정수익 금 액	오류 및 탈루금액		
							⑧유 형	⑨금 액	
합 계									

297㎜×210㎜(신문용지 54g/m²)

(별지 제1호서식의 부표9)

사 업 연 도	장부의 작성 · 비치 의무 불이행 등 명세서		법 인 명
사 업 자 등 록 번 호		법 인 등 록 번 호	

1. 장부의 작성 · 비치의무 불이행 내역

① 구 분		② 당해과세기간의 수입금액 및 출연재산금액	③ 작성 · 비치 의무 불이행 장부 등	④ 비 고
공익목적 사 업				
수 익 사 업 명				

2. 출연재산 명세 보고등 불이행 내역

④ 구 분	⑤ 제 출 여 부	⑥ 미제출분에 상당하는 재 산 가 액	⑦ 누락 또는 오류분에 상당하는 재산가액
시행규칙 별지 제23호서식에 의한 출연재산 명세서			
시행규칙 별지 제24호서식에 의한 출연재산 및 매각재산 사 용 계 획 서			
시행규칙 별지 제25호서식에 의한 출연재산사용계획의 진도 및 완료보고서			
시행규칙 별지 제26호서식에 의한 주식 또는 출자지분 보 유 명 세 서			

(근거:공익법인등의세무확인규정) 210㎜×297㎜(신문용지 54g/㎡)

(별지 제1호서식의 부표9 뒷면)

장부의 작성 · 비치 의무 불이행 등 명세서 작성요령

1. 장부의 작성 · 비치의무 불이행 내역

가. 작성대상

상속세및증여세법 제51조의 규정에 의한 출연받은 재산 및 공익사업의 운용내역과 수익사업에 대한 장부와 중요한 증빙서류의 작성 · 비치의무를 이행하지 아니한 것에 대하여 기재합니다.

* 다만, 법인세법시행령 제97조 및 소득세법시행령 제131조의 규정에 의하여 세무사가 조정계산서를 작성하여 당해 수익사업에 대한 신고를 한 것은 제외합니다.

나. ①란의 공익목적사업 및 수익사업명은 당해 공익법인의 공익목적사업과 수익사업의 명칭을 기재합니다.

다. ③란의 작성 · 비치의무 불이행 장부 등은 당해 공익목적사업 및 수익사업과 관련하여 작성 · 비치하여야 할 복식부기 형식의 장부로서 의무를 불이행한 주요장부 또는 장부와 관련된 중요한 증빙서류를 기재합니다.

2. 출연재산 명세보고 등 불이행 내역

가. 작성대상

법 제48조제5항의 규정에 의하여 납세지관할세무서장에게 제출하여야 할 출연 재산명세 등의 이행여부에 대한 사항을 기재합니다.

세무확인을 받아야 하는 과세기간 또는 사업연도별로 별지로 작성합니다

[별지 제2호 서식] (99.1.12. 개정)

사업연도	보 유 부 동 산 명 세 서		법 인 명
사업자등록번호		법인등록번호	

재산 종류	출연일자 (취득일자)	소 재 지	수 량 (면적)	장부가액	재산 종류	출연일자 (취득일자)	소 재 지	수 량 (면적)	장부가액
					합 계				

* 보유부동산 명세가 공익법인 세무확인서의 첨부서류인 「공익법인 등의 결산서의 부속명세서」에 있는 경우에는 작성을 생략합니다.

세무확인을 받아야 하는 과세기간 또는 사업연도의 종료일 현재 보유부동산 현황을 작성합니다.

297㎜×210㎜(신문용지 54g/㎡)

[별지 제3호 서식] (99.1.12. 개정)

사업연도	수 입 금 액 명 세 서		
사업자등록번호		법인등록번호	

1. 수입금액 내역

총자산 금 액	금 융				부동산			수익사업				기 타
	소계	이자	배당	기타	소계	임대	매각	소 계				

2. 수익사업 명세

상호(법인명)	사업장소재지	대표자	사업자등록번호	업 종	사업개시일	수입금액		
						당해연도	직전연도	직전전연도
합 계								

세무확인을 받아야 하는 과세기간 또는 사업연도의 종료일 현재 현황을 작성합니다.

297㎜×210㎜(신문용지 54g/㎡)

(별지 제1호서식의 부표1)

사 업 연 도	공익법인 등의 세무확인 결과 집계표		법 인 명
사 업 자 등 록 번 호		법 인 등 록 번 호	

(원)

세 무 확 인 항 목	위반금액
① 합 계	
② 출연재산 사용명세서 (법§48②-1) [별지 제1호서식의 부표2]	
③ 내국법인 주식 등 출연 및 취득명세서(법§48① 및 법§48②-2) [별지 제1호서식의 부표3]	
④ 계열기업 주식 등 보유명세서(법§48⑨) [별지 제1호서식의 부표3-1]	
⑤ 운용소득 사용명세서 (법§48②-3) [별지 제1호서식의 부표4]	
⑥ 매각금액 사용명세서 (법§48②-4) [별지 제1호서식의 부표5]	
⑦ 출연자 등 특수관계인 사용수익명세서 (법§48③) [별지 제1호서식의 부표6]	
⑧ 출연자의 이사 등 선임명세서 (법§48⑧) [별지 제1호서식의 부표6-1]	
⑨ 특정기업을 위한 광고 등 명세서 (법§48⑩) [별지 제1호서식의 부표6-2]	
⑩ 수혜자 선정 부적정명세서 (규칙§14①-3) [별지 제1호서식의 부표7]	
⑪ 재산의 운용 및 수익사업 내역 부적정명세서 (규칙§14①-1) [별지 제1호서식의 부표8]	
⑫ 장부의 작성·비치 의무 불이행명세서 (규칙§14①-2) [별지 제1호서식의 부표9]	

※ 작성요령

가. ② 내지 ⑫란은 공익법인 등의 세무확인서 별지 제1호서식의 부표2 내지 부표9의 세무확인 결과를 기재합니다.

나. 위반금액란은 상속세및증여세법 제48조 및 제51조의 위반금액에 해당하는 출연재산의 가액 또는 운용소득금액 및 지출비용 등을 기재합니다.

(근거:공익법인등의세무확인규정) 210㎜×297㎜(신문용지 54g/㎡)

제 10 장 사회복지법인 재무·회계 규칙

보건복지부
(복지정책과)

사회복지법인 재무·회계 규칙

[일부개정 2009.2.5 보건복지가족부령 제91호]

제1장 총칙

제1조 (목적) 이 규칙은 「사회복지사업법」 제23조제4항 및 제45조제2항의 규정에 의하여 사회복지법인의 재무 · 회계 및 후원금관리에 관한 사항을 규정하여 재무회계 및 후원금관리의 명확성 · 공정성 · 투명성을 기함으로써 사회복지법인의 합리적인 운영에 기여함을 목적으로 한다. [전문개정 2005.7.15]

제2조 (재무 · 회계운영의 기본원칙) 사회복지법인(이하 "법인"이라 한다)의 재무 · 회계는 그 설립목적에 따라 건전하게 운영되어야 한다.

제3조 (회계연도) 법인의 회계연도는 정부의 회계연도에 의한다.

제4조 (회계연도 소속구분) 법인의 수입 및 지출의 발생과 자산 및 부채의 증감 · 변동에 관하여는 그 원인이 되는 사실이 발생한 날을 기준으로 하여 연도소속을 구분한다. 다만, 그 사실이 발생한 날을 정할 수 없는 경우에는 그 사실을 확인한 날을 기준으로 하여 연도소속을 구분한다.

제5조 (출납기한 <개정 1998.1.7>) 1회계연도에 속하는 법인의 세입 · 세출의 출납에 관한 사무는 다음연도 2월말일까지 완결하여야 한다. <개정 1993.12.27>

제6조 (회계의 구분) 법인의 회계는 당해법인의 업무전반에 관한 회계(이하 "법인회계"라 한다), 당해법인이 설치 · 운영하는 사회복지시설(이하 "시설"이라 한다)에 관한 회계(이하 "시설회계"라 한다)와 법인이 수행하는 수익사업에 관한 회계(이하 "수익사업회계"라 한다)로 구분한다.

제6조의2 (정보통신매체에 의한 재무 · 회계처리) ①법인의 재무 · 회계는 컴퓨터 회계프로그램으로 처리할 수 있다.

②제1항의 규정에 의한 컴퓨터 회계프로그램에 의하여 전자장부를 사용하는 경우에는 그 출력물을 보관하는 것으로 각종 장부 등의 비치를 갈음할 수 있다.

[본조신설 2005.7.15]

제2장 예산과 결산

제1절 예산

제7조 (세입 · 세출의 정의) 1회계연도의 모든 수입을 세입으로 하고, 모든 지출을 세출로 한다.

제8조 (예산총계주의원칙) 세입과 세출은 모두 예산에 계상하여야 한다.

[전문개정 1998.1.7]

제9조 (예산편성요령) ①법인의 대표이사는 제2조의 취지에 따라 매 회계연도 개시 1월전까지 그 법인과 시설의 예산편성 요령을 정하여야 한다. <개정 1998.1.7>

②법인 또는 시설의 소재지를 관할하는 시장 · 군수 · 구청장(자치구의 구청장을 말한다. 이하 같다)은 특히 필요하다고 인정되는 사항에 관하여는 예산편성요령을 정하여 매 회계연도 개시 2월전까지 법인에 통보할 수 있다. <개정 1998.1.7>

제10조 (예산의 편성 및 결정절차) ①법인의 대표이사는 제6조에 따른 회계별 예산을 편성하여 이사회의 의결을 거쳐 확정하고, 이를 매 회계연도 개시 5일전까지 관할 시장 · 군수 · 구청장에게 제출하여야 한다. <개정 2009.2.5>

② 제1항에 따라 예산을 편성할 경우 법인회계와 시설회계의 예산은 별표 1부터 별표 4까지에 따른 세입 · 세출예산과목 구분에 따라 편성

하여야 한다. 다만, 다음 각 호의 시설은 별표 5 및 별표 6에 따른 세입 · 세출예산과목 구분에 따라 편성한다. <개정 2009.2.5>

1. 「사회복지사업법」 제2조제3호의2에 따른 사회복지관
2. 「노인복지법」 제36조제1항제1호에 따른 노인복지관
3. 「장애인복지법」 제58조제1항제2호에 따른 장애인복지관
4. 그 밖에 보건복지가족부장관이 정하여 고시하는 시설

③ 시장 · 군수 · 구청장은 제1항에 따라 예산을 제출받은 때에는 20일 이내에 법인과 시설의 회계별 세입 · 세출 예산개요를 시 · 군 · 구(자치구를 말한다. 이하 같다)의 게시판과 인터넷 홈페이지에 20일 이상 공고하고, 법인의 대표이사로 하여금 해당 법인 및 시설의 게시판과 인터넷 홈페이지에 20일 이상 공고하도록 하여야 한다. <개정 2009.2.5>

④ 제3항에 따른 공고는 「신문 등의 자유와 기능보장에 관한 법률」 제2조제1호에 따른 신문 또는 「잡지 등 정기간행물의 진흥에 관한 법률」 제2조제1호에 따른 정기간행물에 게재하는 것으로 갈음할 수 있다. <개정 2009.2.5>

[전문개정 1998.1.7]

제11조 (예산에 첨부하여야 할 서류) ①예산에는 다음 각호의 서류가 첨부되어야 한다. 다만, 단식부기로 회계를 처리하는 경우에는 제1호 · 제2호 · 제5호 및 제6호의 서류만을 첨부할 수 있다. <개정 1993.12.27>

1. 예산총칙
2. 세입 · 세출명세서
3. 추정대차대조표
4. 추정수지계산서
5. 임 · 직원 보수일람표
6. 당해예산을 의결한 이사회 회의록 사본

②제1항제2호 내지 제5호의 서류의 서식은 별지 제1호서식 내지 별지 제4호서식에 의한다.

제12조 (준예산) 회계연도 개시전까지 법인의 예산이 성립되지 아니한 때에는 대표이사가 시장 · 군수 · 구청장에게 그 사유를 보고하고 예산이 성립될 때까지 다음의 경비를 전년도 예산에 준하여 집행할 수 있다.

1. 임 · 직원의 보수
2. 법인 및 시설운영에 직접 사용되는 필수적인 경비
3. 법령상 지급의무가 있는 경비

제13조 (추가경정예산) ①법인의 대표이사는 예산성립후에 생긴 사유로 인하여 이미 성립된 예산에 변경을 가할 필요가 있을 때에는 제10조 및 제11조의 규정에 의한 절차에 준하여 추가경정예산을 편성 · 확정할 수 있다.

②대표이사는 추가경정예산이 확정된 날로부터 7일이내에 이를 시장 · 군수 · 구청장에게 제출하여야 한다.

제14조 (예비비) 법인의 대표이사는 예측할 수 없는 예산외의 지출 또는 예산의 초과지출에 충당하기 위하여 예비비를 세출예산에 계상할 수 있다.

[전문개정 1999.3.11]

제15조 (예산의 목적외 사용금지) 법인회계 및 시설회계의 예산은 세출예산이 정한 목적외에 이를 사용하지 못한다.

제16조 (예산의 전용) ①법인의 대표이사는 관 · 항 · 목간의 예산을 전용할 수 있다. 다만, 관간의 전용은 이사회의 의결을 거쳐 관할 시장 · 군수 · 구청장의 승인을 얻어야 하고, 동일관내의 항간의 전용은 이사회의 의결을 거쳐야 하며, 예산총칙에서 전용을 제한하고 있거나 예산성립과정에서 이사회에서 삭감한 관 · 항 · 목으로는 전용하지 못한다.

<개정 1998.1.7>

②대표이사는 제1항의 규정에 의하여 예산을 전용한 때에는 관할 시장 · 군수 · 구청장에게 즉시 보고하여야 한다. <개정 1998.1.7>

제17조 (세출예산의 이월) 법인회계와 시설회계의 세출예산중 경비의 성질상 당해회계연도안에 지출을 마치지 못할 것으로 예측되는 경비와 연도내에 지출원인행위를 하고 불가피한 사유로 인하여 연도내에 지출하지 못한 경비는 이사회의 의결을 거쳐 다음 연도에 이월하여 사용할 수 있다. <개정 1998.1.7>

제18조 (특정목적사업 예산) 완성에 수년을 요하는 공사나 제조 그밖의 특수한 사업을 위하여 2회계연도 이상에 걸쳐서 그 재원을 조달할 필요가 있는 때에는 회계연도마다 일정액을 예산에 계상하여 특정목적사업을 위한 적립금으로 적립할 수 있다.

제2절 결산

제19조 (결산서의 작성 제출) ①법인의 대표이사는 법인회계와 시설회계의 세입 · 세출 결산보고서를 작성하여 이사회의 의결을 거친 후 다음 연도 3월 31일까지 시장 · 군수 · 구청장에게 제출하여야 한다.

②시장 · 군수 · 구청장은 제1항에 따라 결산보고서를 제출받은 때에는 20일 이내에 다음 각 호의 사항을 시 · 군 · 구의 게시판과 인터넷 홈페이지에 20일 이상 공고하고, 법인의 대표이사로 하여금 해당 법인 및 시설의 게시판과 인터넷 홈페이지에 20일 이상 공고하도록 하여야 한다. <신설 1998.1.7, 2009.2.5>

1. 법인과 시설의 세입 · 세출 결산개요
2. 후원금품의 수입 및 사용내역 개요

③ 제2항에 따른 공고는 「신문 등의 자유와 기능보장에 관한 법률」

제2조제1호에 따른 신문 또는 「잡지 등 정기간행물의 진흥에 관한 법률」 제2조제1호에 따른 정기간행물에 게재하는 것으로 갈음할 수 있다. <개정 2009.2.5>

第20조 (결산보고서에 첨부하여야 할 서류) ①결산보고서에는 다음 각호의 서류가 첨부되어야 한다. 다만, 단식부기로 회계를 처리하는 경우에는 제1호 내지 제3호, 제14호 내지 제22호의 서류만을 첨부할 수 있다. <개정 1993.12.27, 1998.1.7>

1. 세입·세출결산서
2. 과목 전용조서
3. 예비비 사용조서
4. 대차대조표
5. 수지계산서
6. 현금 및 예금명세서
7. 유가증권명세서
8. 미수금명세서
9. 재고자산명세서
10. 기디 유동자산명세서(제6호 내지 제9호의 유동자산외의 유동자산을 말한다)
11. 고정자산(토지·건물·차량운반구·비품·전화가입권)명세서
12. 부채명세서(차입금·미지급금을 포함한다)
13. 제충당금명세서
14. 기본재산수입명세서
15. 사업수입명세서
16. 정부보조금명세서
17. 후원금수입명세 및 사용결과보고서
18. 인건비명세서

19. 사업비명세서
20. 기타비용명세서(인건비 및 사업비를 제외한 비용을 말한다)
21. 감사보고서
22. 법인세 신고서(수익사업이 있는 경우에 한한다)

②제1항제1호 내지 제3호의 서류는 별지 제5호서식 · 별지 제5호의2서식 내지 별지 제5호의4서식 · 별지 제6호서식 및 별지 제7호서식에 의하고, 제1항제4호 및 제5호의 서류는 별지 제2호서식 및 별지 제3호서식에 의하며, 제6호 내지 제21호의 서류는 별지 제8호서식 내지 별지 제23호서식에의한다. <개정 2005.7.15>

제3장 회계

제1절 총칙

제21조 (수입 및 지출사무의 관리) ①법인의 대표이사와 시설의 장은 법인과 시설의 수입 및 지출에 관한 사무를 관리한다.

②법인의 대표이사와 시설의 장은 수입 및 지출원인행위에 관한 사무를 각각 소속직원에게 위임할 수 있다.

제22조 (수입과 지출의 집행기관) ①법인과 시설에는 수입과 지출의 현금출납업무를 담당하게 하기 위하여 각각 수입원과 지출원을 둔다. 다만, 법인 또는 시설의 규모가 소규모인 경우에는 수입원과 지출원을 동일인으로 할 수 있다.

②제1항의 수입원과 지출원은 각각 그 법인의 대표이사와 시설의 장이 임면한다.

제23조 (회계의 방법) 회계는 단식부기에 의한다. 다만, 법인회계와 수익사업회계에 있어서 복식부기의 필요가 있는 경우에는 복식부기에 의한다.

[전문개정 1993.12.27]

제24조 (장부의 종류) ①법인 및 시설에는 다음의 회계장부를 둔다. <개정 1998.1.7>

1. 현금출납부
2. 총계정원장
3. 총계정원장 보조부
4. 재산대장
5. 비품관리대장
6. 삭제 <2009.2.5>
7. 삭제 <1998.1.7>
8. 삭제 <1998.1.7>
9. 삭제 <1998.1.7>
10. 삭제 <1998.1.7>
11. 삭제 <1998.1.7>
12. 삭제 <1998.1.7>

② 제1항제1호부터 제5호까지의 규정에 따른 회계장부는 별지 제24호서식, 별지 제24호의2서식, 별지 제25호서식, 별지 제25호의2서식 및 별지 제26호서식부터 별지 제28호서식까지에 따른다. <개정 2009.2.5>

제2절 수입

제25조 (수입금의 수납) ①모든 수입금의 수납은 이를 금융기관에 취급시키는 경우를 제외하고는 수입원이 아니면 수납하지 못한다.

②수입원이 수납한 수입금은 그 다음날까지 금융기관에 예입하여야 한다. <개정 1998.1.7>

③제1항 및 제2항의 규정에 의한 수입금에 대한 금융기관의 거래통장은 제6조의 규정에 의한 회계별로 구분될 수 있도록 보관 · 관리하여

야 한다. <신설 1998.1.7>

제26조 (과년도 수입과 반납금 여입) ①출납이 완결한 연도에 속하는 수입 기타 예산외의 수입은 모두 현년도의 세입에 편입하여야 한다.

②지출된 세출의 반납금은 각각 지출한 세출의 당해과목에 여입할 수 있다.

제27조 (과오납의 반환) 과오납된 수입금은 수입한 세입에서 직접 반환한다.

제3절 지출

제28조 (지출의 원칙) ①지출은 제21조의 규정에 의한 지출사무를 관리하는 자 및 그 위임을 받아 지출명령이 있는 것에 한하여 지출원이 행한다.

②제1항의 지출명령은 예산의 범위안에서 하여야 한다.

제29조 (지출의 방법) ①지출은 상용의 경비 또는 소액의 경비지출을 제외하고는 예금통장에 의하거나 「전자거래기본법」 제2조제5호에 따른 전자거래로 행하여야 한다. <개정 2009.2.5>

②지출원은 상용의 경비 또는 소액의 경비지출을 위하여 100만원 이하의 현금을 보관할 수 있다. <개정 2009.2.5>

제30조 (지출의 특례) ①지출에 있어서 선금급을 할 수 있는 경비의 범위는 다음과 같다. <개정 2009.2.5>

1. 외국에서 직접 구입하는 기계, 도서, 표본 또는 실험용재료의 대가
2. 정기간행물의 대가
3. 토지 또는 가옥의 임대료와 용선료
4. 운 임
5. 소속직원중 특별한 사정이 있는 자에 대하여 지급하는 급여의 일부
6. 관공서(「공공기관의 운영에 관한 법률」에 따른 공공기관 및 특별법

에 의하여 설립된 특수법인을 포함한다)에 대하여 지급하는 경비
7. 외국에서 연구 또는 조사에 종사하는 자에 대하여 지급하는 경비
8. 보조금
9. 사례금
10. 계약금액이 1천만원이상인 공사나 제조 또는 물건의 매입을 하는 경우에 계약금액의 100분의 50을 초과하지 아니하는 금액

②지출에 있어서 개산급을 할 수 있는 경비의 범위는 다음과 같다. <개정 2009.2.5>

1. 여비 및 판공비
2. 관공서(「공공기관의 운영에 관한 법률」에 따른 공공기관 및 특별법에 의하여 설립된 특수법인을 포함한다)에 대하여 지급하는 경비
3. 보조금
4. 소송비용

제4절 계약

제30조의2 (계약의 원칙) 계약에 관한 사항은 「지방자치단체를 당사자로 하는 계약에 관한 법률」, 같은 법 시행령 및 같은 법 시행규칙을 준용한다.

[전문개정 2009.2.5]

제31조 (계약담당자) ①계약에 관한 사무는 각각 그 법인의 대표이사와 시설의 장이 처리한다.

②법인의 대표이사와 시설의 장은 계약체결에 관한 사무를 소속직원에게 위임할 수 있다.

제32조 삭제 <2009.2.5>

제33조 삭제 <2009.2.5>

제34조 삭제 <2009.2.5>

제35조 삭제 <2009.2.5>

제36조 삭제 <2009.2.5>

제37조 삭제 <2009.2.5>

제37조의2 삭제 <2009.2.5>

제4장 물품

제38조 (물품의 관리자와 출납원) ①법인의 대표이사와 시설의 장은 그 소관에 속하는 물품(현금 및 유가증권을 제외한 동산을 말한다. 이하 같다)을 관리한다. <개정 1998.1.7>

②법인의 대표이사와 시설의 장은 그 소관에 속하는 물품관리에 관한 사무를 소속직원에게 위임할 수 있다.

③법인의 대표이사와 시설의 장(제2항의 규정에 의하여 위임을 받은 자를 포함한다. 이하 "물품관리자"라 한다)은 물품의 출납보관을 위하여 소속직원중에서 물품출납원을 지정하여야 한다.

제39조 (물품의 관리의무) 물품관리자 및 물품출납원은 선량한 관리자의 주의로써 사무에 종사하여야 한다.

제40조 (물품의 관리) ①물품관리자는 물품을 출납하게 하고자 할 때에는 물품출납원에게 출납하여야 할 물품의 분류를 명백히 하여 그 출납을 명령하여야 한다.

②물품출납원은 제1항의 규정에 의한 명령이 없이는 물품을 출납할 수 없다.

제40조의2 (재물조사) 법인의 대표이사와 시설의 장은 연 1회 그 관리에 속하는 물품에 대하여 정기적으로 재물조사를 실시하여야 하며, 필요하다고 인정하는 때에는 정기재물조사외에 수시로 재물조사를 할 수 있다.

[본조신설 1998.1.7]

제41조 (불용품의 처리) ①법인과 시설의 물품관리자는 물품중 그 사용이 불가능하거나 수리하여 다시 사용할 수 없게 된 물품이 있을 때에는 그 물품에 대하여 불용의 결정을 하여야 한다.

②제1항의 규정에 의한 불용품을 매각한 경우 그 대금은 당해법인 또는 시설의 세입예산에 편입시켜야 한다.

제4장의2 후원금의 관리 <신설 1998.1.7>

제41조의2 (후원금의 범위등) ①법인의 대표이사와 시설의 장은 아무런 대가없이 무상으로 받은 금품 기타의 자산(이하 "후원금"이라 한다)의 수입 · 지출 내용과 관리에 명확성이 확보되도록 하여야 한다. 시설거주자가 받은 개인결연후원금을 당해인이 정신질환 기타 이에 준하는 사유로 관리능력이 없어 시설의 장이 이를 관리하게 되는 경우에도 또한 같다. <개정 1999.3.11>

② 삭제 <1999.3.11>

[본조신설 1998.1.7]

제41조의3 삭제 <1999.3.11>

제41조의4 (후원금의 영수증 발급 등 <개정 2009.2.5>) ① 법인의 대표이사와 시설의 장은 후원금을 받은 때에는 「소득세법 시행규칙」 제101조제20호의2에 따른 기부금영수증 서식 또는 「법인세법 시행규칙」 제82조제3항제3호의3에 따른 기부금영수증 서식에 따라 후원금 영수증을 발급하여야 하며, 영수증 발급목록을 별도의 장부로 작성 · 비치하여야 한다. <개정 2009.2.5>

②법인의 대표이사와 시설의 장은 금융기관 또는 체신관서의 계좌입금을 통하여 후원금을 받은 때에는 법인명의의 후원금전용계좌나 시설의 명칭이 부기된 시설장 명의의 계좌(이하 "후원금전용계좌등"이라 한다)를 사용하여야 한다. 이 경우 후원자가 영수증 발급을 원하는 경우를

제외하고는 제1항에 따른 영수증의 발급을 생략할 수 있다. <개정 2009.2.5>

[전문개정 2005.7.15]

제41조의5 (후원금의 수입 및 사용내용통보) 법인의 대표이사와 시설의 장은 연 1회이상 해당 후원금의 수입 및 사용내용을 후원금을 낸 법인·단체 또는 개인에게 통보하여야 한다. 이 경우 법인이 발행하는 정기간행물 또는 홍보지등을 이용하여 일괄 통보할 수 있다.

[본조신설 1998.1.7]

제41조의6 (후원금의 수입·사용결과 보고 및 공개 <개정 2005.7.15>) ①법인의 대표이사와 시설의 장은 회계연도 종료 후 15일 이내에 별지 제19호서식에 의한 후원금수입및사용결과보고서(전산파일을 포함한다)를 관할 시장·군수·구청장에게 제출하여야 한다. <개정 2005.7.15, 2009.2.5>

②시장·군수·구청장은 제1항에 따라 제출받은 후원금의 수입 및 사용결과 보고의 내역과 후원금전용계좌등의 후원금 입·출금 내역을 회계연도 종료 후 30일 이내에 인터넷 등을 통하여 공개하여야 하며, 공개일부터 3개월 동안 누구든지 이를 볼 수 있게 하여야 한다. 다만, 후원자의 성명(법인 등의 경우는 그 명칭)은 공개하지 아니한다. <신설 2005.7.15, 2009.2.5>

[본조신설 1998.1.7]

제41조의7 (후원금의 용도외 사용금지) ①법인의 대표이사와 시설의 장은 후원금을 후원자가 지정한 사용용도외의 용도로 사용하지 못한다.

②후원금의 수입 및 지출은 제10조의 규정에 의한 예산의 편성 및 확정절차에 따라 세입·세출예산에 편성하여 사용하여야 한다.

[본조신설 1998.1.7]

제5장 감사

제42조 (감사) ①법인의 감사는 당해법인과 시설에 대하여 매년 1회이상 감사를 실시하여야 한다.

②법인의 대표이사는 시설의 장과 수입원 및 지출원이 사망하거나 경질된 때에는 그 관장에 속하는 수입, 지출, 재산, 물품 및 현금등의 관리상황을 감사로 하여금 감사하게 하여야 한다.

③제2항의 규정에 의한 감사를 함에 있어서는 전임자가 입회하여야 하며, 전임자가 입회할 수 없는 경우에는 그 전임자가 지정하거나 법인의 대표이사가 관계직원중에서 지정한 입회인을 입회하게 하여야 한다.

④감사는 제1항 내지 제3항의 규정에 의하여 감사를 한 때는 감사보고서를 작성하여 당해법인의 이사회에 보고하여야 하며, 재산상황 또는 업무집행에 관하여 부정 또는 불비한 점이 발견된 때에는 시장 · 군수 · 구청장에게 보고하여야 한다.

⑤제4항의 감사보고서에는 감사가 서명 또는 날인하여야 한다. <개정 1998.1.7>

제6장 보칙

제43조 (사무의 인계 · 인수) ①회계사무를 담당하는 직원이 경질된 때에는 당해사무의 인계 · 인수는 발령일로부터 5일이내에 행하여져야 한다.

②인계자는 인계할 장부와 증빙서류등의 목록을 각각 3부씩 작성하여 인계 · 인수자가 각각 기명날인한 후 각각 1부씩 보관하고, 1부는 이를 예금잔고증명과 함께 인계 · 인수보고서에 첨부하여 법인의 대표이사에게 제출하여야 한다. 이 경우 시설에 있어서는 시설의 장을 거쳐 제출하여야 한다.

제44조 (시행세칙) 이 규칙의 시행을 위하여 필요한 세부사항은 보건복지가족부장관이 정한다. <개정 1998.1.7, 2008.3.3>

부칙 <제813호,1988.2.8>

①(시행일) 이 규칙은 1988년 6월 1일부터 시행한다.

②(정관변경에 관한 경과조치) 법인의 정관중 재무 및 회계에 관한 규정은 이 규칙 시행일로부터 6월이내에 이 규칙에 맞게 변경하여 정관변경허가를 받아야 한다.

부칙 <제922호,1993.12.27>

이 규칙은 1994년 1월 1일부터 시행한다.

부칙 <제57호,1998.1.7>

이 규칙은 공포한 날부터 시행한다.

부칙 <제98호,1999.3.11>

이 규칙은 공포한 날부터 시행한다.

부칙 <제323호,2005.7.15>

①(시행일) 이 규칙은 공포 후 2월이 경과한 날부터 시행한다. 다만, 제41조의4의 개정규정은 2006년 1월 1일부터 시행한다.

②(후원금수입및사용결과보고에 관한 적용례) 제41조의6의 개정규정과 별지 제19호서식은 2006년 상반기 보고분부터 적용한다.

③(서식에 관한 경과조치) 이 규칙 시행당시 종전의 규정에 의한 서식은 2005년 12월 31일까지 이 규칙에 의한 서식과 함께 사용할 수 있다.

부칙(보건복지가족부와 그 소속기관 직제 시행규칙) <제1호,2008.3.3>

제1조(시행일) 이 규칙은 공포한 날부터 시행한다.

제2조 생략

제3조(다른 법령의 개정) ① 부터 <40> 까지 생략

<41> 사회복지법인 재무 · 회계 규칙 일부를 다음과 같이 개정한다.

제44조 중 "보건복지부장관"을 "보건복지가족부장관"으로 한다.

<42> 부터 <94> 까지 생략

부칙 <제91호,2009.2.5>

제1조(시행일) 이 규칙은 공포한 날부터 시행한다.

제2조(계약에 관한 적용례) 제30조의2, 제32조부터 제37조까지 및 제37조의2의 개정규정은 이 규칙 시행 후 최초로 계약을 체결하는 경우부터 적용한다.

별표1 법인회계 세입예산과목구분(제10조제2항 본문 관련)

별표2 법인회계 세출예산과목구분(제10조제2항 본문 관련)

별표3 시설회계 세입예산과목구분(제10조제2항 본문 관련)

별표4 시설회계 세출예산과목구분(제10조제2항 본문 관련)

별표5 복지관 등 시설회계 세입예산과목구분(제10조제2항 단서 관련)

별표6 복지관 등 시설회계 세출예산과목구분(제10조제2항 단서 관련)

서식1 세입 · 세출명세서

서식2 (추정)대차대조표

서식3 (추정)수지계산서

서식4 임 · 직원보수일람표

서식5 세입결산서(법인용)

서식5의2 세출결산서(법인용)

서식5의3 세입결산서(시설용)

서식5의4 세출결산서(시설용)

서식6 과목전용조서

서식7 예비비사용조서

서식8 현금및예금명세서

서식9 유가증권명세서

서식10 미수금명세서

서식11 재고자산명세서

서식12 기타유동자산명세서

서식13 고정자산명세서

서식14 부채명세서

서식15 제충당금명세서

서식16 기본재산수입명세서

서식17 사업수입명세서

서식18 정부보조금명세서

서식19 후원금수입및사용결과보고서

서식20 인건비명세서

서식21 사업비명세서

서식22 (　　)비용명세서

서식23 감사보고서

서식24 현금출납부(법인용)

서식24의2 현금출납부(시설용)

서식25 총계정원장(법인용)

서식25의2 총계청원장(시설용)

서식26 총계정원장보조부

서식27 재산대장

서식28 비품관리대장

서식29 삭제 <2009.2.5>

서식30 삭제 <2009.2.5>

서식31 삭제 <2009.2.5>

서식32 삭제 <2009.2.5>

서식33 삭제 <1999.3.11>

서식34 삭제 <1999.3.11>

서식35 삭제 <2009.2.5>

[별표 1] 〈개정 2009.2.5〉

법인회계 세입예산과목 구분(제10조제2항 본문 관련)

과목						내역
관		항		목		
01	재산수입	11	기본재산수입	111	임대료수입	부동산 임대수입
				112	배당 및 이자수입	소유주식배당수입, 예금이자수입
				113	재산매각수입	부동산매각수입
				114	기타수입	불용재산매각 등 그 밖의 재산수입
02	사업수입	21	수익사업수입	211	○○수익사업수입	법인의 수익사업으로 얻어지는 수입 예 : 영농·축산·임대사업(기본재산임대수입은 111목에 계상) 등 사업별로 목을 설정
03	과년도수입	31	과년도수입	311	과년도수입	전년도에 세입조정된 수입으로서 금년도에 수입으로 확정된 것
04	보조금수입	41	보조금수입	411	경상보조금수입	국고 및 지방자치단체의 경상보조금
				412	자본보조금수입	국고 및 지방자치단체의 자본보조금
				413	기타보조금수입	그 밖에 사회복지사업기금 등에서 받은 보조금
05	후원금수입	51	후원금수입	511	지정후원금	국내외 민간단체 및 개인으로부터 후원명목으로 받은 기부금·결연후원금·위문금·찬조금 중 후원목적이 지정된 수입

				512	비지정 후원금	국내외 민간단체 및 개인으로부터 후원명목으로 받은 기부금 · 결연후원금 · 위문금 · 찬조금 중 후원목적이 지정되지 아니한 수입과 자선행사 등으로 얻어지는 수입
06	차입금	61	차입금	611	금융기관 차입금	금융기관으로부터의 차입금
				612	기타차입금	개인 · 단체 등으로부터의 차입금
07	전입금	71	전입금	711	다른 회계로부터의 전입금	수익사업회계 및 시설회계로부터의 전입금
08	이월금	81	이월금	811	전년도 이월금	전년도 불용액으로서 이월된 금액
				812	이월사업비	전년도에 종료되지 못한 이월사업비
09	잡수입	91	잡수입	911	불용품 매각대	비품 · 집기 · 기계 · 기구 등과 그 밖의 불용품의 매각대
				912	기타예금 이자수입	기본재산예금 외의 예금이자수입
				913	기타잡수입	그 밖의 재산매각수입, 변상금 및 위약금수입 등과 다른 과목에 속하지 아니하는 수입

[별표 2] 〈개정 2009.2.5〉

법인회계 세출예산과목 구분(제10조제2항 본문 관련)

과목 관		과목 항		과목 목		내역
01	사 무 비	11	인 건 비	111	급 여	법인 임·직원에 대한 기본 봉급
				112	상 여 금	법인 인·직원에 대한 기말·정근수당
				113	일 용 잡 급	일급 또는 단기간 채용하는 임시직에 대한 급여
				114	제 수 당	법인 임·직원에 대한 제수당(직종·직급별로 일정액을 지급하는 수당과 시간외근무수당·야간근무수당·휴일근무수당 등) 및 기타 수당
				115	퇴직금 및 퇴직적립금	법인 임·직원퇴직급여제도에 따른 퇴직급여 및 퇴직적립금(충당금)
				116	사회보험 부담금	법인 임·직원의 사회보험(국민연금, 국민건강보험, 고용보험, 산업재해보상보험 등)부담금
				117	기타후생경비	법인 임·직원의 상용피복비·건강진단비·급량비·기타 복리후생에 소요되는 비용
		12	업무추진비	121	기관운영비	기관운영 및 유관기관과의 업무협의 등에 소요되는 제경비
				122	직책보조비	법인 임·직원의 직책수행을 위하여 정기적으로 지급하는 경비
				123	회 의 비	법인의 이사회·후원회 등 각종 회의의 다과비 등에 소요되는 제경비
		13	운 영 비	131	여 비	법인 임·직원의 국내·외출장여비

				132	수용비 및 수수료	사무용품비 · 인쇄비 · 집기구입비(물건의 성질상 장기간사용 또는 고정자산으로 취급되는 집기류는 212목에 계상) · 도서구입비 · 공고료 · 수수료 · 등기료 · 운송비 · 통행료 및 주차료 · 소규모수선비 · 포장비등
				133	공공요금	우편료 · 전신전화료 · 전기료 · 상하수도료 · 가스료 및 오물수거료
				134	제세공과금	법령에 의하여 지급하는 제세(법인세 · 자동차세 등), 협회가입비, 화재 · 자동차보험료, 기타 보험료
				135	차량비	차량유류대 · 차량정비유지비 · 차량소모품비
				136	연료비	보일러 및 난방시설연료비
02	재산조성비	21	시설비	211	시설비	시설 신 · 증축비 및 부대경비, 기타 시설비
				212	자산취득비	법인운영에 필요한 비품구입비, 토지 · 건물 · 기타 자산의 취득비
				213	시설장비 유지비	건물 및 건축설비(구축물 · 기계장치) · 공구 · 기구 · 비품수선비(소규모수선비는 132목에 계상) 기타 시설물의 유지관리비
03	사업비	31	일반사업비	311	○ ○ 사업비	법인에서 시설운영외의 지원사업을 하는 경우의 사업비
				· ·	· ·	예 : 학자금지원 · 저소득층지원 등 사업별로 목을 설정함
		32	수익사업비	321	○ ○ 수익사업비	법인수익을 위한 사업비

						예 : 영농 · 축산 · 임대사업 등 사업별로 목을 설정함
04	전 출 금	41	전 출 금	411	○ ○ 시 설 전 출 금	법인이 유지 · 경영하는 시설에 대한 부담금을 시설별로 목을 설정함
				· ·	· ·	
05	과년도지출	51	과년도지출	511	과년도지출	과년도미불금 및 과년도사업비의 지출
06	상 환 금	61	부채상환금	611	원금상환금	차입금원금상환금
				612	이자지급금	차입금이자지급금
07	잡 지 출	71	잡 지 출	711	잡 지 출	법인이 지출하는 보상금 · 사례금 · 소송경비 등
08	예 비 비	81	예 비 비	811	예 비 비	예비비

[별표 3] 〈개정 2009.2.5〉

시설회계 세입예산과목 구분(제10조제2항 본문 관련)

과 목						내 역
관		항		목		
01	입 소 자 부 담 금 수 입	11	입 소 비 용 수 입	111	○ ○ 비 용 수 입	입소자로부터 받는 보호에 소요되는 비용수입을 종류별로 목을 설정
02	사업수입	21	사 업 수 입	211	○ ○ 사 업 수 입	시설운영으로 인하여 발생되는 사업수입을 종류별로 목을 설정 예 : 입소자가 제작한 물품판매 수입
03	과 년 도 수 입	31	과 년 도 수 입	311	과 년 도 수 입	전년도에 세입조정된 수입으로서 금년도에 수입으로 확정된 것
04	보 조 금 수 입	41	보 조 금 수 입	411	경상보조금 수 입	국고 및 지방자치단체의 경상보조금

				412	자본보조금 수입	국고 및 지방자치단체의 자본보조금
				413	기타보조금 수입	그 밖에 사회복지사업기금 등에서 받은 보조금
05	후원금 수입	51	후원금 수입	511	지정 후원금	국내외 민간단체 및 개인으로부터 후원명목으로 받은 기부금 · 결연후원금 · 위문금 · 찬조금 중 후원목적이 지정된 수입
				512	비지정 후원금	국내외 민간단체 및 개인으로부터 후원명목으로 받은 기부금 · 결연후원금 · 위문금 · 찬조금 중 후원목적이 지정되지 아니한 수입과 자선행사 등으로 얻어지는 수입
06	요양 급여수입	61	요양 급여수입	611	장기요양 급여수입	노인장기요양보험급여 수입
07	차입금	71	차입금	711	금융기관 차입금	금융기관으로부터의 차입금
				712	기타차입금	개인 · 단체 등으로부터의 차입금
08	전입금	81	전입금	811	법인전입금	법인으로부터의 전입금(국가 및 지방자치단체의 보조금은 제외함)
09	이월금	91	이월금	911	전년도 이월금	전년도 불용액으로서 이월된 금액
				912	이월사업비	전년도에 종료되지 못한 이월사업비
10	잡수입	101	잡수입	1011	불용품 매각대	비품 · 집기 · 기계 · 기구 등과 그 밖의 불용품의 매각대
				1012	기타예금 이자수입	기본재산예금 외의 예금 이자 수입
				1013	기타잡수입	그 밖의 재산매각수입, 변상금 및 위약금수입 등과 다른 과목에 속하지 아니하는 수입

[별표 4] 〈개정 2009.2.5〉

시설회계 세출예산과목 구분(제10조제2항 본문 관련)

과목						내역
관		항		목		
01	사 무 비	11	인 건 비	111	급 여	시설직원에 대한 기본 봉급
				112	상 여 금	시설직원에 대한 기말·정근수당
				113	일 용 잡 급	일급 또는 단기간 채용하는 임시직에 대한 급여
				114	제 수 당	시설직원에 대한 제수당(직종·직급별로 일정액을 지급하는 수당, 시간외근무수당, 야간근무수당, 휴일근무수당 등) 및 기타수당
				115	퇴직금 및 퇴직적립금	시설직원퇴직급여제도에 따른 퇴직급여 및 퇴직적립금(충당금)
				116	사회보험 부담비용	시설직원의 사회보험(국민연금, 국민건강보험, 고용보험, 산업재해보상보험 등) 부담
				117	기타후생 경비	시설직원의 상용피복비·건강진단비·급량비·그 밖에 복리후생에 소요되는 비용
		12	업무추진비	121	기관운영비	기관운영 및 유관기관과의 업무협의 등에 소요되는 제경비
				122	직책보조비	시설직원의 직책수행을 위하여 정기적으로 지급하는 경비
				123	회 의 비	후원회 등 각종 회의의 다과비등에 소요되는 제경비
		13	운영비	131	여 비	시설직원의 국내·외 출장여비
				132	수용비 및 수 수 료	사무용품비·인쇄비·집기구입비(물건의 성질상 장기간사용 또는 고정자산으로 취급되는 집기류는 212목에 계상)·도서구입비·공고료·수수료·등기료·운송비·통행료 및 주차료·소규모수선비·포장비 등

				133	공 공 요 금	우편료 · 전신전화료 · 전기료 · 상하수도료 · 가스료 및 오물수거료
				134	제세공과금	법령에 의하여 지급하는 제세(자동차세 등), 협회가입비, 화재 · 자동차보험료, 기타 보험료
				135	차 량 비	차량유류대 · 차량정비유지비 · 차량소모품
				136	기타운영비	그 밖에 운영경비로 위에 분류되지 아니한 경비
02	재산조정비	21	시설비	211	시 설 비	시설 신 · 증축비 및 부대경비, 그 밖에 시설비
				212	자산취득비	시설운영에 필요한 비품구입비, 토지 · 건물 · 그 밖에 자산의 취득비
				213	시 설 장 비 유 지 비	건물 및 건축설비(구축물 · 기계장치), 공구 · 기구, 비품수선비(소규모수선비는 132목에 계상) 그 밖의 시설물의 유지관리비
03	사 업 비	31	운 영 비	311	생 계 비	주식비, 부식비, 특별부식비, 장유비, 월동용 김장비
				312	수 용 기 관 경 비	입소자를 위한 수용비(치약 · 칫솔 · 수건구입비 등)
				313	피 복 비	입소자의 피복비
				314	의 료 비	입소자의 보건위생 및 시약대
				315	장 의 비	입소자중 사망자의 장의비
				316	직업재활비	입소자의 직업훈련재료비
				317	자활사업비	입소자의 자활을 위한 기자재 구입비
				318	특별급식비	입소자의 간식, 우유등 생계외의 급식제공을 위한 비용
				319	연 료 비	보일러 및 난방시설연료비, 취사에 필요한 연료비
		32	교 육 비	321	수 업 료	입소자중 학생에 대한 수업료
				322	학 용 품 비	입소자중 학생에 대한 학용품비

				323	도서구입비	입소자중 학생에 대한 도서구입비, 부교재비
				324	교 통 비	입소자중 학생에 대한 대중교통비
				325	급 식 비	입소자중 학생에 대한 학교급식비
				326	학습지원비	입소자중 학생에 대한 사교육비(피아노교습, 사설학원 수강 등)
				327	수학여행비	입소자중 학생에 대한 수학여행비
				328	교 복 비	입소자중 학생에 대한 교복비
				329	이 미 용 비	입소자중 학생에 대한 이, 미용비
				330	기타교육비	입소자중 학생에 대한 그 밖의 교육경비(학습재료 등)
		33	○○사업비	331	의료재활 사 업 비	입소자(재활 · 물리 · 작업 · 언어 · 청능)치료비, 수술비용, 의수족 등 보장구제작수리비 또는 입소자를 위한 의료재활 프로그램비용
				332	사회심리 재활사업비	입소자를 위한 사회심리재활 프로그램 운영비
				333	교육재활 사 업 비	입소자를 위한 교육프로그램 운영비
				334	직업재활 사 업 비	입소자를 위한 직업재활프로그램 운영비
				335	○○사업비	의료재활, 직업재활, 교육재활 등 전문프로그램이 아닌 입소자를 위한 프로그램운영비(하계캠프, 방과 후 공부방 운영 등)
				:	:	
04	전 출 금	41	전 출 금	411	법인회계 전 출 금	법인회계로의 전출금
05	과년도지출	51	과년도지출	511	과년도지출	과년도미불금 및 과년도사업비의 지출

06	상 환 금	61	부채상환금	611	원금상환금	차입금원금상환금
				612	이자지불금	차입금이자지급금
07	잡 지 출	71	잡 지 출	711	잡 지 출	시설이 지출하는 보상금 · 사례금 · 소송경비 등
08	예 비 비	81	예 비 비	811	예 비 비	예비비
09	적 립 금	91	운영충당 적 립 금	911	운영충당 적 립 금	노인장기요양기관의 안정적인 기관운영을 위한 적립금
10	준 비 금	101	환경개선 준 비 금	1011	시설환경 개선준비금	노인장기요양보험 수급자에 대한 시설이미지 개선을 위한 시설환경개선 준비금

[별표 5] 〈신설 2009.2.5〉

복지관 등 시설회계 세입예산과목 구분(제10조제2항 단서 관련)

과목						내역
관		항		목		
01	사업수입	11	사업수입	111	○ ○ 수 입	시설에서 제공하는 각종 서비스의 이용자로부터 받은 수입을 종류별로 목을 설정
02	과년도수입	21	과년도수입	211	과년도수입	전년도에 세입조정된 수입으로서 금년도에 수입으로 확정된 것
03	보조금수입	31	보조금수입	311	국고보조금	국가로부터 받은 경상보조금 및 자본보조금
				312	시 · 도 보 조 금	시 · 도로부터 받은 경상보조금 및 자본보조금
				313	시 · 군 · 구 보 조 금	시 · 군 · 구로부터 받은 경상보조금 및 자본보조금
				314	기타보조금	그 밖에 국가, 지방자치단체 및 사회복지사업기금 등에서 공모사업 선정으로 받은 보조금
04	후원금수입	41	후원금수입	411	지정후원금	국내외 민간단체 및 개인으로부터 후원명목으로 받은 기부금 · 결연후원금 · 위문금 · 찬조금 중 후원목적이 지정된 수입

				412	비지정후원금	국내외 민간단체 및 개인으로부터 후원명목으로 받은 기부금 · 결연후원금 · 위문금 · 찬조금 중 후원목적이 지정되지 아니한 수입과 자선행사 등으로 얻어지는 수입
05	차 입 금	51	차 입 금	511	금융기관 차입금	금융기관으로부터의 차입금
				512	기타차입금	개인 · 단체 등으로부터의 차입금
06	전 입 금	61	전 입 금	611	법인전입금	법인으로부터의 전입금
07	이 월 금	71	이 월 금	711	전년도이월금	전년도 불용액으로서 이월된 금액
				712	이월사업비	전년도에 종료되지 못한 이월사업비
08	잡 수 입	81	잡 수 입	811	불용품매각대	비품 · 집기 · 기계 · 기구 등과 그 밖의 불용품의 매각대
				812	기타예금 이자수입	기본재산예금 외의 예금이자 수입
				813	기타잡수입	그 밖의 재산매각수입, 변상금 및 위약금수입 등과 다른 과목에 속하지 아니하는 수입

[별표 6] <신설 2009.2.5>

복지관 등 시설회계 세출예산과목 구분(제10조제2항 단서 관련)

과 목						내 역
관		항		목		
01	사 무 비	11	인 건 비	111	급 여	시설직원에 대한 기본 봉급
				112	상 여 금	시설직원에 대한 기말 · 정근수당
				113	일 용 잡 급	일급 또는 단기간 채용하는 임시직에 대한 급여

				114	제 수 당	시설직원에 대한 제수당(직종 · 직급별로 일정액을 지급하는 수당, 시간외근무수당, 야간근무수당, 휴일근무수당 등) 및 그 밖의 수당
				115	퇴직금 및 퇴직적립금	시설직원 퇴직급여제도에 따른 퇴직급여 및 퇴직적립금(충당금)
				116	사회보험 부담비용	시설직원의 사회보험(국민연금, 국민건강보험, 고용보험, 산업재해보상보험 등) 부담
				117	기 타 후생경비	시설직원의 상용피복비 · 건강진단비 · 급량비 · 그 밖에 복리후생에 소요되는 비용
		12	업무추진비	121	기관운영비	기관운영 및 유관기관과의 업무협의 등에 소요되는 제경비
				122	직책보조비	시설직원의 직책수행을 위하여 정기 적으로 지급하는 경비
				123	회 의 비	후원회 등 각종 회의의 다과비 등에 소요되는 제경비
		13	운 영 비	131	여 비	시설직원의 국내외 출장여비
				132	수용비 및 수 수 료	사무용품비, 인쇄비, 집기구입비(물건의 성질상 장기간사용 또는 고정자산으로 취급되는 집기류는 212목에 계상), 도서구입비, 공고료, 수수료, 등기료, 운송비, 통행료 및 주차료, 소규모수선비, 포장비 등
				133	공공요금	우편료, 전신전화료, 전기료, 상하수도료, 가스료 및 오물수거료
				134	제세공과금	법령에 따라 지급하는 제세(자동차세 등), 협회가입비, 화재 · 자동차보험료, 그 밖의 보험료

				135	차 량 비	차량유류대, 차량정비유지비, 차량소모품
				136	연 료 비	시설의 냉난방연료비(보일러, 냉난방기 등)
				137	기타운영비	그 밖에 운영경비로 위에 분류되지 아니한 경비
02	재산조정비	21	시 설 비	211	시 설 비	시설 신 · 증축비 및 부대경비, 그 밖의 시설비
				212	자산취득비	시설운영에 필요한 비품구입비, 토지 · 건물 · 그 밖의 자산의 취득비
				213	시 설 장 비 유 지 비	건물 및 건축설비(구축물 · 기계장치), 공구 · 기구, 비품수선비(소규모수선비는 132목에 계상) 그 밖의 시설물의 유지관리비
03	사 업 비	31	사 업 비	311	○○사업비	시설에서 이용자에게 제공하는 사업을 성격별 · 유형별로 구분하여 목으로 설정
				· ·	· ·	
04	과년도지출	41	과년도지출	411	과년도지출	과년도미불금 및 과년도사업비의 지출
05	상 환 금	51	부채상환금	511	원금상환금	차입금 원금상환금
				512	이자지급금	차입금 이자지급금
06	잡 지 출	61	잡 지 출	611	잡 지 출	시설이 지출하는 보상금, 사례금, 소송경비 등
07	예 비 비	71	예 비 비	711	예 비 비	예비비

[별지 제1호서식] 〈개정 2005.7.15〉

세입 · 세출 명세서

과 목			전 년 도 예 산 액	당해연도 예 산 액	증 감	산 출 근 거
관	항	목				

210㎜×297㎜
(일반용지 60g/㎡(재활용품))

[별지 제2호서식] 〈개정 2009.2.5〉

(추정)대 차 대 조 표

(년 월 일 현재)

과 목	금 액	
Ⅰ. 자산		
1. 유동자산		×××
(1) 당좌자산		×××
현금및현금성자산	×××	
받을 어음	×××	
유가증권	×××	
미수금	×××	
(2) 재고자산		×××
2. 비유동자산		×××
(1) 투자자산		×××
유가증권	×××	
대여금	×××	
(2) 유형자산		×××
토 지	×××	
건 물	×××	
감가상각누계액	×××	
기계기구류	×××	
감가상각누계액	×××	
(3) 무형자산		×××
지상권	×××	
전세권	×××	
특허권	×××	
(4) 기타비유동자산		×××
임대보증금	×××	
자 산 총 계		×××
Ⅱ. 부채		
1. 유동부채		×××
미지급금	×××	

단기차입금	×××	
예수금	×××	
2. 비유동부채		×××
장기차입금	×××	
퇴직급여충당부채	×××	
부채총계		×××
Ⅲ. 자본		
1. 자본(기금)		×××
2. 잉여금		×××
적립금	×××	
이월금	×××	
자 본 총 계		×××
부채와 자본 총계		×××

※ 기재 시 주의사항

1. 과목은 설정에 맞도록 증감할 수 있다.
2. 중요한 것은 각각 명세표를 첨부한다.
3. 기금에 대하여는 설립당시의 원조금 또는 부채인수액을 기입한다.

[별지 제3호 서식] 〈개정 1998.1.7〉

(추정)수 지 계 산 서

{ 년 월 일부터 / 년 월 일까지 }

과 목	금 액		
Ⅰ. 수 입			
1. 재산수입		×××	
가. 기본재산수입	×××		
나. 재산매각대	×××		
2. 사업수입		×××	
3. 과년도수입		×××	
4. 보조금수입		×××	
가. 정부보조금	×××		
나. 후원금	×××		
5. 차입금		×××	
6. 전입금		×××	
7. 이월금		×××	
8. 잡수입		×××	
가. 물품매각대	×××		
나. 예금이자	×××		
다. 잡수입	×××		
수 입 합 계			×××
Ⅱ. 지 출			
1. 사무비		×××	
가. 인건비	×××		
나. 물건비	×××		
다. 수용비 및 수수료	×××		
라. 업무추진비	×××		
마. 공공요금	×××		
바. 제세공과금	×××		
사. 차량비	×××		

2. 재산조성비		×××	
가. 시설비	×××		
나. 재산관리비	×××		
3. 수익사업비		×××	
4. 전출금		×××	
가. ○○시설 전출금	×××		
나. ○○시설 전출금	×××		
5. 과년도 지출		×××	
6. 상환금		×××	
7. 사업비		×××	
8. 잡지출		×××	
9. 예비비		×××	
지 출 합 계			×××
Ⅲ. 당기잉여금			×××
※ 기재시 주의사항 과목은 세입 · 세출예산의 과목과 동일하여야 한다.			

3106-65일 190㎜×268㎜
87. 5. 29 승인 (신문용지54g/㎡)

[별지 제4호 서식] 〈개정 1998.1.7〉

임 · 직원보수일람표

순 위	직종또는 직위(급)	성 명	본 봉	수 당			계	공제액	차 감 지급액

3106-66일 190㎜×268㎜
87. 5. 29 승인 (신문용지54g/㎡)

[별지 제5호서식] 〈개정 2009.2.5〉

세 입 결 산 서(법인용)

과목			구 분	정 부 보조금	법 인 부담금	후원금	계
관	항	목					
			예 산				
			결 산				
			증 감				
		합 계	예 산				
			결 산				
			증 감				
	합 계		예 산				
			결 산				
			증 감				
총 계			예 산				
			결 산				
			증 감				

210㎜×297㎜[일반용지 60g/㎡(재활용품)]

[별지 제5호의2서식] 〈개정 2009.2.5〉

세 출 결 산 서(법인용)

과목			구 분	정 부 보조금	법 인 부담금	후원금	계
관	항	목					
			예 산				
			결 산				
			증 감				
		합 계	예 산				
			결 산				
			증 감				
	합 계		예 산				
			결 산				
			증 감				
총 계			예 산				
			결 산				
			증 감				

210㎜×297㎜[일반용지 60g/㎡(재활용품)]

[별지 제5호의3서식] 〈개정 2009.2.5〉

세 입 결 산 서(시설용)

과목			구 분	정 부 보조금	시 설 부담금	후원금	계
관	항	목					
			예 산				
			결 산				
			증 감				
		합 계	예 산				
			결 산				
			증 감				
	합 계		예 산				
			결 산				
			증 감				
총 계			예 산				
			결 산				
			증 감				

210㎜×297㎜[일반용지 60g/㎡(재활용품)]

[별지 제5호의4서식] 〈개정 2009.2.5〉

세 출 결 산 서(시설용)

과목			구 분	보조금	시 설 부담금	후원금	계
관	항	목					
			예 산				
			결 산				
			증 감				
		합 계	예 산				
			결 산				
			증 감				
	합 계		예 산				
			결 산				
			증 감				
총 계			예 산				
			결 산				
			증 감				

210㎜×297㎜[일반용지 60g/㎡(재활용품)]

[별지 제6호서식]

과 목 전 용 조 서

과 목			전 용 연월일	예산액 (1)	전용액 (2)	예산현액 (1 + 2 = 3)	지불액 (4)	불용액 (3 - 4)	전 용 사 유
관	항	목							

3106-68일
87. 5. 29 승인

190㎜×268㎜
(신문용지54g/㎡)

[별지 제7호서식]

예 비 비 사 용 조 서

사용일자	금 액	사 유	사용내역	비 고

3106-69일
87. 5. 29 승인

190㎜×268㎜
(신문용지54g/㎡)

[별지 제8호서식] 〈개정 1998.1.7〉

현 금 및 예 금 명 세 서

(년 월 일 현재)

구 분	예금종류	예치은행	계좌번호	전년도 이월액	현재잔액	비 고
현금 예금 · ·						

31313-18711일
97. 12. 6 승인

210㎜×297㎜
(일반용지60g/㎡)

[별지 제9호서식] 〈개정 1998.1.7〉

유 가 증 권 명 세 서

(년 월 일 현재)

종 류	발행자	증서번호	액면가액	수 량	금 액	만기일자	비 고

31313-18811일
97. 12. 6 승인

210㎜×297㎜
(일반용지60g/㎡)

[별지 제10호서식]

미 수 금 명 세 서

과 목			예산액	세 입 결정액	수입액	미수입액	산출기초
관	항	목					

3106-70일 190㎜×268㎜
87. 5. 29 승인 (신문용지54g/㎡)

[별지 제11호서식] 〈개정 1998.1.7〉

재 고 자 산 명 세 서

(년 월 일 현재)

품명	용도	전년이월			당해연도수입			당해연도지출			연말이월			비고
		수량	단가	금액	수량	단가	금액	수량	단가	금액	수량	단가	금액	

주) 단가계산방법은 총평균법으로 하여야 한다.
31313-18911일 297㎜×210㎜
97. 12. 6 승인 (일반용지60g/㎡)

[별지 제12호서식]

기 타 유 동 자 산 명 세 서

종 류	내 역	금 액	비 고

3106-72일 190㎜×268㎜
87. 5. 29 승인 (신문용지54g/㎡)

[별지 제13호서식]

고 정 자 산 명 세 서

종 류	내 역	규 모	취 득 원 가 또는 평가액	용 도	비 고

3106-73일 190㎜×268㎜
87. 5. 29 승인 (신문용지54g/㎡)

[별지 제14호서식]

부 채 명 세 서

순 위	기 채 연월일	적 요	금 액	채권자	상 환 예정일	금리(%)	비 고

3106-74일 190㎜×268㎜
87. 5. 29 승인 (신문용지54g/㎡)

[별지 제15호서식]

제 충 당 금 명 세 서

과 목	전 년 도 이 월 액	당해연도 증 가 액	당해연도 감 소 액	현재잔액	비 고

3106-75일 190㎜×268㎜
87. 5. 29 승인 (신문용지54g/㎡)

[별지 제16호서식]

기 본 재 산 수 입 명 세 서

재산종류	수 량	평가액	수입액	산출기초	운영방법

3106-76일 190㎜×268㎜

87. 5. 29 승인 (신문용지54g/㎡)

[별지 제17호서식]

사 업 수 입 명 세 서

사업종류	내 역	금 액	산출내역	비 고

3106-77일 190㎜×268㎜

87. 5. 29 승인 (신문용지54g/㎡)

[별지 제18호서식] 〈개정 1998.1.7〉

정 부 보 조 금 명 세 서

수령일	보조구분	보조내역	금 액	보조기관	산출기초

31313-19011일　　　　　　　　　　210㎜×297㎜
97. 12. 6 승인　　　　　　　　　　(일반용지60g/㎡)

[별지 제19호서식] 〈개정 2005.7.15〉　　　　　　(앞쪽)

후원금수입 및 사용결과 보고서

기간 : 　　년　　월　　일부터
　　　　　년　　월　　일까지

1. 후원금(금전) 수입명세서　　　　(단위 : 원)

연월일	후원금의 종류	후원자	내 역	금 액	비 고

2. 후원금(물품) 수입명세서

연월일	후원물품의 종류	후원자	내 역	품 명	수 량	단 위	비 고

3. 후원금(금전) 사용명세서　　　　(단위 : 원)

사용일자	사용내역	금 액	산출기준	비 고

4. 후원금(물품) 사용명세서

사용일자	사용내역	사용처	수 량	단 위	비 고

5. 후원금전용계좌

금융기관 등의 명칭	계좌번호	계좌명의

31313-19111일　　　　　　　　　　　　　　210㎜×297㎜
99. 2. 10 개정승인　　　　　　　　　　　　(일반용지60g/㎡)

(작성요령)　　　　　　　　　　　　　　　　(뒤 쪽)

○ 후원금의 종류 구분

후원금의 종류	내　　역
1. 민간단체 보조금품	국내민간단체로부터 받은 보조금품
2. 외원단체 보조금품	외국민간원조단체로부터 받은 보조금품
3. 결연후원금품	아동, 노인등 시설거주자에 대한 결연후원금품
4. 법인임원 후원금품	법인임원으로부터 받은 후원금품 및 찬조금품
5. 지역사회 후원금품	지역사회로부터 받은 위문금품 및 후원금품
6. 후원회 지원금품	법인의 후원회로부터 받은 지원금품
7. 자선모금품	자선바자회등으로부터 얻어지는 수입금품
8. 기타 후원금품	행정기관의 시설위문금등 후원금품

○ 후원받은 순서대로 계속 기록하여야 합니다.

○ 수입명세서의 내역란은 후원자의 후원용도 · 취지등을 구체적으로 기재하여야 합니다.

[별지 제20호서식]

인 건 비 명 세 서

구 분	금 액	산 출 내 역	비 고

3106-80일 190㎜×268㎜
87. 5. 29 승인 (신문용지 54g/㎡)

[별지 제21호서식]

사 업 비 명 세 서

구 분	내 역	금 액	산 출 내 역	비 고

3106-81일 190㎜×268㎜
87. 5. 29 승인 (신문용지 54g/㎡)

[별지 제22호서식]

(　　)비 용 명 세 서

구 분	내 역	금 액	산 출 내 역	비 고

3106-82일 190㎜×268㎜
87. 5. 29 승인 (신문용지 54g/㎡)

[별지 제23호서식] 〈개정 2009.2.5〉

감 사 보 고 서

본인 등은 「사회복지법인 재무 · 회계 규칙」 제20조제1항에 따라 사회복지 법인 ○○○의 . . .부터 . . .로 종결되는 회계연도의 업무집행 내용과 ○○회계에 속하는 수입과 지출에 관한 제반 증빙서류와 장부를 일반적인 감사기준에 따라 감사를 실시하였습니다.

업무집행내용과 결산서의 각항은(다음에 지적된 사항을 제외하고는) 정확하였으며, 그 회계처리는 적정하였습니다.

(다 음)

년 월 일

사회복지법인 ○○○

감 사 (서명 또는 인)

감 사 (서명 또는 인)

사회복지법인 ○○○대표이사 귀하

31313-19211일 210㎜×297㎜

97. 12. 6 승인 (일반용지60g/㎡)

[별지 제24호서식] 〈개정 2005.7.15〉

현 금 출 납 부(법인용)

200 년 월

연월일	계정과목	적 요	수입금액	지출금액	차인잔액
		(전월누계) · · ·			
(월 계)					
(누 계)					

210㎜×297㎜(일반용지60g/㎡(재활용품))

[별지 제24호의2서식] 〈개정 2005.7.15〉

현 금 출 납 부(시설용)

200 년 월

연월일	계정과목	적 요	수입금액	지출금액	차인잔액
		(전월누계) · · ·			
(월 계)					
(누 계)					

210㎜×297㎜(일반용지60g/㎡(재활용품))

[별지 제25호서식] 〈개정 2005.7.15〉

총 계 정 원 장(법인용)

계정과목 :

계정명	연월일	적 요	수 입	지 출	차인잔액

210㎜×297㎜(일반용지60g/㎡(재활용품))

[별지 제25호의2서식] 〈개정 2005.7.15〉

총 계 정 원 장(시설용)

계정과목 :

계정명	연월일	적 요	수 입	지 출	사인잔액

210㎜×297㎜(일반용지60g/㎡(재활용품))

[별지 제26호서식]

총계정원장보조부

연월일	적 요	수 입			지 출			잔 액		
		계	현금	예금	계	현금	예금	계	현금	예금

3106-85일 210㎜×297㎜
87. 5. 29 승인 (인쇄용지(특급) 70g/㎡)

[별지 제27호서식]

재산대장

1. 건 물

일련번호	소재지	지번	구조	면적(㎡)	평가액	취득연월일 및 취득원인	등기부상의 소유권 등기연월일	용도	비고

3106-86일 268㎜×190㎜
87. 5. 29 승인 (인쇄용지(특급)70g/㎡)

2. 토　지

일련번호	소재지	지 번	면 적 (㎡)	평가액	취득연월일 및 취득원인	등기부상의 소 유 권 등기연월일	용도	비고

268㎜×190㎜(인쇄용지(특급) 70g/㎡)

3. 유가증권

일련번호	종 류	내 역	수 량	가 액	취득연월일 및 취득원인	비 고

268㎜×190㎜(인쇄용지(특급) 70g/㎡)

4. 무형고정자산

일련번호	종 류	내 역	수 량	가 액	취득연월일 및 취득원인	비 고

268㎜×190㎜(인쇄용지(특급) 70g/㎡)

5. 기계 · 기구류

일 련 번 호	종 류	용 도	명 칭	형 식	제조자	제 조 번 호	수 량	금 액	비 고

268㎜×190㎜(인쇄용지(특급) 70g/㎡)

6. 기채(부채)상황

일 련 번 호	기채처 (자)	기채액	금 리	상 환 기 일	주무관청허가 연 월 일 및 문 서 번 호	기채사용	비 고

268㎜×190㎜(인쇄(특급)용지 70g/㎡)

[별지 제28호서식]

비 품 관 리 대 장

결 재		연월일	구분	적요	규격 및 단 가	수 불				현재량	수령 자인	비고
						수량	단가	대여	처분			

268㎜×190㎜
(신문용지 54g/㎡)

[별지 제29호서식] 삭제 〈2009.2.5〉

[별지 제30호서식] 삭제 〈2009.2.5〉

[별지 제31호서식] 삭제 〈2009.2.5〉

[별지 제32호서식] 삭제 〈2009.2.5〉

[별지 제33호서식] 삭제 〈1999.3.11〉

[별지 제34호서식] 삭제 〈1999.3.11〉

[별지 제35호서식] 삭제 〈2009.2.5〉

찾 아 보 기